Brigitte Blobel

BIS INS KOMA

cbj

cbj ist der Kinder- und Jugendbuchverlag
in der Verlagsgruppe Random House

FSC
Mix
Produktgruppe aus vorbildlich bewirtschafteten Wäldern und anderen kontrollierten Herkünften
Zert.-Nr. SGS-COC-001940
www.fsc.org
© 1996 Forest Stewardship Council

Verlagsgruppe Random House FSC-DEU-0100
Das für dieses Buch verwendete FSC-zertifizierte Papier *EOS*
liefert Salzer, St. Pölten.

Gesetzt nach den Regeln der Rechtschreibreform

1. Auflage 2010

Lektorat: Luitgard Distel
Umschlagfoto: Shutterstock
(Junge: Suzanne Tucher; Hose: Jose AS Reyes)
Umschlaggestaltung: Zeichenpool, München
he · Herstellung: RF
Satz: DTP Service Apel, Hannover
Druck: GGP Media GmbH, Pößneck
ISBN: 978-3-570-13513-6
Printed in Germany

www.cbj-verlag.de

Für Fabian

1

Vielleicht wird Marvel irgendwann ja wirklich ein Star. Na ja, kein richtiger großer Star. Einen Oscar kriegt er wahrscheinlich nie oder eine Villa in Hollywood, mit Pool und Privatkino. Aber andererseits: Was weiß man schon? Alles fängt klein an, oder?

Bei Marvel fängt es an einem kühlen und windigen Märzvormittag auf dem Pausenhof an. Im März ist es in Hamburg immer kühl und windig, also erst mal nichts Besonderes.

In seiner grauen Fleecejacke mit Kapuze, seinen Chucks und Röhrenjeans sieht er aus wie immer. Ein schlaksiger Junge, der noch nie einen Cent seines Taschengeldes für Klamotten ausgegeben hat. Unter der Kapuze trägt er an diesem Tag noch eine Wollmütze, dunkelblau. Seine Mutter hat ihn am Vortag, weil er unter dem schrägen Pony echt nichts mehr sah, zum Friseur geschickt und der hatte wohl einen schlechten Tag. Jedenfalls sah er danach nicht mehr aus wie ein cooler Skater, sondern eher wie einer dieser amerikanischen stiernackigen GIs, die von ihrem Präsidenten in den Irak, nach Somalia oder Afghanistan geschickt werden, um »aufzuräumen«, und das ist peinlich. Er hat sich vorgenommen, die Mütze nicht abzunehmen, bis seine Haare mindestens um zwei Zentimeter gewachsen sind.

Er schlendert also mit seinen drei Freunden, dem breitschultrigen Bully, Brillenträger Mauki und Bohnenstange Jojo über den Pausenhof, als eine Windböe ihm die Kapuze vom Kopf fegt und sein Freund Bully, der unbedingt Marvels verkorkste Frisur sehen will, die Situation ausnutzt, ihm mit einer blitzschnellen Handbewegung die Wollmütze vom Kopf zieht und damit losrennt. Marvel hinterher.

Es ist klar, dass es eine Keilerei geben muss, eine nette kleine Keilerei unter Freunden, denn Marvel prügelt sich eigentlich nicht. Er sagt immer, dass sich nur solche Typen prügeln, die verbal den Schlagabtausch nicht hinkriegen. Er gehört sogar zum Anti-Aggressions-Team der Schule. Aber an diesem Morgen brauchen sie etwas Bewegung. Sie haben in der Stunde zuvor nahezu reglos über einem Grammatiktest gebrütet. Sie brauchen einfach ein bisschen Sauerstoff in die Lungen und in die Muskeln. Deshalb das Gerangel.

Als Bully am Boden liegt und Marvel seine Mütze wiederhat und als Jojo und Mauki sich über seinen rasierten Nacken wieder eingekriegt haben, kommt eine junge Frau auf Marvel zu. Sie lächelt so wie seine Mutter, wenn sie stark unter Druck ist. Es sieht aus, als fletsche sie ihre Zähne. Ganz eindeutig will sie etwas.

Marvel taxiert sie. Sie könnte entweder eine neue Lehrerin sein, irgendeine Sozialarbeiterin oder Schulpsychologin (von solchen Leuten wimmelt es ja jetzt an Schulen), aber irgendwie ahnt er, dass diese Frau jemand ganz anderes ist. Und für ihn vielleicht von Bedeutung. Er spürt das an der Art, wie sie ihn nicht aus den Augen lässt, während sie auf die Gruppe zusteuert.

Er bewegt keinen Muskel, lässt sie kommen. Sein Handgelenk tut ein bisschen weh und möglicherweise wird er, sobald er tiefer durchatmet, Nasenbluten bekommen. Er weiß, dass er sich auf dem Schulhof nicht prügeln sollte. Deeskalation heißt das Zauberwort. Es wird also Ärger geben.

Die Frau ist jetzt ganz nah und fixiert Marvel so, dass er plötzlich überzeugt ist, sie meint weder Mauki noch Jojo noch Bully, der sich den Pausenhofstaub aus den Augen reibt, sondern ihn. Sie hat raspelkurze rote Haare und trägt wollene Ringelstrumpfhosen zu einem Lederminirock. Und Handschuhe mit halben Fingern. Sie sieht irgendwie cool aus.

»Hallöchen«, ruft die Ringeltaube fröhlich.

Marvel sagt nichts.

Die anderen quetschen sich etwas, was wie »Moin« klingt, durch die Zähne.

»Ich hab euch gerade beobachtet«, flötet die Ringeltaube, während sie in ihrem Umhängebeutel kramt. »Ihr rauft ja wie Zwölfjährige. Aber ihr seid doch älter, oder?«

Auf so etwas gibt ein 15-jähriger Junge aus Prinzip keine Antwort.

Da zieht sie aus ihrer Tasche, die groß wie ein Kuheuter ist und genauso gescheckt, eine Visitenkarte heraus. »Hier, damit du weißt, wer ich bin.« Sie streckt Marvel einladend die Karte hin und ihm bleibt schon aus Höflichkeit nichts anderes übrig, als sie zu nehmen. Doch sie flutscht ihm, weil er das zu lässig machen wollte, aus der Hand. Das ist etwas peinlich, aber der reaktionsschnelle Mauki hat die Karte schon aus der Luft gefischt und gelesen.

»Wow!« Er dreht sich zu Marvel um. »Sie ist ein Scout!«

Mauki war früher mal bei den Pfadfindern, aber Marvel ahnt, dass es sich um einen anderen Scout handeln muss. Als er sieht, dass unter ihrem Namen, sie heißt Wanda Felix, dick und fett »Multimedia Film- und Fernsehgesellschaft mbH« steht, beschleunigt sich sein Puls.

Wanda Felix lacht. »Ja, ich weiß, Scout klingt nach einem komischen Beruf. Aber das ist nicht komisch, sondern ganz seriös. Wir suchen gerade nach neuen Gesichtern. Für eine Soap. Auf ProFive, falls ihr den Sender kennt. Oder? Nie gehört?« Sie lacht.

Marvel schweigt beharrlich. Schweigen kommt oft cooler als

ein flapsiger Spruch. Weil wer schweigt, ja einen viel cooleren Spruch draufhaben könnte, den aber lieber für bessere Leute aufbewahrt.

Dabei guckt die Ringeltaube Marvel unentwegt an, wohl um herauszufinden, ob ihn das alles überhaupt interessiert. Es interessiert Marvel schon, aber er findet nicht, dass er das dieser Wanda gleich stecken sollte, und dann vor den Kumpels. So hält er sich lieber bedeckt und zieht die Kapuze noch tiefer in die Stirn.

Wanda wird vertraulicher. »Darf man wissen, wie du heißt?«

»Marvin.«

Sie legt ihre Hand auf seinen Arm. Marvel schaut auf diese Hand, als überlege er, sie abzuschütteln.

»Marvin. Schön.«

»Stimmt gar nicht. Er heißt seit Ewigkeiten Marvel.« Mauki legt Marvel einen Arm um die Schulter. »Das ist nämlich englisch und heißt Wunder oder so was. War 'ne coole Idee von seinen Eltern.«

Marvel schüttelt ihn ab. »Hör auf«, knurrt er.

»Wir sind gerade mitten in den Castings, Marvel«, sagt Wanda munter, »und ich würde dich sehr gern dazu einladen. Du hast genau das Gesicht, das wir suchen.«

Marvel findet das irgendwie beleidigend. Er weiß, wie er aussieht, er kennt die kleine Lücke zwischen seinen Vorderzähnen besser als irgendjemand sonst und den Wirbel, der jeden Ansatz einer coolen Frisur im Keim erstickt. Er sagt also nichts.

Mauki pfeift durch die Zähne. »Wow! Das ist der Moment, wo der Hund das Wasser lässt.«

Bully feixt: »Wer ist tot?«, während Jojo mit schief gelegtem Kopf auf die Visitenkarte späht.

Marvel verzieht die ganze Zeit nicht einmal das Gesicht. Er

macht auf supercool, was immer anstrengend ist. Er merkt es daran, wie sein Adrenalinspiegel steigt. Als gehe sein Puls plötzlich schneller, als pumpten seine Adern in einer Minute so viel Blut wie sonst an einem ganzen Schultag in seinen Kopf.

Casting!

Fernsehserie!!

ProFive!!!

»Also, das ist keine von diesen piefigen Hausfrauenserien, wie ihr sie sonst vielleicht kennt«, sagt Wanda. Als würden 15-jährige Jungen sich Hausfrauenserien ansehen! »Sondern was ganz Neues, wir wollen die Geschichte rappiger erzählen, schneller und cooler, eben proFive-mäßig.«

»ProFive-mäßig!« Bully feixt.

»Und im Himmel ist Jahrmarkt«, sagt Mauki trocken.

»Rappiger!« Jojo nimmt das Wort in den Mund wie einen Mentholbonbon, woran man nur ganz vorsichtig herumlutschen kann.

Marvel schnauzt plötzlich los: »Haltet doch endlich mal die Klappe!«

Wanda sieht wieder nur Marvel an. »Also, wenn du Lust hast, Marvel, ruf einfach an. Auf der Rückseite steht meine Handynummer. Ich bin meistens unterwegs. Im Büro erwischst du mich eher selten.«

»Und was ist mit meinen Kumpels?« Marvel deutet auf seine Freunde.

Wanda grinst verlegen. »Also, ihr seid alle cool«, sagt sie, »aber wir suchen im Moment einfach nur diesen Typen.« Und sie deutet wieder auf Marvel.

Der holt tief Luft und zuckt mit den Schultern »Okay, ich kann's mir ja mal überlegen.«

Wanda lächelt ihn an. »Fein«, sagt sie fröhlich, »aber überleg nicht zu lange, denn andere Schulen haben auch coole Typen.«

Sie winkt den anderen zu, als wisse sie gar nicht, dass sie Marvel eben einen Schlag unter die Gürtellinie versetzt hat, dreht sich um und stapft mit ihren roten Fellstiefeln vom Schulhof.

Marvel und seine Clique starren ihr nach.

»Mann! Marvel! Ey! Kumpel!« Jojo boxt Marvin in die Rippen. Ein bisschen zu grob. Fast schon nicht mehr freundschaftlich.

Etwa neidisch?, denkt Marvin.

»Geil, wie im Film!«, ruft Mauki.

Bully schüttelt nur feixend den Kopf und sagt schließlich: »Darauf brauch ich dringend ein Bier. Wie sieht's bei euch aus?«

»Idiot!« Jojo tippt ihm gegen die Stirn. »Wir schreiben gleich Latein.«

Bully beharrt auf seiner Idee. »Dann aber direkt danach. Nach der sechsten zu Onkel Herbie. So was muss begossen werden.«

Für alle, die Hamburg nicht kennen: Onkel Herbie ist die kleine Imbissstube in ihrem Viertel, zwischen Alster und U-Bahn-Haltestelle. Onkel Herbie hat alles, was echte Jungs brauchen, sagt Bully immer. Vor allen Dingen Bier. Im Sixpack. Eiskalt.

»Was gibt's denn zu begießen?«, motzt Marvel. »Hab ich etwa gesagt, ich ruf da an?«

Seine Freunde starren ihn an. Mauki tippt sich an die Stirn. »Mann, ehrlich, Marvel, willst du uns verarschen? Natürlich rufst du an.«

Bully schlägt Marvel auf die Schulter, dass die Halswirbel knacken. »Und den Oscar holen wir dann gemeinsam in Hollywood ab.«

Da müssen sie alle lachen. Und dann ertönt auch schon der Gong und die Lateinstunde fängt an.

Der Lateinlehrer Anton Huberti wollte ihnen was Gutes tun

und hat ein Gedicht von Catull ausgesucht: das Kussgedicht, das Lehrer immer als Trumpfkarte aus dem Ärmel ziehen, wenn die Schüler sich fragen: wozu eigentlich Latein?

»Da mi basia mille, deinde centum, dein mille altera …« – *Gib mir tausend Küsse, dann hundert, dann weitere tausend …* und so weiter.

Jojo, der neben Marvel sitzt, knirscht mit den Zähnen, was er immer tut, wenn ihm was auf den Geist geht, und brummelt Unverständliches vor sich hin.

Huberti merkt sofort auf und blickt stirnrunzelnd in ihre Richtung. »Jojo, hast du ein Problem?«

»Ja«, sagt Jojo, froh, dass er mit dem Denken mal Pause machen kann, »ich hab grad mal so nachgedacht, ob der Typ nur Liebesgedichte geschrieben hat oder auch mal was anderes.«

»Was wäre in deinen Augen denn mal was anderes?« Hubertis Stimme klingt gereizt, geradezu empört. Huberti schätzt es nicht, wenn die Schüler seine Textauswahl kritisieren.

»Na ja«, entgegnet Jojo trotzig, »ein Saufgedicht oder so.«

Ein paar Lacher erklingen, verebben aber sofort wieder.

Jojo glaubt, er muss noch eins nachlegen. »Ich hab mal irgendwo gelesen, dass die alten Römer fette Saufgelage gefeiert haben. Bis zum Abwinken haben die gesoffen. Die hatten sogar Pfauenfedern dabei. Damit haben sie sich den Hals gekitzelt, um schneller kotzen zu können. Damit wieder neuer Stoff reinpasst.«

Marvel bemerkt, wie die senkrechte Falte auf Hubertis Stirn anschwillt.

»Komm wieder runter, Jojo«, warnt er leise. »Es reicht!«

Der Lehrer aber hat sich bereits auf den Weg zu ihnen gemacht. Er kommt direkt auf Jojo und Marvel zu.

Jojo senkt den Kopf wieder tief über den Text.

Und während Marvel stirnrunzelnd die vierte Zeile studiert:

Soles occidere et redire possunt, brennt die Visitenkarte in seiner Jackentasche und ihm wird klar, dass er nachher wohl da anrufen wird.

Und dass es an der Zeit ist, seinem Leben einen neuen Kick zu geben.

Als am Ende der Stunde alle Schüler nacheinander beim Verlassen des Klassenraums ihre Arbeiten auf Hubertis Tisch legen, hält der Lehrer Jojo zurück. »Meum est propositum in taverna mori«, sagt er.

Jojo blinzelt. »Hey, kapier ich nicht …«

Der Lehrer lächelt. »Du wolltest doch einen Trinkspruch. Und der lautet: *Meum est propositum in taverna mori.*«

»Aha«, knurrt Jojo. Er ist ungeduldig. Er hat heute keine Lust auf einen Plausch mit dem Lehrer. Huberti ist beliebt in der Schule, in der 9 a besonders. Er weiß mehr über seine Schüler als jeder andere Lehrer. Viele haben ihn schon zu Hause besucht. Eine Wohnung, deren Wände mit Büchern tapeziert sind. Seine Frau kocht Tee aus frischem Ingwer. Marvel hat Hubertis Handynummer gespeichert. Huberti hat die 9 a zweimal auf einer Klassenfahrt begleitet, sie hatten alle einen Mordsspaß.

Huberti ist in Ordnung. Huberti ist einer von den wenigen Lehrern, mit denen man auch abends gern mal um die Häuser zöge. Und für den man lernt, weil man ihn nicht enttäuschen will. Und mit dem man auch mal das eine oder andere private Problem antexten kann.

Aber nicht heute, denn draußen auf dem Flur warten schon die anderen. Huberti jedoch, auf den mittags niemand zu warten scheint, legt Jojo den Arm um die Schulter und sagt in dem väterlich jovialen Ton, den er manchmal draufhat: »Zu Deutsch: Mein Vorsatz ist es, in der Taverne zu sterben.«

Jojo grinst. »Ah! Super! Danke für den Tipp. Aber ganz so schlimm ist es bei mir noch nicht.«

»Na hoffentlich!«, ruft Huberti ihm nach, aber da ist Jojo schon draußen.

Das Bier bei Onkel Herbie ist nicht eiskalt wie gewohnt, das Kondenswasser perlt nicht herunter und zieht nicht diese schönen senkrechten Streifen. Das Bier ist lauwarm und Onkel Herbie stinkwütend. Sie haben ihm den Strom abgestellt. Weil er eine Verwarnung bekommen hat. Bloß weil er die zwei Biertische und vier Bierbänken neben dem Kiosk aufgestellt hat. Der Kiosk war früher ein öffentliches Klo. Ganz chic, aus Klinker mit einem Kupferdach. Richtig nett. Kein Mensch würde draufkommen, dass das früher mal eine Pinkelanstalt war.

Am Morgen ist jemand von der Stadt da gewesen und hat behauptet, Onkel Herbie müsse seinen Laden dichtmachen. Dabei ist Onkel Herbie schon seit zehn Jahren hier und verkauft Wodka, Underberg und Jägermeister und all die anderen kleinen Schnäpse und eben Bier an Leute mit Durst. Sogar Eierlikör. Oder Rotwein. Also, wo liegt das Problem?

Das Problem liegt auf der anderen Straßenseite. Drohend deutet Onkel Herbie auf das blendend weiße Patrizierhaus mit Säulen vor dem Eingang. Das Haus hat früher einem Messie gehört, einem Typen, der herzensgut war, wie Onkel Herbie sagt, aber einfach nichts wegwerfen konnte. Keine einzige leere Weinflasche, keine einzige ALDI-Tüte, keine Zeitung, keinen leeren Joghurtbecher. Zwischen seinen schönen Rhododendronbüschen und unter der alten Kastanie stapelte sich das Altpapier, das er nachts mit seinem Handkarren auf den Bürgersteigen einsammelte. Er konnte selbst nicht erklären, warum er das tat, aber es war ja nicht verboten und in seinem eigenen Haus kann jeder machen, was er will. Onkel Herbie hat über die Jahre gut an ihm verdient.

Dann ist der Mann in seinem Müll verendet und das Haus

und das Grundstück kamen auf den Markt und irgendjemand hat erkannt, was für ein Juwel das eigentlich ist. Zwei Jahre lang wurde renoviert. Onkel Herbie konnte jeden Bauabschnitt aus allernächster Nähe verfolgen. Er kaufte damals sogar einen Kocher und einen großen Topf, um Wiener Würstchen heiß zu machen, und dazu Kartoffelsalat aus dem Eimer für die Bauarbeiter, die regelmäßig bei ihm ihre Mittagspause machten. War ein gutes Geschäft. Aber dann zogen die Besitzer ein.

Sie fährt einen Porsche, er einen bulligen Landrover.

Zuerst haben sie noch zurückgegrüßt, wenn er ihnen morgens zuwinkte. Zuerst haben sie bei ihm sogar ihr Hamburger Abendblatt geholt, aber nur, bis ihr Abo anlief. Seitdem legt ein Austräger jeden Morgen fünf vor sechs das Hamburger Abendblatt, eine Börsenzeitung und die FAZ auf die Fußmatte vor der Haustür.

Irgendwann muss es den neuen Besitzern aufgestoßen sein, dass Onkel Herbie seinen Kiosk praktisch niemals dichtmachte. Onkel Herbie ist fünfundsiebzig, und in dem Alter, sagt er, brauche der Mensch immer weniger Schlaf. Außerdem weiß er nicht, was er machen soll, wenn er nicht hinter dem Tresen in seinem Kiosk steht oder die Aschenbecher auf dem Biertisch ausleert. Und Herr Lehmann hängt auch lieber am Kiosk rum als in der kleinen Einzimmerwohnung in Hamburg-Barmbek. Herr Lehmann ist ein dunkelbrauner Mischling mit buschigen Augenbrauen, nacktem Schwanz und den treuen Augen eines Hamsters. Herr Lehmann – auch genannt HL – schwänzelt unentwegt um den Kiosk und freut sich über jeden, der bei Onkel Herbie ein Bier trinkt, Zigaretten kauft oder nur quatschen will. Herr Lehmann bellt nicht, weil er nicht bellen kann seit der Sache mit seinen Stimmbändern. Also wegen HL hat sich noch nie jemand beschwert. Außerdem flitzt Onkel Herbie sofort mit einer kleinen schwarzen Plastiktüte los, wenn der Hund sein Geschaft gemacht hat. Er ist so erzogen, dass er sich nach jedem Klogang bei Onkel Herbie meldet und ihn zu der Stelle führt. Andere Leute wären stolz auf so einen sauberen, gut erzogenen Hund in der Nachbarschaft.

Marvel, Bully, Mauki und Jojo hören sich geduldig Onkel Herbies Gejammer an, während sie ihr lauwarmes Bier schlürfen. Denn: »Kein Bier ist auch keine Lösung«, hat Marvel getönt, als Herbie sie vor die Alternative stellte: warmes Bier oder gar keins.

Onkel Herbie erwartet von ihnen coole Sprüche und im Sprücheklopfen sind sie tierisch gut. Onkel Herbie hat ihnen deswegen Rabatt gewährt. Er weiß, was er seiner Stammkundschaft schuldet.

Nicht dass Marvel und seine Truppe hier jeden Nachmittag rumhängen. Nicht dass sie nicht auch mal Cola oder Apfelschorle trinken. Bier ist die Ausnahme. Mittags sowieso. Bier gibt's, wenn es was zu feiern gibt, wie jetzt, oder wenn einer von ihnen seinen Kummer ersäufen muss. Eine Weibersache zum Beispiel, Ärger mit den Eltern oder ein Problem in der Schule.

Sie sitzen an dem Biertisch, die Schultaschen zwischen den Füßen, und trinken das Holsten stilecht aus der Flasche. Und fühlen sich wie in der Werbung: saucool.

Marvel wollte Onkel Herbie eigentlich die Sache mit der Soap erzählen. Onkel Herbie hätte sich bestimmt darüber gefreut, obwohl er ja nie fernsieht, weil er immer in seinem Kiosk steht. Aber er hätte sich gefreut. Marvel ist nicht sicher, ob er irgendjemanden kennt, der sich mehr freuen würde als Onkel Herbie. Seine Mutter? Wer weiß. Sein Vater? Nee. Irgendwie ist Onkel Herbie mehr Familie.

Aber Marvel sagt trotzdem nichts, weil Onkel Herbie an diesem Tag keinen Sinn für die Probleme oder die Freuden seiner Kundschaft hat. Sie haben ihm den Strom abgestellt!

Wenn er kein kaltes Bier oder keine anderen eisgekühlten Getränke mehr anbieten kann, werden viele Kunden sich wohl umorientieren. Das spürt er, das weiß er, das würde er, wenn er noch Biertrinker wäre, genauso machen. Aber Onkel Herbie trinkt kein Bier, auch keine harten Sachen. Onkel Herbie ist Mitglied bei den Anonymen Alkoholikern.

»Ich hab früher so viel gesoffen, dass es fürs ganze Leben reichen muss«, sagt er immer, wenn ihn jemand fragt. Er gönnt sich nicht mal eine Cognacbohne oder ein mit Eierlikör gefülltes Osterei, weil er sagt, dass er danach sofort wieder rückfällig werden würde. Onkel Herbie hat seine schöne Gastwirtschaft an der Ostsee wegen seiner Alkoholsucht verloren, auch seine Frau, seine Kinder und das Kajütboot, von dem aus er Dorsche geangelt hat. »Ich war mein bester Kunde«, sagt Onkel Herbie immer. »So was ist das Ende für jeden Wirt.«

Er trinkt nicht mehr, aber er guckt gern zu, wie andere trinken. Er sitzt zwischen den Jungs auf der Bierbank, das Holzfällerhemd hochgekrempelt bis zum Tattoo auf dem Bizeps, darüber eine wattierte Weste. HL sitzt zu seinen Füßen und wedelt bei jedem Wort. Alle haben Onkel Herbie verlassen, nur HL nicht.

»Ich hab vorhin einen Satz gelernt«, sagt Jojo, der etwas sucht, womit er Onkel Herbie aufheitern kann, »den schenk ich dir.«

»Na, dann spuck mal aus.« Onkel Herbie legt seine Arme um Jojos magere Schultern. Jojo ist dünn wie ein Schilfrohr im Wind.

»Ist aber auf Latein.«

»Ach so.«

Natürlich muss er den Satz trotzdem sagen.

»*Meum est propositum in taverna mori.*«

»Und was heißt der Quatsch?«, fragt Onkel Herbie.

Jojo grinst. »Mein Vorsatz ist es, in der Taverne zu sterben.«

Dann überlegen sie, wie dieser Satz wohl auf Lateinisch geht: *Mein Plan ist es, in* DEINER *Taverne zu sterben, mein Freund.*

Der fünfundsiebzigjährige Onkel Herbie beobachtet die Jungs aus seinen kleinen traurigen Augen. »Ach Jungs, ihr seid großartig. Das klingt toll. Aber euer Herbie hat das Gefühl, dass aus diesem schönen Plan nichts wird. Die Kerle meinen es ernst.«

Sie starren düster auf das schöne Haus mit den weißen Säulen. Da wohnt der Feind.

Bully, der miese Stimmung nur schwer erträgt, hebt seine leere Flasche und ruft trotzig: »Am Mittag zwei Bier und der Tag gehört dir!«

Marvel wehrt ab. »Hey Mann, du spinnst. Ein Bier reicht.«

»Jawohl!«, sagt Bully. »Zwischen Leber und Milz passt immer ein Pils!«

Alle gucken Marvel erwartungsvoll an. Herbie auch. Jeder weiß: Einer muss noch kommen.

Und so sagt Marvel: »Begrabt meine Leber am Ende der Theke«, und dann highfiven sie sich. Und die Welt ist schön.

Zu Hause wartet seine Mutter mit dem Mittagessen. An der Schrankwand in der Küche hängt Marvels Stundenplan. So weiß sie immer, wann Marvel aus der Schule kommt. Marvel findet das ätzend, er findet, so was muss spätestens nach der sechsten Klasse aufhören, aber weil seine Mutter berufstätig ist und sich auf jede Minute freut, die sie mit ihrem Sohn verbringt, kann er ihr das nicht abgewöhnen.

Heute ist Mittwoch und sie weiß, dass er nach der sechsten Stunde freihat. Seit einer Stunde ist der Tisch gedeckt, seit einer Stunde liegen die panierten Schnitzel unter einer Klarsichtfolie neben dem Herd und der Salat sieht bereits matschig aus.

»Marvin!«, ruft seine Mutter aus dem Bad, als er die Wohnungstür öffnet. »Bist du das endlich?«

»Wer sonst?«, knurrt Marvin. Er und seine Mutter wohnen allein in dieser Dreizimmerwohnung. Niemand sonst hat einen Wohnungsschlüssel.

Im Wohnzimmer läuft der Fernseher, im Bad rauscht die Wasserleitung. Marvin würde jetzt gern als Erstes ins Bad gehen, um mit Mundwasser zu gurgeln. Das hat er sich angewöhnt, seit er hin und wieder ein Bierchen kippt. Seine Mutter kommt nämlich manchmal noch auf die Idee, ihn zur Begrüßung zu küssen, so wie früher, als er klein war. Und sie hat eine feine Nase.

Aber jetzt ist seine Mutter im Bad, also lässt er sich auf den Boden fallen und zieht seine Chucks aus.

Die Badezimmertür geht auf. Seine Mutter kommt heraus, sie trocknet sich die Hände ab. Babsi Keller ist zweiundvierzig, groß, schlank, dunkelhaarig, sportlich. Und hübsch, findet Marvel. Er hasst seinen Vater für das, was er ihnen angetan hat. Aber sie reden nicht drüber. Das haben sie irgendwann mal beschlossen. Es nützt ja nichts. Die Dinge sind, wie sie sind. Sein Vater lebt jetzt mit einer anderen Frau zusammen und mit der hat er wieder ein Kind. Ein Mädchen. Marvel weiß nicht mal mehr, wie die kleine Zicke heißt. Er hat das verdrängt, es ist ihm egal. Er hat seinen Vater seit der Trennung höchstens zwei, drei Mal gesehen und jedes Mal ging es ihm danach so schlecht, dass er geschworen hat, sich das nicht mehr anzutun.

So ist der Stand der Dinge.

»Der Kartoffelbrei ist bestimmt schon kalt«, sagt seine Mutter jetzt. »Und der Salat sieht aus wie der Katze aus dem Hals gezogen.«

»Macht nichts«, sagt Marvin, »hab sowieso keinen Hunger.« Es stimmt eben, dass Bier eine Mahlzeit ersetzen kann.

»Keinen Hunger? Was ist los? Große Kerle müssen ordentlich essen! Es gibt Schnitzel! Wozu hab ich mir die ganze Mühe gemacht? Um vier beginnt meine Schicht. Also komm, setz dich zu mir.«

Marvel gehorcht. Wie eigentlich immer. Er tut überhaupt alles, damit seine Mutter seinetwegen nicht auch noch Stress hat. Ihr Leben ist schon hart genug. Sie hätte ein besseres verdient, sagt sie manchmal, und Marvel findet das auch. Sie hätten beide was Besseres verdient.

Seine Mutter arbeitet im Krankenhaus in der Notaufnahme. Nicht als Krankenschwester, sondern als Bürokraft. Sie erledigt all den Papierkram, der bei jedem Patienten anfällt. Manchmal erzählt sie schaurige Geschichten von Unfallopfern und Leuten, die halb tot eingeliefert werden, und trotzdem muss sie rauskriegen, bei welcher Krankenversicherung die Leute sind, wie sie heißen, wo sie wohnen, ob sie eine Medikamentenallergie haben oder HIV-positiv sind. Welche Blutgruppe und so weiter. Manchmal können die Leute nur röcheln, manchmal werden sie jedoch von Verwandten begleitet. Dann ist sie erleichtert, dass sie die armen Patienten nicht mit Fragen quälen muss.

Marvel stellt die Chucks schön nebeneinander unter die Garderobe, und als er aufstehen will, beugt seine Mutter sich zu ihm herunter. Dies ist offenbar einer der Tage, an dem sie einen Kuss von ihm möchte. Sie hat manchmal diese sentimentalen Anwandlungen. Marvel dreht den Kopf ein bisschen weg, die Lippen seiner Mutter streifen praktisch nur noch Wange und Ohr. Er schiebt sich an der Wand entlang in Richtung Bad.

Seine Mutter schnüffelt misstrauisch.

»Sag mal, Marvin! Wie riechst du denn?«, fragt seine Mutter plötzlich.

»Wie denn?« Marvel flieht ins Bad, aber bevor er die Tür zudrücken kann, hat seine Mutter ihren Fuß dazwischengeschoben. Sie ruft erschrocken: »Hast du etwa was getrunken?«

»Quatsch«, knurrt Marvel. »Mama, nimm bitte den Fuß weg, ich muss pinkeln.«

»Aber du riechst nach Bier!«

»Wir hatten heute Physik.« Als würde das irgendetwas erklären.

Das Problem mit lauwarmem Bier ist eben auch, dass der Alkoholgeruch stärker durchkommt. Marvel denkt, während er möglichst lautlos gurgelt, dass Onkel Herbie tatsächlich ein paar gute Kunden verlieren wird, wenn er das mit dem Strom nicht geregelt kriegt. Und dass er, sobald seine Mutter los ist zur Schicht, bei Wanda anrufen wird.

Marvel hat um 16 Uhr einen Termin im Studio Hamburg. Das ist eine halbe S-Bahnstunde vom Stadtzentrum entfernt. Ein riesiger Komplex mit Bürotürmen, Studios, in denen Talkshows aufgezeichnet, Shows vorbereitet oder neue Schauspieler gecastet werden. Er ist mit der U-Bahn hingefahren, das letzte Stück mit dem Bus.

Er hat sich entschieden, an seinem Outfit nichts zu ändern, also: Fleecejacke mit Kapuze, ein Sweatshirt mit dem Aufdruck: »Was guckst du?«, Jeans und Chucks. In diesen Klamotten fühlt er sich authentisch und deshalb sicher. Das ist schließlich wichtig.

Der Pförtner schaut auf eine Liste, lässt sich Marvels Personalausweis zeigen und wählt eine Nummer.

»Ich hab einen Marvin Keller hier«, sagt er, hebt den Blick, mustert Marvin, der cool zurückblickt.

»Gut. Okay, danke.« Der Pförtner schiebt Marvins Personalausweis durch den schmalen Spalt in der Glasscheibe zurück. »Studio 9 A«, sagt er und macht eine vage Handbewegung nach rechts.

Während Marvel an riesigen Trucks mit dem NDR-Logo vorbeigeht, überlegt er, ob es ein gutes Omen ist, dass die 9 a auch seine Schulklasse ist.

Leute, die Filmkulissen auf Karren vor sich herschieben oder mit riesigen Kabelrollen auf Pick-ups herumkurven, beachten ihn nicht. Es wimmelt von Leuten, die alle furchtbar beschäftigt tun, obwohl man nicht auf den ersten Blick erkennt, warum sie so wuseln.

Alle außer Marvel scheinen jedoch genau zu wissen, wohin sie müssen. Marvel geht an einer Glaswand vorbei, endlos lange. Durch die Scheiben kann er in den Kantinenraum blicken. Er sieht Köche in weißen Jacken hinter einem endlosen Tresen, er sieht eine Salatbar, eine Küchentheke, er sieht Leute an Tischen, die Espresso trinken und heftig miteinander diskutieren. Dann rempelt er plötzlich mit jemandem zusammen, der das Gesicht eines Greises und die Figur eines fünfzehnjährigen Jungen hat. Ziemlich schräg. Der Greis grinst und dabei merkt Marvel, wie die dicke Make-up-Schicht sich kräuselt. Cool macht er dem Freak Platz. Ein pinkfarbenes Cadillac Cabrio gleitet an ihm vorbei und gleich danach ein Bonzenwagen, gepanzert, mit getönten Scheiben. Sieht nach Politiker aus, denkt Marvel. Da weiß er noch nicht, dass auch große Filmproduzenten gern solche Autos fahren.

Das Studio 9 A entpuppt sich als riesiger fensterloser Container aus Aluminium. An der Tür steht: *Coole Zeiten. – Eine Multimedia Produktion.*

Als Erstes gelangt er in einen neonbeleuchteten Gang, von dem lauter Zimmer abgehen. Über einer Tür brennt eine rote Lichtleiste, und als Marvel näher kommt, sieht er, dass »Achtung! Ruhe, bitte! Wir drehen!« auf der Leiste steht.

Marvel geht auf Zehenspitzen vorbei, bis er zu der Tür mit dem provisorischen Schild »Casting« kommt.

Die Tür steht halb offen. Im Raum herrscht Hektik. Man

schickt ihn weiter durch einen anderen Gang mit anderen Türen. Leute rennen ihn fast über den Haufen, einmal stolpert er über ein Kabel. Dann geht plötzlich das Licht aus und jemand brüllt: »Nein!!! Nicht schon wieder.« Sekunden später geht das Licht wieder an.

Es dauert, bis Marvel endlich die Assistentin gefunden hat, die Nummern und Texte verteilt. Er hat sich das alles irgendwie organisierter vorgestellt. Dann dauert es noch, bis die Assistentin ihr Telefongespräch beendet und seinen Namen auf einer Liste gefunden hat. Marvel riskiert einen Blick auf die Liste. Da stehen mindestens zwölf Namen untereinander! Wollen die etwa alle die gleiche Rolle? Wieso hat dieser Ringelstrumpf ihm dann das Gefühl gegeben, als habe das ganze Studio nur auf ihn, Marvin Keller, gewartet? Sein Selbstbewusstsein sinkt schneller, als ein Stein in einen Brunnenschacht plumpst.

»Ist Wanda vielleicht da?«, fragt er.

»Nicht vielleicht, sondern ganz bestimmt«, erwidert die Assistentin fröhlich, »aber frag mich nicht, wo. Hier ist heute die Hölle los.«

Marvel wollte auch nicht fragen.

»Wir hinken sowieso schon dem Drehplan hinterher«, erklärt die Assistentin, »und die Regie ist komplett genervt, weil sie das hier nun auch noch durchziehen muss.«

»Das hier«, das ist offenbar das Casting. Sein Casting – Marvel versucht, das sportlich zu nehmen. Was soll er auch sonst tun. Er nickt und heuchelt Verständnis.

Die Assistentin gibt Marvel einen DIN-A4-Bogen. »Das musst du auswendig können. Ist nicht viel Text. Ein Dialog aus einer Szene mit deiner Halbschwester. Du bist Max und sie ist Jule. Alles klar? Du lernst die Textstellen von Max auswendig. Verstanden?«

Marvel will sagen: Ich bin ja nicht blöd, aber das schluckt er lieber runter. Er rollt das Papier zusammen und schaut sich um. Kein Stuhl, nur unausgepackte Kartons und Berge von ausgedruckten Drehbüchern. Auf dem Deckel steht jedes Mal: *Coole Zeiten.* Und darunter in verschiedenen Farben verschiedene Codes, mit denen Marvel nichts anfangen kann.

»Okay«, sagt Marvel. »Wo soll ich jetzt hin?«

Die Assistentin führt ihn zu einem Raum, in dem bereits ein paar Jungen und Mädchen warten, die alle ungefähr so alt sind wie er. Marvel linst: Alle Jungs haben den gleichen Text vor der Nase, manche schauen ihn neugierig an, taxieren ihn, manche grinsen freundlich, andere blicken nicht einmal auf. Sie haben ihre Finger in die Ohren gesteckt und bewegen beim Auswendiglernen des Texts die Lippen. Manche der Mädchen aber schenken ihm ein scheues Lächeln. Das ist einfach, er ist für sie ja keine Konkurrenz.

Marvin setzt sich auf einen Hocker – die Stühle mit Lehnen sind alle besetzt. Er fühlt sich irgendwie deklassiert auf dem blöden Möbel und steht wieder auf. An die Wand gelehnt, studiert er die Textstelle.

Offenbar handelt es sich um einen Streit wegen Jules Mutter, die Max wohl nicht ausstehen kann. Irgendwas muss er in der vorangegangenen Szene falsch gemacht haben. Er hat sich danebenbenommen, ganz offensichtlich.

Jule greift ihn an, er reagiert ruppig und brutal, sodass Jule in »haltloses Schluchzen« ausbricht. Das versetzt Max offenbar einen Schock. Denn da steht: »Max reagiert zunächst geschockt. Er denkt an Flucht. Doch dann besinnt er sich plötzlich, legt seine Hand auf Jules Rücken, den sie ihm zugedreht hat, und sagt leise: »Hey, war echt nicht so gemeint.«

Mmh, denkt Marvel.

Und dann sagt er sich: Da musst du jetzt durch. Also okay, ran.

Er lässt sich mit dem Rücken an der Wand heruntergleiten und bleibt so mit gebeugten Knien hocken und lernt seinen Text.

Dabei registriert er, wie immer wieder jemand aufgerufen wird, durch eine Tür verschwindet und nicht wieder zurückkommt. Noch mehr Leute kommen. Marvel schenkt jedem Neuen ein Grinsen. Er hat beschlossen, das Ganze cool zu nehmen. Mehr als Ulk, als Spaß. Wenn sie ihn nicht nehmen, muss er diesen Zirkus jedenfalls nie mehr mitmachen.

Das Filmstudio, in das ihn schließlich jemand führt, ist ein hoher, riesiger Raum mit einer schwarzen Decke, von der Kabel baumeln wie Seile, um sich daran aufzuhängen. Und Schienen mit riesigen Scheinwerfern. Doch der größte Teil des Studios liegt im Dunkeln. Marvel muss über Kabel steigen, an Kisten und Requisiten vorbei, an Kulissen, die aussehen wie echte Backsteinwände, an Bäumen aus Plastik. Sogar einen kleinen Kiesweg muss er überqueren. Dann steht er in einem Haus mit vielen Zimmern. Es gibt nur keine Zimmerdecken, kein Dach. Und alles liegt im Halbdunkel, bis er plötzlich vor einer Küchenwand steht. Ein Tisch, zwei Stühle und lauter Kreidekreuze und Zeichen auf dem Fußboden.

Jemand sagt: »Hallo Marvin, ich bin Atze vom Ton.«

Der Typ trägt schwarze Klamotten und er hat Kopfhörer auf. Dicke Dinger. Er riecht nach Knoblauch und Mentholkaugummi – keine besonders appetitliche Mischung. Er zeigt auf einen langen Stab, an dessen Ende ein Mikrofon hängt. »Hiermit angle ich den Ton. An das Ding gewöhnst du dich schnell. Und jetzt machen wir eine Tonprobe«, erklärt er, bevor er wieder im Halbdunkel verschwindet.

Marvel nickt. Er räuspert sich. Er wartet.

Der Typ wartet.

Marvel schweigt.

»Also los«, sagt der Typ.

Plötzlich gehen über seinem Kopf riesige Scheinwerfer an. Alles wird in gleißendes Licht getaucht. Er blinzelt, sieht auf einmal gar nichts mehr. Nicht einmal den Kameramann hinter der großen Kamera.

Marvin versucht, den Typen in der Dunkelheit auszumachen. Er hat keine Ahnung, wo der geblieben ist. Er fühlt sich komplett verloren.

»Was soll ich denn sagen?«, fragt Marvel unsicher.

»Na, irgendwas. Was dir in den Sinn kommt, ist nur eine Tonprobe.«

Aber Marvel kommt nichts in den Sinn. Sein Gehirn spuckt nichts aus. Es wäre jetzt natürlich cool, einen richtig witzigen Satz zu bringen, irgendwas, was man den Kumpels erzählen kann, etwas, das ihn zum Hero macht, selbst wenn er dann doch nicht ausgesucht wird. Aber es fällt ihm nichts Witziges ein. Es fällt ihm überhaupt nichts ein. Sein Kopf ist wie ein ausgeschalteter Computer.

»Okay, machen wir's uns einfach. Sag einfach eins, zwei, drei. Zählen kannst du?«

Marvel hasst es, wenn andere cool sind. Auf die Rolle ist er abonniert. Aber er schluckt artig, holt tief Luft und beginnt zu zählen. »Eins, zwei, drei, vier.«

»Nicht schreien. Ganz normale Lautstärke. Wie du immer sprichst.«

Marvin wiederholt: »Eins, zwei, drei.«

»Okay, und jetzt sag mal, wenn dir nichts anderes einfällt, wie du heißt und wo du wohnst.«

»Ich bin der Marvin, Nachname Keller, aber alle nennen mich Marvel. Soll ich jetzt erklären, wieso?«

»Mach, was du willst.«

»Also, ich wohne in Hamburg-Winterhude, in der Schlüterstraße 89, zweiter Stock.«

»Habt ihr da auch einen Balkon?«

»Mann, was soll das denn? Verarschen kann ich mich allein«, platzt es aus Marvel heraus.

»Na siehste, geht doch«, lacht Atze aus dem Dunkel.

Marvels Aufregung ist wie weggeblasen.

Aus dem Halbdunkel taucht eine Frau auf, so breit wie hoch, in wallend rote Gewänder gekleidet. Sie schaut auf eine Liste, hebt den Kopf. »Marvin Keller?«, fragt sie. Ihre Stimme ist dunkel und rau wie ein Reibeisen.

»Ja.«

Sie legt die Liste weg und streckt ihm aus den Wallekleidern ihren dicken Arm entgegen. Sie fixiert ihn kurz. An ihrer Miene kann Marvel nicht erkennen, was sie vorhat. »Ich bin Biggi, die Regisseurin.« Sie lacht. »Also, an mir kommst du nicht vorbei.«

Marvin denkt, dass sie diesen Satz an diesem Tag wohl schon dreißig Mal gesagt hat, zu allen, die sich zum Casting gemeldet haben. Er managt ein Grinsen.

Die Regisseurin deutet auf die Küchenkulisse. »Also, das ist jetzt nur ein Provisorium. Fürs Casting. Du sitzt auf dem Stuhl. Siehst du da die roten Markierungen? Das sind deine. Deine Filmpartnerin Jule hat die blauen Markierungen. Du darfst die Markierungen nicht verlassen. Du sitzt da, du spielst, sagst deinen Text – und dann geb ich ein Zeichen und eine Tür schlägt zu, obwohl hier keine Tür ist, also sei nicht verwirrt.«

»Nee, bin ich schon nicht«, lügt er, doch sein Puls ist mittlerweile auf hundertachtzig.

»Gut. Jule kommt also rein. Du bist schlecht drauf, es gab – das ist die Szene davor – ziemlichen Zoff. Jule ist sauer auf dich, weil du ihre Mutter wie Luft behandelst. Wie deine Putzfrau.

Dir geht das am Arsch vorbei. Du findest die ganze Familiensituation scheiße. So weit alles verstanden?«

Marvel nickt. Ihm schwirrt der Kopf. Er versucht, den Sinn der Markierungen auf dem Fußboden zu verstehen.

»Hab ich ein Ja gehört?«, fragt die Regisseurin.

Marvel kennt diese dämliche Frage noch von seiner Grundschullehrerin. Das ärgert ihn. Er räuspert sich.

Biggi runzelt die Stirn. »Etwa erkältet?«

Marvel schüttelt den Kopf. »Geht schon«, sagt er. »Alles easy.«

»Okay, gut, fangen wir an.«

»Wär schön, wenn du die Dinge ein bisschen mitspielen ließest«, sagt sie und deutet dabei auf den Tisch. Da steht eine Milchflasche, ein benutzter Teller mit Leberwurstschmiere und abgekauten Brotkanten, benutztes Besteck.

Soll ich das gewesen sein?, denkt Marvin, ist das hier meine Küche? Er überlegt, dass er, wenn ein Käfer über den Tisch liefe, den Käfer mit der Gabel erstechen könnte. Das wär doch mal cool. Plötzlich, wie aus dem Nichts, taucht Wanda in ihren Ringelstrümpfen auf und begrüßt ihn, als könne sie ihr Glück gar nicht fassen, ihn hier zu sehen.

»Ey, cool«, sagt sie und tut so, als spucke sie ihm dreimal über die rechte Schulter. »Toi, toi, toi.«

Marvel grinst. Wanda behandelt ihn wie einen Profi.

Über Lautsprecher dröhnt auf einmal die Stimme der Regisseurin, so als käme sie irgendwie aus dem kosmischen Raum. »Marvin?«

»Ja?«

»Setz dich bitte schräg an den Tisch, dass ich seh, was du mit deinen Beinen machst, aber geh nicht über die Markierungen. Zuerst hörst du das Kommando ›MAZ läuft!‹, und nachdem ich dann ›Bitte!‹ gesagt habe, fängst du an. Okay?«

Marvin nickt und probiert eine neue Sitzposition. Er kommt sich ziemlich albern vor.

Wanda baut sich vor der Kamera auf und hält einen Zettel hoch, auf dem groß MARVIN KELLER FÜR MAX steht und darunter CASTING.

Und darunter: COOLE ZEITEN.

Marvel sieht, wie Wanda auf Zehenspitzen hinter die Kamera trippelt, ins Dunkle. Und dann: »MAZ läuft!«, und er hört Biggi »Bitte!« sagen.

Und dann ist es ganz still.

Marvel sitzt an seinem Platz, starrt auf das Besteck und weiß nicht mehr, wie der erste Satz ging.

Er überlegt. Sein Kopf wird erst heiß, dann hat er das Gefühl, als liege sein Gehirn in einem Gefrierfach. Er schaut hilflos hoch, hebt die Schultern und sagt: »Ich hab einen Blackout.«

Vor Scham möchte er im Boden versinken.

»Aus!«, sagt Biggi aus dem Orbit. »Aus!«

Marvel erhebt sich. Das war's also, denkt er. Sein Kopf ist wie Watte. So schnell ging das also. Eben noch im Rampenlicht, nun schon wieder zappenduster.

Da tritt die Regisseurin ins Licht. »Wir wollten doch mit einer Totalen anfangen! Das war mir zu eng, Günni.«

»Okay.« Das war wohl Günni.

Marvel sieht sich ratlos um.

»Du warst gar nicht gemeint, Marvin, du kannst dich wieder hinsetzen. Du hast ja auch noch gar keinen Text.« Biggi legt ihm beruhigend die Hand auf den Arm. »Du wartest ja, bis Jule reinkommt und den ersten Satz spricht. Sie sagt: ›Du Scheißkerl. Ich hasse dich.‹ Stand alles im Text. Erinnerst du dich?«

Er nickt. Er hat einen knallroten Kopf.

»Du lümmelst da irgendwie auf dem Stuhl, nicht vergessen,

so, dass ich deine Beine sehe und dass die Kamera immer dein Gesicht hat. Also, es gab Zoff in der Familie, und du weißt, die Sache ist noch nicht ausgestanden. Du bereitest dich innerlich auf eine neue Runde vor. Verstanden? Irgendwas wird passieren, aber du weißt nicht, was, okay? Du bist genervt, unsicher und sauer. Das spielst du einfach. Bis Jule reinkommt und ›du Scheißkerl‹ sagt. Verstanden?«

In Marvels Kopf schwirrt es. Aber er nickt. Ist ja wahr. So stand es da. So hat er das abgespeichert.

Superpeinlich, das Ganze.

»Tut mir leid«, sagt er. Die Scheinwerfer sind voll auf ihn gerichtet, er sieht nichts.

Er hört Biggi wieder aus dem Off. »Alles auf Anfang! MAZ läuft!«

Er entdeckt im dämmrigen Hintergrund Ronja, die Jule spielt. Sieht, wie Ronja ihre schwere blonde Haarmatte hochhebt, als müsse sie ihrem Nacken Luft zufächeln. Wahrscheinlich ist sie total angezickt, denkt Marvel. Sie steht mit dem Rücken zu ihm, er sieht ihr Gesicht nicht.

»Bitte!«, heißt es plötzlich.

Marvel setzt sich breitbeinig an den Tisch und legt die Arme weit auf die Tischplatte, bis er das Messer in der Hand hält und mit dem Messer irgendwelche Figuren in die Resopalplatte schneidet. Ratsch, ratsch. Ratsch.

Das Geräusch in der Stille.

Plötzlich ein Türenschlagen und dann steht Jule vor ihm und schreit: »Du Scheißkerl!«

Marvin schluckt. Starrt das Mädchen an. Ronja. Nein, Jule. Egal. Seine Filmpartnerin jedenfalls. Boah, die sieht aus wie zehn Klassefrauen auf einmal. Die hat von allem zu viel: zu viel Mähne, zu viel blond, zu viel Busen, zu blaue Augen, zu lange Beine. So ein Heidi-Klum-Typ. Germany's next Topmodel. Eine von denen, die sich in Monte Carlo auf Luxusjachten rekeln. Und das soll seine Halbschwester sein? Wie kommt ein Typ wie er, der in einem Reihenhaus zwischen Gartenzwergliebhabern aufgewachsen ist, an eine Halbschwester, die wie eine Sexgöttin aussieht?

Er findet, sie hätten ihn warnen müssen, dass es zu einem Blitzeinschlag kommen könnte, wenn diese Frau auftaucht. Aber sie haben ihn voll ins offene Messer laufen lassen. Er steht da wie ein Trottel und zieht ein Gesicht wie ein Trottel.

Marvel fragt sich beklommen, ob er schon jemals in seinem Leben so nah vor einer solchen Frau gestanden hat. Und warum man es nicht in der Schule lernt, solchen Frauen cool zu begegnen. Und wie er es bringen soll, dass sie nicht nach seinem ersten Satz schon genervt die schönen Augen verdreht. Wie sie ihn jetzt schon ansieht! Als wär er ein Stück Scheiße. Es ist nicht einfach, die richtigen Worte zu finden, wenn eine Superfrau einen wie ein Stück Scheiße anguckt. In diesem Fall weiß er, was er sagen soll. Das heißt, eben wusste er es noch. Jetzt ist in seinem Kopf nur noch weiße, weiche Watte.

»Jetzt du, Marvin!«, hört er Biggi sagen.

Marvel zuckt zusammen. Okay, denkt er, jetzt ich. Jetzt ich. Wie war noch der Text? Ich darf sie nicht angucken oder ich muss mir überlegen, wie sie nach einem Moorbad aussieht. Nach einem Schleimbad. Eklig. So wie er sich Leute, die ihn einschüchtern wollen, immer auf dem Klo vorstellt.

Ronja macht ein gelangweiltes Gesicht. Das kann sie schon mal gut. Arrogant und gelangweilt. Einmal lässt sie ihren Blick taxierend über seinen Körper schweifen, von oben nach unten, und er fühlt, wie seine Haut zu jucken beginnt … Was mach ich hier?, fragt er sich. Irgendwo im dunklen Hintergrund leuchtet ihn ein rotes Schild an: NOTAUSGANG. Das ist für mich, denkt er.

Er schluckt noch mal, richtet sich auf, verengt die Augen zu schmalen Schlitzen. Denkt dabei immer, dass er das Gesicht in Richtung Kamera halten soll, streckt noch schnell energisch das Kinn vor und sagt leise, aber irgendwie scharf und irgendwie mit einem ironischen Unterton: »Hey! Was hör ich? Redet man so mit seinem Bruder?«

Jule keift zurück: »Du glaubst, meine Mama ist deine Putzfrau, oder was?«

»Komm wieder runter«, sagt Marvel, genau in dem Ton, in dem er es zu Mauki sagen würde. »Bleib cool, Mann.«

Und dann sagt er die anderen Sätze, die auf dem Blatt standen, und Jule antwortet und es ist alles ganz einfach. Dann wirft Max Jule an den Kopf, dass die einmal einen genauso breiten Arsch wie ihre Mutter bekommen wird, und daraufhin bricht Jule zusammen und schluchzt und er will flüchten, bleibt dann aber doch und beschließt, sich bei ihr zu entschuldigen.

Nach eineinhalb Minuten, die für Marvel wie gefühlte zwei Stunden dauern, wie ein ganzer Kinofilm, ruft die Regisseurin: »Aus! Danke!«, und Marvel sieht, wie das Rotlicht an der Kamera ausgeht.

Die Regisseurin tauscht mit Ronja/Jule einen Blick, den Marvel nicht deuten kann, und kommt auf die beiden zu. Sie wendet sich zuerst an Ronja, legt ihr dabei sogar den Arm um die Schulter. »Gut gemacht, Mädchen«, sagt sie, »danke.«

»Da nicht für«, sagt Ronja.

Sie tut, als sei Marvel Luft. Das ärgert ihn. Aber vielleicht will sie, dass er sich darüber ärgert. Sie sieht irgendwie so aus. Ein bisschen hochnäsig, ein bisschen zu sehr von sich überzeugt. Vielleicht, denkt Marvin, ist sie ja eine richtige Schauspielerin, hat das gelernt oder so. Oder ist schon berühmt. Er ist jedoch sicher, dass er sie noch nie in irgendeinem der Filme gesehen hat, die er gern guckt.

»War's okay für dich?«, fragt die Regisseurin.

Ronja würdigt Marvel immer noch keines Blickes. »Für mich war's okay«, sagt sie.

Biggi wendet sich an Marvel. Sie reicht ihm die Hand. »Danke, dass du gekommen bist. Wir sagen dir in der kommenden Woche Bescheid.«

Marvel schluckt. War das nun gut oder schlecht? Aber er traut sich nicht zu fragen.

»Falls wir uns für dich entscheiden«, sagt die Regisseurin, »benötigen wir von der Schule eine Unterrichtsbefreiung, aber das erklärt dir alles Hotte, unser Produktionsleiter. Und natürlich benötigen wir das Okay deiner Eltern. Kriegst du das mit deiner Schule hin?«

»Klar, krieg ich hin.« Dabei hat er keine Ahnung, ob er es wirklich hinkriegen kann. Er hatte im letzten Halbjahr einen Notendurchschnitt von 2,8. Nicht schlecht, aber auch nicht wirklich gut.

»Und deine Eltern?«

»Das geht auch klar«, sagt Marvel.

Die Regisseurin lächelt. »Also, erst einmal schönen Dank, Marvin«, sagt sie, während sie schon auf der Liste den nächsten Kandidaten sucht, »du hörst dann von uns.«

So schnell geht das. Eben denkst du noch, du bist ein Star, und im nächsten Augenblick sind sie schon froh, wenn sie dich wieder los sind.

Jemand will Marvel den Weg zum Ausgang zeigen, aber er meint, er käme schon allein klar. Das war, bevor er wusste, dass das Studio 9 A ein Labyrinth ist. Als er endlich den Ausgang gefunden hat, ist er in Schweiß gebadet und genauso deprimiert wie der Roboter Marvin, nach dem sein Vater ihn ursprünglich benannt hat. Der Marvin in dem Raumschiff »Heart of Gold« aus dem Roman »Per Anhalter durch die Galaxis«, aber egal. Marvel hat das Buch, das sein Vater ihm zum zwölften Geburtstag geschenkt hat, nicht mal aus der Klarsichtfolie genommen.

Ein Vater, der seine Familie verlässt, um mit einer anderen Frau ein Kind zu kriegen, hat es nicht anders verdient.

Marvel erinnert sich nicht mehr wirklich an die Zeit, in der alles auseinanderfiel, sein Leben, seine Familie, seine Zukunft. Will er auch nicht. Warum Dinge mit sich rumschleppen, von denen man nur Kopfschmerzen kriegt?

Er weiß nur noch, dass seine Mutter, diese quirlige, etwas chaotische Person, sich auf einmal sehr veränderte. Langsam zuerst, dann immer schneller, sodass er es mit der Angst bekam und sich aus der Schule kaum noch nach Hause traute, weil er nie wusste, in welchem Zustand er sie antreffen würde.

Er erinnert sich, wie von einem gewissen Moment an das Lachen aus seinem Elternhaus verschwand. Es kam auch nicht mehr so viel Besuch wie früher. Die Freunde, mit denen die Eltern halbe Nächte lang plauderten, zusammen kochten und dazu Rotwein vernichteten, wie sie das nannten, ließen sich plötzlich nicht mehr blicken.

Oft wenn Marvel mittags aus der Schule nach Hause kam, fand er seine Mutter auf dem Sofa liegend, mit einem zusammengelegten feuchten Waschlappen über den Augen. Der Aschenbecher war voller Kippen. Sie hatte plötzlich wieder mit dem Rauchen angefangen, obwohl es sie zwei Jahre ihres Lebens gekostet hatte, damit aufzuhören. Marvel hatte mit elf mal ein halbes Jahr geraucht, aber dann plötzlich beschlossen, dass ihm Bier besser schmeckte als Zigaretten. Und weil er für beides nicht genug Taschengeld hatte und zum Zeitungsaustragen zu faul war, hat er das Rauchen aufgegeben. Beim Hundertmeterlauf verbesserte er sich danach um eine halbe Sekunde.

Jedenfalls benahm sich auch sein Vater plötzlich irgendwie

auffällig. Zum Beispiel ließ er nie mehr sein Handy irgendwo rumliegen, und wenn es auf dem Festnetz klingelte, brüllte er: »Ich geh ran!«, und riss Marvel, der zufällig neben dem Telefon saß, den Apparat aus der Hand.

Wenn er den Hörer hatte, dämpfte er radikal seine Stimme bis zu einem undeutlichen Flüstern und verschwand irgendwohin, wo er allein war. Wenn er nach so einem Telefonat ins Wohnzimmer zurückkam, wo Marvel und seine Mutter so taten, als schmecke ihnen das Abendbrot, stammelte er etwas von einem Idioten aus seiner Lokalredaktion, der wieder mit Bildunterzeilen nicht zurechtgekommen war. Der kalte Blick von Marvins Mutter ließ den Vater dabei bis unter die Haarwurzeln erröten.

Aber dann war diese Sache passiert.

Dieser Abend, den Marvel am liebsten aus seinem Gedächtnis streichen würde. Es war Dezember, zwischen dem zweiten und dem dritten Advent, und sie sollten am nächsten Tag einen Vokabeltest schreiben. Er paukte also in seinem Zimmer englische Vokabeln, während seine Mutter im Wohnzimmer die Weihnachtspost an die Verwandtschaft, Freunde und die Kollegen im Krankenhaus adressierte. Das machte seine Mutter, solange er denken konnte. Jedes Jahr im November musste er sich aufs Sofa setzen, in die Mitte, seine Mutter saß rechts von ihm. Sein Vater hatte die Digicam auf ein Stativ geschraubt und blickte durch den Sucher. Seine Mutter trug etwas Schickes, sein Vater ein weißes Hemd und dann rief sein Vater: »Los!«, und warf sich mit dem Selbstauslöserkabel in der Hand neben Marvel aufs Sofa und alle mussten gleichzeitig »Ameisenscheiße« sagen, weil man, wenn man »Ameisenscheiße« sagt, das fotogenste Gesicht macht. Marvel zwischen seinem Vater und seiner Mutter auf dem blauen Veloursofa: Dieses Foto wurde eingescannt und außen auf eine Faltkarte gedruckt und innen stand: *Familie Keller wünscht allen ein frohes Weihnachtsfest und einen guten Rutsch ins neue Jahr!*

Diese Karten tütete seine Mutter an dem Abend ein und adressierte fröhlich die Briefumschläge. Sie hatte keine Ahnung, dass in ein paar Minuten ihre Welt implodieren würde. Wahrscheinlich hörte sie Musik, daran kann Marvel sich nicht mehr erinnern. Aber an das Geräusch der Türklingel. Danach hat sich monatelang seine Kopfhaut zusammengezogen, wenn die Türklingel schrillte.

Marvels Vater war an dem Abend noch in der Redaktion. Im Elbtunnel war ein Tanklaster in Brand geraten und hatte vier andere Fahrzeuge in Schutt und Asche gelegt. Mindestens sieben Tote. Sein Vater hatte Fotos von dem Tunnelchaos gemacht. Das sollte das Aufmacherfoto am nächsten Morgen sein. Wenn in der Welt etwas Grässliches passiert, verkaufen sich Zeitungen besonders gut. Die Leute sind geil auf gruselige Nachrichten. Aber das ist nicht nur in Deutschland so, sondern überall auf der Welt.

Es klingelte also und seine Mutter rief: »Marvin! Gehst du mal an die Tür? Ist bestimmt für dich!«

Damals kam es öfter vor, dass entweder Mauki oder Jojo, da die beiden in der Nähe wohnten, noch kurz vorbeikamen, um irgendwelche neuen CDs zu brennen. Marvels Vater hatte ihnen erlaubt, dafür seinen Supercomputer zu benutzen.

Es war aber nicht Jojo und auch nicht Mauki. Vor der Tür stand eine junge blonde Frau in einem Regenmantel, den sie über der Brust zusammenhielt. Es regnete und sie hatte keinen Schirm dabei. Ihre Haare hingen ihr in Strähnen ins Gesicht, aber das schien sie gar nicht zu merken. Sie war sehr aufgeregt. »Ist deine Mutter da?«, fragte sie nur.

Später hat Marvel sich oft gefragt, wie er das Unheil hätte abwenden können. Vielleicht hätte er sie irgendwie abwimmeln sollen, bevor sie mit seiner Mutter sprechen konnte. Wenn er die Zeit bis zu diesem Moment zurückdrehen könnte, würde er die Tür aufreißen und vor ihrer Nase wieder zuschlagen.

Aber am nächsten Tag war diese Englischarbeit, von der seine Zwischennote abhing, und außerdem wollte die Frau ja seine Mutter sprechen. Ging es ihn irgendwas an, wenn jemand seine Mutter sprechen wollte?

Also riss er die Tür weit auf und sagte: »Ja. Sie ist da. Kommen Sie?«

Und während er durch den Flur voranging, deutete er auf die Wohnzimmertür, die halb offen stand, und sagte: »Da.« Und er weiß noch, dass er seiner Mutter zurief: »Ätsch! War gar nicht für mich!«

Für dieses Ätsch könnte er sich heute noch ohrfeigen.

Und das Nächste, woran er sich erinnert, ist, wie seine Mutter bei ihm im Zimmer stand, sich zitternd am Türrahmen festhielt, das Gesicht kalkweiß, und tonlos sagte: »Dein Vater hat eine Geliebte und die kriegt von ihm ein Kind! Und das sagt die mir einfach so ins Gesicht!«

Dann hat seine Mutter die Hände vors Gesicht geschlagen, ist zu Marvels Bett getaumelt und hat sich einfach reinfallen lassen, bäuchlings, und ihr ganzer Körper war nur noch ein unkontrolliertes Zucken. Marvel war aufgestanden und hat sich neben sein Bett gestellt und auf den zuckenden Körper seiner Mutter gestarrt und einfach keinen vernünftigen Gedanken in seinen Kopf gekriegt.

Er weiß nicht mehr, wie lange er so gestanden und seine Mutter so gelegen hat. Er weiß aber, dass er auf einmal das Garagentor hörte, das automatisch auf- und zugeht, und wenig später das Klappern des Bügels an der Garderobenwand, und dass er nur noch einen Gedanken hatte: weg hier.

Er ist also aus dem Zimmer gestürmt, hat seinen verdutzten

Vater im Flur fast über den Haufen gerannt und ist einfach raus. Ohne Jacke, ohne Mütze, ohne Hausschlüssel. Nur einfach weg!

Der Regen war langsam in Schnee übergegangen, und als er schließlich bei Jojo vor der Tür stand, war er nass bis auf die Boxershorts und bibberte so, dass seine Zähne aufeinanderschlugen.

Jojos Mutter zog ihn sanft am Arm ins Haus. Er konnte kaum einen Fuß vor den anderen setzen. Er fühlte sich, als hätte ihm jemand K.-o.-Tropfen in die Limo getan und so alle Energie abgetötet, die vorher in seinem Körper war, und ihn wehrlos gemacht.

Sie gab ihm, weil er so bibberte, warme, trockene Handtücher und rief nach Jojo, der im Bad war.

Marvel ließ sich wie einen Sack Kartoffeln von Jojos Mutter durch den Flur in Jojos Zimmer schieben.

»Er kommt gleich«, sagte seine Mutter tröstend, bevor sie wieder verschwand. Jojos Mutter ist Fußballtrainerin, und dabei hat sie offenbar mitgekriegt, dass es Dinge gibt, die man als Jugendlicher nicht mit Erwachsenen besprechen kann, seien sie auch noch so nett.

Jojo tauchte schließlich auf, er hatte noch Zahnpastaschaum um den Mund. Die Zahnbürste, die er noch in der Hand hielt, legte er auf sein Geometriebuch, wischte mit dem T-Shirt-Ärmel den Zahnpastaschaum vom Mund und erklärte: »Du siehst scheiße aus.«

Marvel nickte dumpf.

Jojo setzte sich neben ihn und genau wie Marvel presste er die Hände zwischen die Knie, mit eingezogenem Kopf. Und wartete.

Langes Schweigen.

Marvel kriegte nichts über die Lippen.

»So schlimm?«, fragte Jojo.

»Schlimmer«, sagte Marvel.

Wieder Schweigen.

Marvel schaute Jojo an. Seinen Kumpel, seinen Freund. Er schaute ihn als, als sehe er ihn heute zum ersten Mal. Jojo in einem T-Shirt, das für irgendeinen Beachklub auf Mallorca Reklame machte, karierte Boxershorts. Seine Beine waren weiß und dünn. Wenn sie unter sich waren, nannte er seine Beine Chickenlegs. Das hatten sie mal in einem Film gehört. Jojo waren seine dünnen, langen Beine peinlich. Aber auch nicht peinlicher als seine dünnen, langen Arme oder seine dünnen, langen Füße. Er hatte Schuhgröße 45, und das bereits mit 12.

Mit Jojo hatte er schon jede Menge Spaß gehabt. Aber Marvel wusste auf einmal, und es kam in dieser Sekunde wie eine Erleuchtung über ihn, dass Freunde nicht nur dazu da sind, um einen zu bespaßen. Viel wichtiger ist ein Freund in einem Augenblick wie diesem.

»Ich will ihn nicht mehr sehen«, sagte Marvel.

»Wen willst du nicht mehr sehen?«

»Meinen Vater.«

»Mhm. Und wieso nicht?«

Marvel holte tief Luft, presste die Finger zwischen die Knie. Seine Finger waren wie Eiszapfen. Sonst hatte er immer ganz warme Hände. In seinen Händen waren die Schneebälle geschmolzen, bevor er sie abfeuern konnte. Er zog die Finger zwischen den Knien heraus und starrte sie an.

Jojo ließ seinen Freund nicht aus den Augen. Er wartete auf irgendeine weitere Erklärung. Aber da kam nichts. Marvel guckte nur auf seine Hände, mit weit aufgerissenen Augen. Und da sagte Jojo, ohne noch irgendeine Erklärung zu verlangen: »Ist doch klar, dass du heute Nacht hier pennst.«

Das nennt man Freundschaft.

Jojo ging dann noch einmal aus dem Zimmer, um seinen Eltern zu sagen, dass Marvel bei ihm pennen würde. Jojos Eltern nickten nur freundlich. Sie fragten nicht, was mit Marvel war. Sie nahmen zu Recht an, dass es etwas war, was die Jungen gut unter sich regeln konnten. Jojos Eltern waren großzügige Menschen und sie hatten ein gastfreundliches Haus.

In der Nacht träumte Marvel, dass er wieder ein kleiner Junge war und auf dem blauen Sofa saß für die Weihnachtskarte. Er trug einen dunkelblauen Anzug und ein weißes Rüschenhemd. Das Hemd kratzte am Hals. Er saß da und wartete, dass seine Eltern sich rechts und links neben ihn setzen würden, ihren Arm um ihn legten und sie alle zusammen Ameisenscheiße sagten. Aber seine Eltern kamen nicht, und als er allein Ameisenscheiße sagen wollte, kriegte er keinen Ton raus.

Marvel musste am Morgen nach Hause, um seine Schulsachen zu holen. Sein Schädel fühlte sich an, als wäre er mit nassem Zement angefüllt. Er konnte keinen klaren Gedanken fassen. Er wusste nur, dass er eigentlich nicht nach Hause wollte. Er hatte Angst davor, was ihn dort erwartete. Er hatte am Vorabend seinen Haustürschlüssel vergessen und er hatte keine Lust, seine Eltern aufzuwecken, geschweige denn einem von ihnen zu begegnen. Und schon gar nicht wollte er wissen, wie die beiden ihre Nacht verbracht hatten. Er wollte nur seine Sachen holen und weg.

Es hatte die ganze Nacht geregnet und die Temperaturen lagen um den Gefrierpunkt.

Marvel trug Jojos alten Anorak, der ihm an den Schultern zu eng war und die Ärmel zu lang. Die Farbe war die Mode von vorgestern. Mit diesem Teil würde er sich keinesfalls in der Schule blicken lassen. Das war schlimmer, als ohne Schulbücher zu erscheinen.

Alle Fenster des kleinen Einfamilienhauses – roter Klinker, mit blau lackierten Fensterrahmen – waren geschlossen und die Kellertür abgesperrt. Für das Garagentor hatte er keine Fernbedienung und selbst das Fenster im Gästeklo, das immer gekippt war, weil seine Mutter fand, dass es da muffelte, ließ sich nicht aufdrücken.

Von den Tannen, die das Grundstück zur Straße hin abschirmten, tropfte es in trostloser Monotonie. Spatzen mit nassem Gefieder zankten sich um einen trockenen Platz im Vogelhäuschen. Andere Vögel nahmen ein Bad in den eingebogenen Mülltonnen-Deckeln.

Marvel klingelte.

Er lauschte.

Im Haus schien alles ruhig.

Vielleicht pennen sie noch, dachte er. Vielleicht ist alles gut.

Er fragte sich nicht, wie alles gut sein kann, wenn ein Mann verheiratet ist, aber seine Geliebte ein Kind von ihm erwartet.

Er wollte es auch gar nicht wissen.

Im Haus war es komplett still.

Er klingelte noch einmal, dieses Mal länger. Als sich wieder nichts tat, lehnte er sich mit der Schulter gegen den Klingelknopf, die Hände vor dem offenen Anorak verschränkt. Sein Kopf dröhnte und er fror.

Minuten vergingen. Von den Tannen tropfte es. Die Spatzen zankten. Schließlich wurde es Marvel zu viel, er hämmerte mit den Fäusten gegen die Tür und brüllte: »Aufmachen! Mann!«

Da endlich ging oben im ersten Stock ein Fenster auf. Seine Mutter steckte den Kopf raus.

»Marvin?«, rief sie. »Bist du das?«

»Ich brauch meine Schulsachen!«, brüllte Marvel. »Ich hab keinen Schlüssel!«

Seine Mutter machte ihm auf. Sie schaute ihn nicht an, sie

trat einfach nur zur Seite. Sie hatte ein aschfahles Gesicht und komplett verweinte Augen, das konnte Marvel erkennen, auch ohne genau hinzusehen. In seinem Magen klumpte sich etwas zusammen und er hatte Angst, dass dieser Klumpen ganz schnell rauswollte.

Er stieg wortlos die Holztreppe hoch in den ersten Stock. Die Treppe knarrte bei jedem Schritt.

Die Schlafzimmertür war nur angelehnt.

Die Badezimmertür stand offen.

Marvel stieg schnurstracks hinauf in sein Mansardenzimmer, zog Jojos Anorak und den Pulli aus, riss ein frisches Sweatshirt aus dem Schrank, zog es über, raffte seine Schulbücher zusammen, stopfte sie in den Rucksack und machte sich auf den Rückweg durchs Haus.

Am Fuß der Treppe wartete seine Mutter. Sie wischte sich verstohlen die Tränen aus dem Gesicht. Sie wusste, dass er Tränen nicht ertrug. Im Kino waren Tränen okay, aber nicht im richtigen Leben. Das richtige Leben sollte easy und nett sein.

»Wo warst du heute Nacht?«, fragte sie. Ihre Stimme war dünn wie Seidenpapier. Es war, als raschele ihre Stimme, wenn sie redete.

»Bei Jojo.«

»Ah, hab ich mir fast gedacht.«

»Dann ist es ja gut«, sagte Marvel.

»Na ja, du hättest anrufen können«, sagte seine Mutter, »ich hab mir Sorgen gemacht.«

»Ich wollte nicht stören.«

Darauf erwiderte sie nichts. Vielleicht wartete sie darauf, dass er eine Frage stellte.

Zum Beispiel: Wie ist es gelaufen?

Oder: Ist Papa da?

Oder: Ist das wahr, was die Frau erzählt hat?

Aber er sagte lieber gar nichts. Er fürchtete sich vor jeder Antwort. Er fürchtete sich davor, dass seine Mutter etwas Endgültiges verkünden würde wie: Dein Vater ist ausgezogen.

Oder: Wir lassen uns scheiden.

Er wollte das nicht wissen. Er wollte sowieso, dass alles so blieb, wie es gewesen war. Dass diese Geliebte und ihr blödes Kind einfach wieder aus seinem Leben verschwanden.

»Sie heißt Caren«, sagte seine Mutter, als könne sie Gedanken lesen, »mit C.«

»Aha«, sagte Marvel. Und dann: »Es regnet.«

»Ich weiß«, erwiderte seine Mutter. »Das Baby kommt im März.«

Marvel sagte nichts. Sein Gehirn zog sich zusammen wie eine Nacktschnecke, auf die man Essig träufelt. Es schmerzte.

»Ich muss los«, knurrte Marvel.

Seine Mutter folgte ihm bis zur Haustür. Er konnte ihren flehenden hilflosen Blick im Rücken spüren. Er ahnte, dass sie gleich wieder in Tränen ausbrechen würde, wenn er sich jetzt umdrehte und sie sah, dass es ihm auch schlecht ging. Deshalb drehte er sich lieber nicht um.

»Wir schreiben heute vielleicht Geschichte«, murmelte er. Den Vokabeltest hatte er komplett aus seinem Kurzzeitgedächtnis gestrichen. »Über Mumien und Konservierung und so.« Er wusste selbst nicht, wie er ausgerechnet auf Mumien gekommen war. In Geschichte nahmen sie nämlich gerade die Industrialisierung Lateinamerikas durch.

Vielleicht wollte er seiner Mutter sagen, dass er sich wünschte, sie würde so bleiben, wie er sie liebte. So fröhlich. So hübsch. Er war immer stolz auf seine schöne Mutter gewesen.

»Ich drück die Daumen«, sagte seine Mutter mit dieser feinen Stimme, die er vorher an ihr noch nie gehört hatte und die klang wie eine zu fest gespannte Gitarrensaite. »Du schaffst das.«

»Du aber auch«, sagte er. »Alles easy.«

»Ach Marvin«, flüsterte seine Mutter.

Er nickte. Ihm fiel ein, dass er den Hausschlüssel wieder vergessen hatte, und deshalb drehte er sich um. Nur deshalb musste er sehen, wie seiner Mutter die Tränen einfach nur so aus den Augen liefen, ohne dass sie versuchte, sie abzuwischen oder irgendetwas sonst gegen die trostlose Stimmung zu tun.

»Dein Vater schläft im Wohnzimmer. Auf der Couch«, schniefte sie.

Marvel hielt einen Augenblick inne. Seine Hand schwebte über der Schale mit den Haustürschlüsseln. Er warf einen Blick auf die Wohnzimmertür. Sie war verschlossen. Er drehte sich langsam zu seiner Mutter um.

»Ich will ihn nicht mehr in meinem Bett«, sagte seine Mutter. »Das verstehst du, oder?«

Marvel steckte den Haustürschlüssel ein, nahm seine Schultasche, und zog, ohne seine Mutter noch einmal anzusehen, die Haustür hinter sich zu.

Als er an den Tannen und den gefüllten Mülltonnen vorbei auf die Straße ging, dachte er zum ersten Mal, dass er imstande sein könnte, seinen Vater zu hassen.

2

Marvel erzählt seiner Mutter nichts von dem Casting. Nicht weil er vor seiner Mutter viele Geheimnisse hat. Er will sich einfach den Stress ersparen. Er weiß genau, wie sie reagieren würde: mit blankem Entsetzen. Marvels Mutter, die selbst nur die Realschule besucht hat – damals ihr eigener Entschluss, weil Schule ihr keinen Spaß machte, was sie später bitter bereute –, möchte für ihren Sohn einen richtig guten Start in die berufliche Karriere. Sie möchte, dass er sein Abi schafft, und zwar mit einem Notendurchschnitt, der ihm alle Uni-Türen öffnet. Marvels Mutter ist wie viele Mütter. Er soll später Arzt werden oder Rechtsanwalt, irgendwas, was Geld und Ansehen bringt. Sie will auch Marvels Vater beweisen, dass sie als alleinerziehende Mutter alles richtig macht. Dass Väter – mal abgesehen von der Zeugung eines Kindes – einfach überflüssig sind. Das ist Babsi Kellers größter Trumpf: dass sie den Sohn hat – und Sven Keller nicht. Marvel kann das manchmal sogar verstehen. Sie hat ja sonst alles verloren, woran sie früher hing. Selbst die gemeinsamen Freunde haben sich nach und nach von ihr ab- und dem Vater zugewandt. Er ist Journalist, er hat den interessanteren Beruf, er ist glücklich mit seiner neuen jungen Frau und er ist glücklicher Vater. Das macht wahrscheinlich mehr Spaß als mit einer gestressten, alleinerziehenden Mutter, die jeden Euro umdrehen muss.

Marvel war lange Zeit der einzige Vertraute seiner Mutter. Sie hat ihm Dinge erzählt, die er lieber nicht gehört hätte, hat sich ihm so verzweifelt und aufgelöst gezeigt, wie kein Sohn seine

Mutter sehen möchte. Hat ihm Geschichten über seinen Vater erzählt, die er bis heute nicht vergessen kann, auch wenn sie gar nichts mit ihm direkt zu tun haben. Babsi Keller hat ihren Sohn wie einen Ehemann-Ersatz behandelt, wie einen Bruder, einen Beichtvater. Marvel denkt manchmal, dass er später auch Psychologe werden könnte. Weil er so viel nachgedacht hat über Betrug und Verrat, Trennung und Verlust und was das alles mit einem machen kann.

Babsi Keller hat zu oft vergessen, wie jung ihr Sohn noch war, zwölf, und dass er quasi noch ein Kind war, als sie ihn mit ihrem Elend überschüttete. Auch dafür hasst Marvel seinen Vater, dass er das alles ausbaden musste, während der Vater sich mit seiner Zweitfamilie amüsierte. Er konnte nicht sagen: Mama, hör auf! Red mit deiner Freundin über das Zeug, nicht mit mir! Er wollte der große, starke Kerl sein, den sie sich an ihrer Seite wünschte. Er hat getan, was er konnte. Mehr ging nicht.

Er versteht seine Mutter ja. Er weiß ja, warum sie ihn am liebsten an seinem Schreibtisch sieht, beim Büffeln.

Außerdem hat sie keine große Meinung vom Fernsehen. Die meisten Programme sind ihr ein Graus. Sie sagt immer: »Niveau ist keine Hautcreme.« Den Satz hat sie von Bully. Ihr Lieblingssatz. Dann schnappt sie sich von dem Bücherstapel, der jetzt immer auf dem Couchtisch liegt, das erstbeste Buch und verschwindet damit in ihrem Zimmer.

Wieso sollte also ausgerechnet eine Mutter wie sie sich über seine Einladung zum Casting freuen? Sie würde ihn mit Fragen nerven, auf die er auch keine Antwort hat.

Wie er sich das überhaupt vorstelle, jetzt, in der neunten Klasse, wo es um die Mittlere Reife geht und den Übergang zur Oberstufe. Ob er denkt, er könne einfach blaumachen?

Und um wie viele Tage pro Monat gehe es überhaupt? Wie viel Stoff würde er versäumen und aufholen müssen?

Und was mit den Arbeiten sei, die an Drehtagen geschrieben werden? Könne er die nachschreiben?

Außerdem gebe es doch so etwas wie Schulpflicht! Man könne doch nicht einfach hingehen und sagen: Ey, ich möchte lieber an ein paar Tagen in der Woche schauspielern, ihr kommt doch ohne mich klar, oder? SCHULPFLICHT, mein Lieber, würde sie sagen, ist gesetzlich verankert.

Und dann hätte seine Mutter noch eins draufgesetzt. Er hört sie förmlich, wie sie scheinheilig fragt: Wieso glaubst du überhaupt, dass du Talent hast? Hast du dich je in der Theater-AG engagiert?

Nein, hat er nicht.

Hast du je für eure Weihnachtsfeiern in der Schule ein Gedicht gelernt?

Nein.

Oder mal an Heiligabend ein Gedicht aufgesagt? … Schauspieler müssen endlose Texte auswendig lernen! Ausgerechnet du, hätte seine Mutter gesagt, der du dir nicht eine Gedichtzeile merken kannst! Der Gedichte hasst!

Das ist schlichtweg nicht wahr. Er hasst Lyrik nicht mehr als deutsche Grammatik. Im Gegenteil, es gibt sogar ein paar Gedichte, die er großartig findet. Sofort aus dem Stegreif könnte er die ersten Zeilen seiner drei Lieblingsgedichte zitieren. Zum Beispiel »Der Panther« von Rilke:

Sein Blick ist vom Vorübergehn der Stäbe
so müd geworden, dass er nichts mehr hält.
Ihm ist, als ob es tausend Stäbe gäbe
und hinter tausend Stäben keine Welt …

Oder die »Sachliche Romanze« von Kästner:

Als sie einander acht Jahre kannten
(und man darf sagen: sie kannten sich gut),

kam ihre Liebe plötzlich abhanden.
Wie andern Leuten ein Stock oder Hut.

Oder »Im Nebel« von Hesse:
Seltsam, im Nebel zu wandern!
Leben ist Einsamsein.
Kein Mensch kennt den andern,
Jeder ist allein.
Ist doch nicht so, als wenn er sich nichts merken kann!

Als er in der S-Bahn auf dem Weg vom Studio zurück ins Zentrum ist und sein Handy klingelt und auf dem Display MAMA auftaucht, bekommt er doch einen heißen Kopf.

Er räuspert sich. »Hallo Mutter«, sagt er.

»Hi Großer«, antwortet seine Mutter fröhlich. »Wo steckst du?«

»In der S-Bahn.« Marvel schaut nach draußen. Sie fahren am Kanal entlang, die Weiden sehen aus, als würden sie bald grün werden. »Die Verbindung ist gleich weg!«, ruft Marvel. Er drückt das Gespräch schnell weg. Er muss erst nachdenken, ob er seiner Mutter von dem Casting erzählen soll.

Als er das Handy wegstecken will, kommt eine SMS von Bully: »WIE'S DIE LAGE?«

»NORMALE HÄRTE«, simst Marvel zurück.

»HASTE DEN JOB?«

»HA. HA.«

»BOCK AUF BIER?«

»ABA IMMA! JETZT GLEICH?«

»WANN SONST?«

Das kann nur heißen: Bully ist schon bei Onkel Herbie.

In der letzten Sekunde, bevor die Bahn in Mundsburg wieder anfährt, springt Marvel aus dem Zug. Er nimmt drei Stufen auf einmal runter zu dem Platz mit dem McDonald's, in dem er in den letzten Sommerferien gejobbt hat.

Der Bus wartet an der Haltestelle. Marvel muss einen Spurt einlegen. Als er aufspringt, gehen im gleichen Augenblick die Türen zu und der Bus schwenkt aus.

Marvel wird gegen eine Frau geschleudert, die einen Pekinesen auf dem Schoß hält. Der Hund trägt einen Umhang aus kariertem Stoff und quiekt wie ein Ferkel. Die Frau wirft Marvel einen empörten Blick zu und Marvel entschuldigt sich artig, obwohl der Fahrer ja schuld ist. Hätte er nicht noch eine Viertelsekunde warten können?

Er schlängelt sich durch den langen Bus bis zu einem leeren Platz und holt das Handy wieder raus. Er wählt die Festnetznummer von zu Hause, aber es springt nur der Anrufbeantworter an. Also wählt er ihre Handynummer.

»Na?«, fragt seine Mutter fröhlich. »Raus aus dem Tunnel?«

Marvel versteht nicht gleich, was sie meint, ist aber auch egal. Er erzählt seiner Mutter, dass er auf dem Weg zu Bully sei. Bully wohnt immer noch da, wo er schon immer wohnte: zwei Straßen von Marvels früherem Elternhaus entfernt. Bullys Eltern sind noch immer so verheiratet, wie sie es damals waren, und sogar seine Goldfische leben noch. Bully hat eben Glück.

»Bully und ich wollen Latein üben«, sagt Marvel. Wenn man bedenkt, wie oft Marvel diese Ausrede schon benutzt hat, müsste er in Latein auf einer glatten Eins stehen. »Ist was Besonderes?«, fragt er so muffig, als stecke er bereits tief im Grammatikbuch.

Seine Mutter will ihm nur sagen, dass sie an diesem Abend später heimkommt. Ein Kollege gibt einen aus. Er heißt Doc-Mike.

Marvel steckt das Handy wieder ein und leert dafür die andere Jackentasche, die mit dem Geld. Er hat noch einen Zehner, zwei Euro und ein paar Cent, und dabei ist erst Monatsmitte.

Selbst wenn bei Onkel Herbie das Bier nicht teurer ist als im Supermarkt oder an der Tanke – Marvels Geld reicht vorn und hinten nicht. Seine Mutter findet, 40 Euro sind viel. Er ist eher gegenteiliger Meinung. Mit 40 Euro ist man immer am Limit. Mauki zum Beispiel bekommt 60 Euro und Bully kriegt das Geld nur so reingeschoben. Er hat noch alle Großeltern, zwei Omas und zwei Opas, und die wissen nicht, wohin mit der Kohle.

Wenn Marvel eine Taschengelderhöhung will, fragt seine Mutter als Erstes, wofür er das viele Geld braucht! Ich kauf dir doch alles, sagt sie dann. Oder: Hast du je einen Liter Milch von deinem Taschengeld gekauft?

Nee, wieso auch? Seine Mutter besorgt doch immer alles Nötige auf dem Rückweg vom Krankenhaus. Der Supermarkt liegt direkt auf ihrem Weg. Sie weiß auch viel besser, was sie brauchen.

»Oder ein Paar Socken?«, fragt seine Mutter.

Socken? Geht's noch? Er kauft von seinem Taschengeld doch keine Socken! Aber er kauft davon seiner Mutter Blumen zum Geburtstag und zum Valentinstag, obwohl das eigentlich Sache des Liebhabers wäre. Aber da seine Mutter außer ihm niemanden hat, der sie lieb hat, geht eben dafür auch wieder Geld weg. Und das Weihnachtsgeschenk! Er nimmt sich jedes Jahr vor, ihr was Besonderes zu schenken. Denn er findet, dass sie es wirklich verdient hat. Was er machen würde, wenn er seine Mutter nicht hätte, mag er sich gar nicht vorstellen. Deshalb fängt er im Oktober schon an, sich Gedanken zu machen, womit er seine Mutter echt mal überraschen könnte. Er stellt sich die glänzenden Augen unter dem Weihnachtsbaum vor – jawohl, sie haben immer noch jedes Jahr einen Weihnachtsbaum, so viel Sentimentalität muss sein, auch wenn seine Mutter jedes Jahr das heulende Elend kriegt, weil sie sich erinnert, wie schön alles früher war, als sie noch eine richtige Familie waren. Jedenfalls ist Weihnachten genau der Tag, an dem er seiner Mutter gern ein richtig geiles Geschenk machen möchte. Und deshalb gibt er sich so viel Mühe und verschwendet so viele Gedanken darauf. Leider ist dann plötzlich der 23. und er muss feststellen, dass ihm nichts so Gutes eingefallen ist, wie es seine Mutter verdient hätte. Also spurtet er am Heiligabend morgens, wenn seine Mutter ihn eigentlich bittet, den Baum aufzustellen, eilig los und kauft eine Schachtel Mon Chéri mit weihnachtlicher Plastikschleife und schämt sich.

Marvel lehnt den Kopf zurück und schließt die Augen. Dieses Jahr wird alles anders, denkt er, dieses Jahr kriegt sie ein richtig geiles Geschenk.

Er hat sich vorgenommen, jeden Monat ein paar Euro zurückzulegen, für das geile Geschenk, aber bisher war es jedes Mal am Monatsende so eng, dass er es einfach noch nicht hingekriegt hat. Aber, denkt er, als er die Augen wieder aufmacht, ist ja schließlich erst März.

Bully winkt schon von Weitem. Er steht, eine Flasche Bier in der Hand, an der Bushaltestelle. HL wartet freudig wedelnd neben Bully.

Schön, wenn man so begrüßt wird.

Bully schwenkt die Flasche und ruft zur Begrüßung: »Bier macht keine Rotweinflecken!«

Marvel feixt, obwohl Bully diesen Scherz schon gefühlte tausendmal gemacht hat.

Sie latschen zum Kiosk zurück. Bullys Jeans sind so lang, dass der ausgefranste Saum den Dreck aus den Pfützen mitschleift. Bullys Hosen sind bei schlechtem Wetter unten immer nass, aber es stört ihn nicht. Das muss so sein.

Onkel Herbie packt gerade für einen Stammkunden kleine

Flaschen Underberg in eine Plastiktüte, die schon bessere Tage gesehen hat. Der ganze Mann hat schon bessere Tage gesehen. Haarbüschel wachsen ihm aus den Ohren und sein Mantelkragen ist durchgeschwitzt. Aber Onkel Herbie stört sich nicht an Äußerlichkeiten. Er schenkt Marvel sein Begrüßungszwinkern, während er weiter mit dem Penner plauscht.

Marvel hebt den rechten Daumen. Da weiß Onkel Herbie Bescheid. Marvel braucht dringend ein Bier. Schön, wenn man wo ist, wo die Leute einen ohne große Worte verstehen.

»Und jetzt erzähl«, fordert Bully, als sie sich ans Brückengeländer lehnen. Unten fließt träge die braune Alsterbrühe.

Marvel überlegt, wie oft sie schon in diese Brühe gespuckt haben, nur um zu sehen, ob das Wasser sich überhaupt bewegt. Es bewegt sich.

»Also, wie isses beim Film? Echt große Welt und so?«

Marvel grinst. Bevor er die Flasche ansetzt, rülpst er einmal, um die schlechte Luft aus dem Magen zu kriegen, und meint: »Ich krieg die Rolle sowieso nicht.« Dann lässt er sich das Pils durch die Kehle rinnen.

»Haben die Schweine dir das etwa gleich gesagt?«

»Nee, aber mein Gefühl sagt mir das.«

»Warst du nicht gut?«

Marvel zuckt mit den Achseln. Woher soll er das wissen? Ob er gut war? Er hält die Bierflasche gegen den Himmel, der wie so oft am Abend plötzlich aufklart. Noch ein paar letzte verheißungsvolle Sonnenstrahlen, aber am Morgen dann wieder die gleiche fiese Regenwolkendecke über der Stadt.

»Die haben mehr als dreißig Leute eingeladen«, erklärt Marvel. »Jeder von denen hat mehr Chancen als ich.«

»Und wieso?«

»Ich bin zu klein«, sagt Marvel.

»Mann! Wieso denn? Du bist eins achtzig!«

»Aber die Jule, die …«

»Wer soll das sein?«

»Das Mädchen, mit der ich die Szene gespielt hab. Die ist größer als ich.«

»Echt? Größer als eins achtzig?«

Marvel nickt. Er ist nicht wirklich sicher, ob sie größer war, aber sie schien ihm so viel größer. So viel strahlender, blonder, göttlicher. Neben ihr kam er sich vor wie geschrumpft. Aber das sagt er Bully nicht. Es gibt Dinge, die er unter Freunden bereden kann, viele Dinge. Aber über Sachen, die das eigene Selbstbewusstsein betreffen, schweigt er lieber. Jedenfalls so lange, bis er auch das irgendwann im Griff hat.

»Bist du geil auf so was, Alter?«, will Bully wissen.

Marvel überlegt. Er trinkt sein Bier aus, stellt die Flasche auf das Brückengeländer, holt tief Luft, atmet lange aus.

»Gute Frage«, sagt er.

»Ich stell nur gute Fragen«, erwidert Bully. »Also, ja oder nein?«

Marvel schaut seinen Freund an. Bully hat einen neuen Pickel bekommen, direkt am Kinn. Bully kann einem echt leidtun mit seiner Akne. Er benutzt jetzt abends schon immer eine Reinigungslotion und Gesichtswasser, so wie Mädchen. Wahrscheinlich geht es ihm echt auf den Geist, dass jeden Tag ein anderes Stück seines Gesichts zu blühen beginnt. Marvel sieht, dass Bully mit seinen dreckigen Fingern schon wieder daran rumgedrückt hat. Davon wird es bestimmt nicht besser. Aber er hütet sich davor, einen Kommentar zu Bullys Akne abzugeben. Das Thema ist TABU. In Großbuchstaben.

»Klar«, sagt er, »wär echt cool. Schon wegen der Kohle, weißt du? Muss ein geiles Gefühl sein, wenn du einfach nur in die Hosentasche greifst und zwischen den Fingern die Scheine knistern.«

»Nur ganz neue Geldscheine knistern. Alte Lappen nicht.«

»Beim Film zahlen sie in neuen Scheinen.«

Das hat Marvel nur als Witz gemeint, aber Bully nickt bedächtig. »Cool, Mann.«

»Mathe schon gemacht?« Marvel kommt plötzlich der Gedanke an die Schule.

Bully nickt. Verzieht aber das Gesicht.

»Schwer?«

Bully nickt wieder.

»Aber du hast es rausgekriegt?«

»Klar.«

»Wie lange hast du gebraucht?«

»Weiß nicht. Stunde oder so.«

»Kann ich vor der Stunde bei dir abschreiben?«

»Klar.« Bully nickt. »Weißt du doch.«

Dafür kann Bully bei ihm Latein, Englisch und Deutsch abschreiben. Ein fairer Deal.

»Aber ich brauch von dir die Lateinübersetzung«, sagt Bully da auch schon.

Beide nicken. Marvel hat mit der Übersetzung noch nicht mal angefangen. Sie beugen sich über das Brückengeländer, jeder mit einer leeren Flasche in der Hand, und starren aufs Wasser.

»Vor einem Monat oder so«, sagt Bully düster, »war hier noch Eis.«

Marvel weiß, worauf Bully hinauswill. Vor einem Monat hatte er eine Freundin. Jasmine, deren schwarze Haare fast bis zum Po gehen. Bully und Jasmine waren zweimal zusammen in »Planten un Blomen« zum Schlittschuhlaufen. Bully und Schlittschuhlaufen! Jasmine konnte Pirouetten. Und sie waren drei Mal im Kino. Liebesfilme! Bully und Liebesfilme! Natürlich war sie auch mit bei Onkel Herbie, wenn auch nicht so oft. Irgendwie fand Jasmine den Platz nicht so prickelnd wie Marvel und die anderen. Mauki, Jojo und Marvel waren zu der Zeit mit keinem Mädchen zusammen, Jasmine war immer die einzige Frau in der Runde, aber für die anderen war das okay, wenn sie mit Bully rumschmuste, Händchen hielt oder immerzu an ihm rumfummelte, wie Mädchen das so tun. Sie gönnten es Bully. Er wirkte irgendwie glücklich, auf so eine witzige Weise entspannt. Ihm fielen in der Zeit echt coole Sprüche ein. Sie hatten immer was zu lachen gehabt. Sie hatten alle was davon, dass es Bully gut ging. Auch die Lehrer, denn Jasmine machte nach der Schule gleich ihre Hausarbeiten und hatte keine Zeit für ihn. Da blieb Bully nichts anderes übrig, als es ihr nachzumachen. Sogar seine Akne hielt sich diskret zurück.

In der Vorweihnachtszeit war Jasmine natürlich dabei, als sie nacheinander alle Hamburger Weihnachtsmärkte besuchten, Glühwein tranken und in die Zuckerwatte bissen, bis sich ihnen das Zahnfleisch aufrollte, wie Bully sagte. Es war eine super Zeit. Bullys schönste Zeit. Damals trug Bully sogar für eine Weile Jeans, die nicht unten durch den Dreck schleiften. Marvels Mutter konnte sich die Bemerkung nicht verkneifen, dass Jasmine einen guten Einfluss auf Bully habe. Warum sie dann von einem Tag auf den anderen mit ihm Schluss gemacht hat, wissen sie alle nicht. Bully wohl am allerwenigsten.

Er könnte ganz leicht fragen. Jasmine besucht die gleiche Schule, sie geht in ihre Parallelklasse. Sie laufen sich, selbst wenn sie es nicht drauf anlegen, täglich mindestens dreimal über den Weg. Marvel hat sogar gemeint, Jasmine würde danach gieren, dass er sie fragt, was eigentlich los gewesen sei. Was ihr an Bully oder an der Beziehung nicht gefallen habe. Man könne das möglicherweise auch von Jasmines Freundinnen erfahren. Aber Bully macht da nicht mit. Er sagt, er renne nicht einem Mädchen hinterher, das ihm per SMS den Laufpass gegeben hat.

ES REICHT!, hat sie gesimst. Und 10 Sekunden später: MACH MICH JA NIE WIEDER AN! Ist doch eindeutig, oder?

Andererseits hat Jasmine, soweit sie wissen, auch noch keinen Neuen. Hängt wieder immer nur mit ihrer Mädchenclique rum. Eine von denen trägt neuerdings ein Kopftuch. Auf dem Schulhof, in den großen Pausen, wenn Jasmine mit ihren Freundinnen Arm in Arm an ihnen vorbeigeht, guckt Bully in die Luft. Und Jasmine albert und kichert kein bisschen, wie um zu zeigen, dass sie Bully vermisst.

Seit vier Wochen geht das schon so. Jetzt muss Bully wahrscheinlich gerade wieder an Jasmine denken, wie ungefähr zehnmal am Tag.

Marvel grübelt, wie er die Situation retten kann, aber ihm fällt nichts ein. Da ruft Onkel Herbie, der einen sechsten Sinn für die Stimmung seiner Kunden hat: »Ey, was ist mit euch Indianern? Braucht ihr noch einen Stimmungsaufheller?«

Als hätte er nur darauf gewartet, atmet Bully tief durch, wie die Helden in den wirklich guten Kinofilmen, stößt sich vom Brückengeländer ab, schnappt die Flasche und hält sie hoch. »Mit einem Messer im Rücken«, ruft er trotzig, »gehen wir noch lange nicht nach Haus. Mein Freund Marvel nimmt auch noch eins.«

»Meine Kohle ist alle«, lügt Marvel. Er wolle kein Bier mehr.

Bully lässt sich nicht abwimmeln. »Macht nichts. Ich geb einen aus.« Er grinst. »Du kannst mich ja einladen, wenn in deiner Hose die neuen Scheine knistern.«

»Du Arsch.« Marvel boxt ihm in die Seite und Bully schwankt, als würde er gleich umkippen. Marvel fühlt sich wie Bruce Willis.

3

Am nächsten Tag in der großen Pause trifft Marvel auf dem Weg in die Cafeteria auf Frau Thieleke. Sie strahlt wie immer, wenn sie ihn sieht.

»Marvin! Wie schön! Zu dir wollte ich gerade.«

Sie zieht Marvel am Ärmel in den Erker auf dem Treppenabsatz zwischen dem zweiten und dem dritten Stock. Marvel bleibt stehen. Die anderen Schüler schlurfen, tänzeln oder drängeln an ihnen vorbei. Marvel und die Lehrerin sind wie eine Insel im Strom.

Frau Thieleke ist Mitte dreißig, groß und meistens gut gelaunt. Besonders deshalb ist sie zur Vertrauenslehrerin der Schule gewählt worden. Man glaubt ihr, dass sie ihre Schüler liebt. Oder sich wenigstens für die Sorgen und Nöte der Schüler wirklich interessiert. Wenn sie in eine neue Klasse kommt, schreibt sie als Erstes ihre Handynummer an die Tafel. Das macht kein anderer Lehrer. Außer Geschichte unterrichtet sie Sport und Musik. Komische Fächerkombination, findet Marvel. Er kennt keinen Sportler, der gleichzeitig eine musikalische Begabung hat und Klavier spielt oder Geige. In ihrer Freizeit, heißt es, trainiert Frau Thieleke eine Volleyball-Mannschaft, die gerade in die Bezirksliga aufgestiegen ist.

Frau Thieleke und Marvel verstehen sich gut. Frau Thieleke nennt das »gut zusammenarbeiten«. Sie übergibt Marvel gern ihre »Problemfälle«, wie sie das nennt. Immer ihm. Nur selten einem anderen aus dem Anti-Aggressions-Team. Das schmeichelt ihm.

»Hast du einen Augenblick Zeit für mich, Marvin? Es gibt da ein Problem.«

Marvel nickt. »Klar hab ich Zeit.«

Sie bleiben in der Fensternische stehen, von der aus man den Pausenhof überblicken kann. Frau Thieleke gehört zu den Menschen, die immer gern alles im Blick haben. Ihr entgeht so schnell nichts. Wenn sie Aufsicht hat, gibt es weniger Prügeleien.

Im Treppenhaus wird es allmählich still. Der Lärm vom Schulhof dringt durch die geschlossenen Fenster nur gedämpft zu ihnen hoch. Marvel denkt, dass Fische im Aquarium sich vielleicht so fühlen.

»Es geht um zwei Schüler aus der 7 a«, beginnt Frau Thieleke. »Ich unterrichte die Klasse in Geschichte. Eine tolle Klasse.«

Frau Thieleke findet ihre Klassen immer alle toll. Und sagt das auch den Schülern. Auch dafür wird sie geliebt.

Sie holt aus ihrem Lederbeutel eine Tüte mit Kräuterbonbons. Sie hält Marvel die Tüte einladend hin. »Magst du eins? Die sind lecker.«

Marvel findet Kräuterbonbons ziemlich eklig. Er lutscht so was nur, wenn er Husten hat, aber die Lehrer sind ja alle immer irgendwie erkältet und haben ein Kratzen im Hals, vom vielen lauten Reden. Lehrer lutschen immerzu Halsbonbons.

Marvel nimmt sich einen Kräuterbonbon, und während sie ihn aus dem Papier wickeln und in den Mund schieben, klärt Frau Thieleke ihn über den Fall auf.

»Ich wollte mit dir über Achmed und Kilian reden«, sagt sie. »Kilian ist dieser adipöse Junge.«

Marvel hat das Wort noch nie gehört. »Was ist das denn?«

»Kilian hat enormes Übergewicht. Ein Riesenjunge, sozusagen. Du hast ihn bestimmt schon gesehen. Er trägt eigentlich immer diesen grauen Trainingsanzug, mit Kapuze.«

Marvel nickt. Er weiß sofort, wen die Lehrerin meint.

»Kilian behauptet, dass er von einem Klassenkameraden gemobbt wird. Richtig schlimm gemobbt. Er wollte mir nicht sagen, was passiert ist, er druckst immer nur herum. Offenbar ist es ihm peinlich, vor mir als Lehrerin in irgendwelche Details zu gehen. Ich weiß ja, dass Jungen untereinander nicht zimperlich sind mit ihren Gemeinheiten, aber Kilian hat geweint. Er behauptet, Achmed wolle ihn fertigmachen.«

»Soll ich also mit den beiden reden?«

»Ja. Das wär nett. Vielleicht kriegst du mehr aus Kilian raus. Du weißt ja, dass ich es immer besser finde, wenn ihr Schüler das untereinander regelt. Willst du mit den beiden reden?«

»Klar.«

Frau Thieleke legt ihm dankbar die Hand auf die Schulter. »Prima, Marvin. Hab ich dir schon gesagt, wie ich mich freue, dass du in dem Anti-Aggressions-Team arbeitest?«

»Ja. Haben Sie schon gesagt.«

Frau Thieleke lacht. »Gut. Macht nichts. Dann sag ich's noch mal: Du machst deine Sache richtig gut!«

»Danke.«

Marvel ist eigentlich aus dem Alter raus, wo man sich über Lehrerlob freut. Aber er grinst trotzdem, als er den Weg in die Cafeteria fortsetzt.

Kilian ist nicht normal dick, Kilian ist fett. Er wirkt auf den ersten Blick wie eins von diesen aufblasbaren Michelin-Männchen, die über Reifendepots schweben. Seine Beine sind wie Säulen, die einen Koloss tragen müssen. Er geht x-beinig und er läuft mit offenen Turnschuhen herum, weil sie über seinen fetten Füßen nicht mehr zugehen. Man sieht Kilians Handgelenke nicht mehr, weil sie in Fettpolstern verschwinden. Er hat ein Doppelkinn, das zittert, wenn er aufgeregt ist, so wie jetzt, und man muss sich anstrengen, wenn man zwischen den Fettwülsten, aus denen sein Gesicht besteht, seine Augen entdecken will. So wie er jetzt breitbeinig auf dem Stuhl sitzt, lässt er seine weiche Körperfülle rechts und links herunterwallen.

Achmed dagegen ist hager und wendig wie ein Frettchen. Wieselflink. Marvel weiß, dass Achmed ein guter Tischtennisspieler ist. In den Pausen reißen sich die Schüler darum, mit ihm zu spielen. Er kriegt Bälle, die sonst keiner kriegt. Er holt sie sich noch mit einem Hechtsprung, wenn sie schon fast den Boden berühren. Marvel hat schon oft neidisch zugeschaut, wenn Achmed seine Künste vorführt.

Zusammen sitzen sie im Besuchsraum im ersten Stock des Altbaus. Hier führen die Lehrer Einzelgespräche mit Schülereltern. Hier wird über Versetzungen und Schulverweis geredet. Aber es ist auch der Raum, den das Anti-Aggressions-Team für Gespräche nutzen darf. Marvel hat einen Schlüssel zu dem Raum.

Kilian und Achmed sitzen so weit wie möglich voneinander entfernt. Kilian hat seine feisten Arme auf die Tischplatte gelegt, Achmed hat seine Arme vor der Brust verschränkt und guckt feindselig. Er wirkt genervt.

Marvel hat schon eine gewisse Übung in diesen Gesprächen. Er soll einen Streit schlichten zwischen zwei Schülern, die ein Problem miteinander haben, sich hassen, die keinen Frieden wollen. Und auch kein Gespräch. Sie hassen solche Friedensgespräche. Also lässt Marvel erst einmal die Stille wirken.

An Stille sind die Schüler nicht gewöhnt. Marvel schweigt, schaut gelassen auf seine Schuhspitzen und wartet. Er weiß, dass dieses Warten die Schüler nervös macht. Irgendeiner wird sich aus der Deckung wagen.

In diesem Fall ist es Achmed, der plötzlich aufjault und

schreit: »Ich kapier nicht, was der Scheiß hier soll! Von wegen Anti-Aggressions-Team. Bin ich aggressiv, oder was?«

»Und wie aggressiv du bist!«, sagt Kilian.

Die beiden würdigen sich keines Blickes. Sie schauen auch Marvel nicht an. Sie blicken stur geradeaus ins Leere.

»Ja, weil so fette Schweine wie du mich aggressiv machen!«

Kilian sieht aus, als wolle er sich wegducken. Sein Doppelkinn zittert, als er flüstert: »Marvel! Siehst du! Er gibt es selbst zu!«

»Ich würde erst mal gern wissen«, sagt Marvel ruhig, »was passiert ist.«

»Nix ist passiert«, sagt Achmed.

»Das nennst du nix?«, schreit Kilian. »Wenn du mir Hundekacke in meine American Sandwich Toasts tust?«

»War nur 'n Scherz. Oder besser: Ich wollte bloß testen, wie gierig du bist. Ob du dir anguckst, wo du reinbeißt. Oder ob du nach dem Prinzip Müllschlucker funktionierst.«

Kilian kullert eine Träne aus den Augen.

»Hundekacke?« Marvel verzieht angeekelt das Gesicht. »Ist das euer Ernst?«

Kilian deutet nur stumm in Achmeds Richtung.

Achmed grinst. »Ich sag doch, war ein Scherz. Aber der Typ hat einfach keinen Humor.«

»Der hat mir aus meiner Schultasche meine Tupperdose geklaut«, wimmert Kilian. »Da waren zwei Doppelsandwiches mit Frikadellen drin, die meine Mama extra morgens für mich gebraten hat. Weil das nämlich mein Geburtstag war. Und weil es in der Schule ja niemanden interessiert, ob ich Geburtstag habe oder ob in China ein Sack Reis umfällt. Und dann hat Achmed die schönen Frikadellen gegessen …«

»Mann, bin ich blöd?«, schreit Achmed. »Ich fress doch so was nicht! Schweinefleisch ist Hundefraß …«

»… und dann hat er mir da …« Kilian würgt, sein Kinn zittert, er wischt sich die Tränen aus den Augen. »… da Hundekacke reingetan. Und weil ich aufgeregt war und Hunger hatte, hab ich den zuerst gar nicht gesehen.« Er deutet auf Achmed, der sich auch jetzt ein Grinsen nicht verkneifen kann. »Wie der sich totgelacht hat, als ich da reingebissen hab …«

Marvel starrt Kilian ungläubig an. »Was? Du hast da reingebissen?«

»Ja, Mann!«, schreit Achmed. »Weil er so gierig ist! Ich hab gewettet mit Jonas und Fernando, dass er da einfach reinbeißt! Das war so geil …« Achmed wirft sich zurück und lacht. Und Kilian duckt sich immer tiefer in seinen Stuhl. »Ey, Marvel, willst du mal sehen, wie das aussah? Warte!« Achmed streckt die Beine und fingert ein Handy aus der engen Jeans. Er beginnt zu zappen.

Marvel starrt ihn ungläubig an. »Du hast das auch noch fotografiert?«

»Logo, Mann. So was muss der Nachwelt doch erhalten bleiben! Zur Abschreckung! Dass wir nicht eine Nation von Fettklößen werden. Weil Fettklöße eklig sind. Hier!« Er schiebt das aufgeklappte Handy zu Marvel rüber, aber Marvel fasst es nicht an.

»Lösch das«, sagt er, »aber sofort.«

Ahmed grinst. »Wieso denn?«

»Weil das sonst eine Anzeige gibt, verstehst du? Weil das strafbar ist.«

»Ey, Mann. Du machst Witze.«

»Ich mach keine Witze«, sagt Marvel ruhig. »Ich sag nur, was Sache ist. Wenn ihr euch gegenseitig auf dem Klo fotografiert und die Fotos dann weitermailt, ist das eine Straftat.«

Kilian nickt. Er atmet tief durch und wirft Achmed einen triumphierenden Blick zu. »Siehst du? Hab ich dir gesagt!«

Achmed stöhnt genervt auf. Er steckt das Handy wieder ein, ohne das Foto zu löschen. Und dreht sich so, dass er Kilian anschauen kann. »Weißt du, dass du bald platzt, wenn du so weiterfrisst? Weißt du, wie eklig die Mädchen dich finden? Soll ich dir sagen, was die Mädchen in der Klasse über dich sagen? Mann! Ich wollte dir doch bloß mal einen Spiegel vorhalten! Du schnallst das offenbar gar nicht, wie du auf andere wirkst! Irgendjemand muss dir ja mal die Augen öffnen!«

Kilian beißt verlegen auf seinen Fingerknöcheln herum. Er schüttelt den Kopf. Er hat einen feuerroten Kopf. »Ich bin krank«, flüstert er. »Ich bin nicht dick, weil ich so viel esse, sondern weil ich krank bin. Stoffwechselstörung.«

»Mann, Kilian, du belügst dich doch selbst! Rechne doch mal aus, wie viel Kalorien du am Tag in dich reinfrisst! So viel braucht nicht mal ein Gewichtheber, der für Olympia trainiert! Soll ich dir sagen, was mit einem Luftballon passiert, den man immer weiter aufpumpt? Weiter und weiter? Der platzt … puff …! Und dann bleibt von dir nichts übrig als ein dicker Fettfleck auf dem Asphalt. Igitt.«

»Du findest also«, Marvel wendet sich an Achmed, »dass du das Recht hast, Kilian eine Lehre zu erteilen?«

»Klar.«

»Wieso glaubst du das?«

»Weil er selbst zu doof ist, um allein was zu kapieren! Deshalb! Weil er jemanden braucht, der ihm das klarmacht. Nur wenn einer begreift, dass er knalldoof ist, kann er anfangen, sich zu bessern.«

»Ich hab einen Notendurchschnitt von 2,0!«, ruft Kilian. »Und du? Du bist eine faule Socke. Du verhaust eine Arbeit nach der anderen. Du hängst mit Typen rum, die nicht auf unsere Schule gehen. Du kommst auf die Real, wenn du wieder sitzen bleibst. Und dann kriegst du Zoff zu Hause. Das weiß ich. Richtig Zoff! Deshalb willst du mich fertigmachen. Weil ich besser bin als du! Und weil deine Mutter einen riesen Aufstand macht, wenn du sitzen bleibst.«

»Woher weißt du das?«, fragt Marvel.

»Wir wohnen in der gleichen Straße«, erklärt Kilian. »Wir kaufen bei Achmeds Eltern immer ein. Seine Mutter glaubt, dass wir Freunde sind.«

Achmed wird weiß im Gesicht. »Erstens bleib ich nicht sitzen und zweitens geht dich das nichts an. Ich könnte in jeder Arbeit eine Sechs schreiben und das würde dich trotzdem nichts angehen!«

»Und wieso geht es dich dann etwas an«, fragt Marvel, »wenn Kilian zu fett ist?«

Achmed starrt Marvel wütend an. »Das ist was anderes.«

»Find ich nicht«, sagt Marvel.

Sie schweigen. Achmed starrt dumpf brütend vor sich hin.

Marvel wendet sich an Kilian. »In welchem Fach bist du denn gut und Achmed schlecht?«

Kilian hebt den Kopf. Er grinst. Er zählt es an seinen Fingern auf: »Mathe. Englisch. Deutsch. In Deutsch ist er superschlecht.«

»Ja, Mann!« Achmed springt auf. Er hat einen feuerroten Kopf. »Ist Deutsch vielleicht meine Muttersprache? Ja? Hab ich vielleicht eine Bibliothek mit tausend deutschen Büchern zu Hause so wie du? Du hockst nachmittags an deinem Scheißcomputer und denkst dir irgendwelchen Fantasy-Müll aus …«

»Stimmt das?«, fragt Marvel.

Kilian nickt. »Ich schreib Geschichten. Das macht mir Spaß. Eine Story von mir wurde schon mal gedruckt.«

»Oh«, sagt Marvel anerkennend. »Wow!«

Kilian starrt ihn misstrauisch an. Als er sieht, dass Marvels Anerkennung echt ist, lächelt er zum ersten Mal. Und Marvel denkt: Wenn er lächelt, sieht er gar nicht mehr so schlimm aus.

Achmed starrt weiter, die Hände vor der Brust verschränkt, vor sich hin.

»Hast du denn jemanden, der Mathe und Englisch mit dir übt?«, fragt Marvel jetzt ihn.

Achmed schüttelt den Kopf.

»Seine Mutter denkt, dass wir zusammen Hausaufgaben machen«, sagt Kilian. »Er lügt seine Mutter an. Denn in Wahrheit hängt er immer mit diesen Typen ab. Die sind alle viel älter als er. Mit Leuten in seinem Alter will er ja nichts mehr zu tun haben. Früher haben wir manchmal zusammen Tischtennis gespielt. Das war cool.«

»Stimmt das?«, fragt Marvel.

Achmed zuckt nur mit den Schultern und starrt an die Zimmerdecke.

»Ich meine«, beginnt Kilian zögernd, »mir täte es auch leid, wenn der Achmed das nicht schafft. Er will doch Pilot werden. Ohne Abi kann er das vergessen.«

»Geht dich das vielleicht einen Scheißdreck an!« Achmed springt auf und packt Kilians Kapuze, als wolle er ihn daran von seinem Stuhl hochziehen.

»Hey! Achmed! Lass ihn los! Bleib cool, ja! So läuft das hier nicht!«, sagt Marvel scharf. »Wir sind hier, weil wir für euer Problem eine Lösung finden wollen.«

Achmed lässt Kilian sofort los. Aber er setzt sich nicht wieder. Er bleibt stehen, schmollt wie ein kleiner Junge.

Kilian mustert Achmed von der Seite. »Ich würde ja mit ihm nachmittags den Stoff nachholen«, meint Kilian. »Würde mir echt nichts ausmachen. Ich hab schon manchmal Nachhilfe gegeben. In Mathe.«

Achmed lacht auf. »Du glaubst, ich zahl einem aus meiner

Klasse Geld? Damit er mit mir Hausaufgaben macht? Bist du doof?«

Kilian zuckt zusammen. Er presst seine Lippen zusammen, als würde er sie nie wieder aufmachen.

»Ich glaube nicht, dass Kilian Geld dafür will«, mischt Marvel sich vorsichtig ein. »Ich denke eher, Kilian würde sich freuen, wenn du dafür mal wieder mit ihm in den Tischtennisklub gehen würdest.«

Kilian errötet.

Achmed blickt kurz zu Kilian. Und wieder weg.

»Wo ist dieser Klub eigentlich?«, fragt Marvel, um die Verlegenheit zwischen den beiden zu überspielen.

»Friedrichstraße.« Das kommt wie aus einem Mund.

»Guter Klub?«, fragt Marvel.

Beide schauen sich kurz an, dann nicken sie.

»Hört sich irgendwie geil an«, grinst Marvel. »So als Idee. Ich meine: Der Kilian hilft Achmed, seinen Notendurchschnitt zu verbessern, und der Achmed trainiert dem Kilian beim Tischtennis ein paar Pfunde ab – und zeigt ihm, wie sein hammerharter Aufschlag geht.«

»Das brauch ich ihm nicht zu zeigen. Kilians Aufschlag ist mindestens genauso hammerhart«, entgegnet Achmed trocken.

Kilian errötet.

»Echt?«, fragt Marvel.

Achmed nickt.

»Also wäre Kilian gar kein schlechter Partner?«

Achmed zuckt mit den Schultern.

Kilian schweigt. Hin und wieder wirft er Achmed einen vorsichtigen Blick zu.

»Okay, Leute«, sagt Marvel und schaut von einem zum anderen. »Ihr könnt ja mal drüber schlafen. Kilian, du musst dir überlegen, ob du dem Achmed die Sache mit der Hundekacke verzeihen kannst.«

»Klar kann ich das«, murmelt Kilian. »Aber nur, wenn er das Foto auf dem Handy löscht.«

Wortlos zieht Achmed das Handy erneut aus der Hosentasche und schiebt es zu Kilian rüber. »Mach es selbst, damit du mir glaubst.«

Kilian konzentriert sich auf das Display. »So«, sagt er, »weg.«

Er schiebt das Handy zu Achmed zurück, wuchtet seinen Körper mühsam in die Höhe und streckt Achmed die Hand hin. »Ich wette, wir kriegen deine Mathenote in zwei Monaten von Fünf auf Vier. Ich weiß genau, wo es bei dir hapert. Und in Englisch können wir das auch schaffen.«

»Kein Witz?«, fragt Achmed misstrauisch.

Kilian schüttelt den Kopf. »Kein Witz.«

Achmed zögert. Er blickt auf diese dicke, fleischige Hand. Schließlich ergreift er sie und schüttelt sie. »Na gut. Ein Versuch schadet ja nicht.«

Marvel sieht, wie Kilians Doppelkinn zittert. So als würde er gleich weinen. Vor Freude.

Am nächsten Tag wartet Frau Thieleke am Ende der Physikstunde auf ihn. Lächelnd streckt sie ihm beide Hände entgegen.

»Marvin! Ich frag gar nicht, wie du das wieder gemacht hast. Aber es hat großartig funktioniert! Kilian war heute Morgen bei mir, er hat gestrahlt wie ein Honigkuchenpferd. Er sagte, alles sei wieder gut.«

»Schön«, sagt Marvel.

Aber Frau Thieleke will ihn so schnell nicht gehen lassen. »War es denn schwer?«

Marvel überlegt. Dann schüttelt er den Kopf. »Nee. Eigentlich ganz leicht.«

4

Eine Woche später kommt Marvel pünktlich von der Schule nach Hause. *Straight back home,* wie die Jungs es sich versprochen haben, denn am nächsten Tag ist die Mathearbeit fällig, von der Mops gemeint hat, sie würden jede Stunde, in der sie nicht dafür gelernt hätten, bitter bereuen. Mops neigt zu großen Sprüchen, um ihnen Angst zu machen, und hat damit immer Erfolg. Mops ist ihr Mathelehrer.

Marvel hat sich fest vorgenommen, den Nachmittag ausschließlich damit zu verbringen, die Aufgaben der letzten zwei Wochen noch einmal durchzurechnen, mit der Stoppuhr. Er ist nicht schlecht im Lösen von Algebra-Aufgaben, aber zu langsam. Von sechs gestellten Aufgaben schafft er immer nur fünf und das drückt automatisch die Note. Dieses Mal soll es besser werden. Das ist sein fester Vorsatz.

Er schließt die Haustür auf, schaut in den Briefkasten und nimmt die Rechnungen und die Flyer mit den Billigangeboten mit nach oben. Auf der obersten Treppenstufe zwischen dem ersten und dem zweiten Stock sitzt Miranda. Miranda Hernandez, mittlerweile vierzehn Jahre, die ihn anhimmelt, seit er ihr das erste Mal über den Weg gelaufen ist. Es gibt niemanden auf dieser Welt – außer vielleicht seine Mutter –, die sich jedes Mal so freut, wenn sie ihn sieht. Nein, stimmt gar nicht, seine Mutter freut sich nicht *jedes* Mal so. Sie strahlt ihn nicht *jedes* Mal so an. Nicht wenn er nachts zu spät nach Hause kommt oder wenn er vergessen hat, ihr vom Krankenhaus was auszurichten oder ihr Luft ins Fahrrad zu pumpen, oder wenn sein Zimmer so zugemüllt ist, dass sie die Tür nicht aufkriegt. Sie strahlt auch nicht, wenn er samstags muffig und verpennt am Frühstückstisch auftaucht, wo sie schon auf dem Markt Blumen und beim Bäcker frische Croissants geholt hat. Einmal hat er sogar ihren Geburtstag verpennt. Dabei hatte er sich echt vorgenommen, den Frühstückstisch zu decken, mit allem Schnickschnack, den seine Mutter so liebt. Hat leider nicht geklappt. Er hätte sich ins Knie schießen können vor Wut. Marvel hat seine Mutter schon oft enttäuscht, aber Miranda würde ihn selbst dann noch anstrahlen. So wie jetzt. Irgendwie machte der Gedanke Marvel fertig.

Sie sitzt auf der Treppe, als säße sie da schon lange. Sie sitzt da, als habe sie nicht vor, aufzustehen und hoch in ihre Wohnung zu gehen. Miranda hat den Kopf gegen das Geländer gelehnt und lächelt ihn an. Ihre Augen glänzen. Auf ihrem Schoß hält sie einen Stapel Zeitschriften. Offenbar hat sie sich auf eine längere Wartezeit eingerichtet.

»Hallo Marvel!« Sie strahlt ihn an. »Du bist heute ja pünktlich wie die Maurer.«

Immer hat sie einen fröhlichen Satz drauf, wenn sie mit ihm spricht. Ähnlich wie die Typen in den amerikanischen Sitcoms. Eine Weile hat Marvel diese Sitcoms geguckt bis zum Abwinken, aber aus dem Alter ist er raus.

Dieses Aufgekratzte, Übertriebene, das hat Miranda nur für ihn reserviert. Damit von ihrer guten Laune etwas auf ihn überspringt wahrscheinlich. Aber das klappt nicht. Das müsste sie doch allmählich mal begreifen. Das Leben ist kein Ponyhof.

»Schlüssel vergessen?«, fragt Marvel.

Miranda schüttelt lächelnd den Kopf. »Ich hatte keinen Bock, oben allein in der Wohnung zu sitzen«, erklärt sie. »Sind alle weg, ist total langweilig. Da passiert nichts.«

»Und hier auf der Treppe«, fragt Marvel, »passiert hier was?«

»Na ja.« Miranda lächelt wieder dieses zuckersüße Lächeln, das er nicht ausstehen kann, weil sie sich damit irgendwie jünger macht, als sie eigentlich ist. »Du bist da.« So was entwaffnet ihn trotz allem. Welcher fünfzehnjährige Junge wird schon so hemmungslos angeschwärmt? Das ist echt peinlich.

Marvel geht an ihr vorbei, steigt die Treppe weiter hoch.

Miranda steht auf, schüttelt ihren bauschigen Rock. »Wenn deine Mutter nicht da ist und du nichts zu essen hast, könnte ich uns Spaghetti machen«, sagt sie schüchtern.

So ist Miranda. Seit Marvel mit seiner Mutter in dieses Mietshaus gezogen ist, verfolgt Miranda ihn mit ihren guten Absichten und ihren Hilfsangeboten. Marvel fürchtet, dass Miranda sich gleich am ersten Tag, als sie auf der Treppe mit ihm zusammengestoßen ist, in ihn verliebt hat. Er hat damals einen Umzugskarton auf der Schulter nach oben getragen, wie ein gelernter Spediteur. Er hatte ein weißes T-Shirt und Jeans an, das T-Shirt war dreckig, die Jeans auch, und er war super gestresst, weil er gerade sein Elternhaus verloren hatte und wegen der Sachen, die sein Vater am Abend vorher zu ihm gesagt hatte. Sätze wie: »Das hat nichts mit dir zu tun, Marvin, wenn deine Mutter und ich uns jetzt trennen.«

»Ich werde immer für dich da sein.«

»Zwischen uns ändert sich nichts.«

Dabei wusste er genauso gut wie Marvel, dass sich zwischen ihnen längst alles geändert hatte.

»Ich bin immer für dich da. Du kannst mich jederzeit in der Redaktion besuchen.«

Aha. Zu Hause wohl eher nicht. Denn da würde ja jetzt die andere einziehen. Die Frau, die aussah, als würde sie gleich platzen, weil sie so einen dicken Bauch hatte.

Marvel war zwölf und die Probleme wuchsen ihm über den Kopf und die Umzugskiste, die er die Treppen hochschleppte, war verdammt schwer. Aber da war dieses Mädchen, das wie vom Donner gerührt stehen blieb und ihn anstarrte und offenbar unfähig war, zur Seite zu treten, um ihn mit dieser verdammt schweren Umzugskiste vorbeizulassen. In dem Karton waren die Kochtöpfe gewesen. Seine Mutter hatte nur einen Wasserkocher und einen Kartoffelkochtopf zurückgelassen. »Dein Vater kann sowieso nicht kochen«, hatte sie gesagt.

Alles war grauenvoll. Aber Miranda stand da und lächelte wie ein Engel. Ein Engel mit schwarzen Locken und riesigen schwarzen Augen.

»Hallo«, hauchte sie. »Ich bin Miranda.« Er wollte mit einem kurzen Knurren an ihr vorbei, aber sie hielt ihn fest. »Ziehst du hier ein?«

»Wie sieht's denn für dich aus?«, knurrte Marvel.

Sie kicherte und streckte ihm die Arme entgegen. »Ich kann dir helfen.«

Ohne ein Wort nahm Marvel den Karton von den Schultern und legte ihn ihr in die ausgestreckten Arme.

Ihre Arme fielen runter, als habe er sie mit der Axt abgeschlagen, der Karton polterte die Treppen hinunter, die Kopftöpfe kullerten heraus, die Deckel schepperten auf den Treppenstufen und Mirandas Augen wurden vor Schreck so groß wie Untertassen.

»Ent… entschuldige … bitte!«, stammelte sie.

Marvel sagte nichts. Er ließ Miranda die Treppe runterrennen und die Sachen zusammensammeln. Er stieg einfach weiter nach oben, ging in die leere Wohnung und ließ sich an der Wand entlang zu Boden gleiten. An der weißen Wand eines leeren Zimmers mit einem Doppelfenster und einer Tür zum Flur. Holzfußboden. Fußleiste. Mehr war da nicht. Aber irgendwann würden seine Sachen da reinkommen, er würde seine Poster aufhängen und die Musikanlage aufstellen und sein Bett, seinen

Schreibtisch, seinen Stuhl und seinen Schrank. Und noch später irgendwann würde er sich vielleicht daran gewöhnen, dass sein Zimmer keine schnuckelige Mansarde unter dem Dach mehr war, dass sein Vater ihm aus der Redaktion nicht mehr die neuesten Computerzeitschriften mitbringen und ihm nicht mehr die Salami von der Pizza stibitzen würde und dass verdammt noch mal nichts mehr so war, wie es ein sollte.

Aber an diesem Tag war Miranda da. Sie stand plötzlich wieder vor ihm, lächelte und sagte: »Es tut mir leid.«

Er schloss die Augen. »Was tut dir leid?«

»Ich weiß nicht. Du siehst irgendwie traurig aus.«

Das war der Moment gewesen, wo er wusste, dass er die Tränen nicht mehr zurückhalten konnte. Deshalb hatte er sie einfach laufen lassen und geschrien: »Weiß du, warum ich traurig aussehe? Weil Typen wie du mir auf den Geist gehen!«

Sie verschwand wie eine Katze. Huschte lautlos aus dem Zimmer und ließ sich tagelang, nachdem sie eingezogen und alle Sachen eingeräumt hatten, nicht mehr blicken.

Aber er wusste, dass sie da war. Oben in der Wohnung im dritten Stock. Dass sie sich schämte. Aber was sie nicht wissen konnte: dass er sich genauso schämte. Er war fies gewesen und das war nicht seine Art, weil er sonst immer nett war. Er war zu allen Leuten nett. Man konnte fragen, wen man wollte. Er hatte nicht vorgehabt, Miranda zu beleidigen.

Miranda war ein Jahr jünger, sie war elf, und Marvel hatte keine Ahnung gehabt, wie zart und verletzlich die Seele eines elfjährigen Mädchens sein kann. Er hatte zu der Zeit überhaupt noch keine Ahnung von Mädchen. Er hatte keine Schwester, nicht einmal eine Cousine. Er wusste eigentlich so gut wie nichts über Mädchen – und wie man es anstellen sollte, bei ihnen zu landen.

Das war vor drei Jahren. Seitdem ist viel passiert.

Zum Beispiel hat Miranda ihm einen Liebesbrief geschrieben, anonym.

Du wirst nie erraten, von wem dieser Brief ist. Nie, nie! Ich weiß, ich sollte lieber schweigen und dir nicht verraten, dass du für mich viel mehr zählst als irgendwelche tollen Kinotypen oder Fußballer oder sonst was. An dir ist einfach alles toll! Ich wünsche mir, dass du irgendwann mal genauso in mich verknallt bist wie ich jetzt schon in dich. Vielleicht dauert das noch Wochen oder Monate. Keine Ahnung, vielleicht passiert es auch nie. Das wäre furchtbar!! Dann wäre ich das unglücklichste Mädchen der Welt!!! Denn ich weiß jetzt schon, dass ich in meinem ganzen Leben nie einen anderen Jungen lieben werde! Du bist so süüüüß!

Dieser Brief war mit der Post gekommen. Auf der Briefmarke war ein roter Leuchtturm gewesen und sein Name war falsch geschrieben: Marven Keller. Der Brief war nicht mit der Hand, sondern auf dem Computer geschrieben und dann ausgedruckt worden.

Marvel hat das zuerst für einen Witz gehalten, den ein paar dämliche Typen sich mit ihm machen wollten, und nur deshalb hat er den Brief aufbewahrt, um ihn diesen Leuten irgendwann um die Ohren zu hauen. Denn zu der Zeit war ihm ganz und gar nicht nach Witzen zumute.

Seine Mutter hatte jeden Morgen verheulte Augen, und wenn sie mit seinem Vater am Telefon redete, begann schon nach drei Sekunden das Gekeife und Geschreie. Er schloss sich dann in seinem Zimmer ein, aber Zimmertüren sind nicht schalldicht. Als seine Mutter einmal – er hat bis heute keine Ahnung, warum sie das gemacht hat – in ihr ehemaliges Haus fuhr, waren die Türschlösser ausgetauscht. Da begriff sie wohl erst, dass die Trennung endgültig war, und bekam einen richtigen Nervenzusammenbruch.

Wen interessieren in solchen Zeiten anonyme Liebesbriefe?

Marvel hatte andere Sorgen.

Als Mirandas Eltern ihn und seine Mutter zu einem kleinen Willkommenskaffee zu sich einluden und Miranda Marvel ihr Zimmer und ihren Computer zeigte, da erwähnte er zum ersten Mal den Liebesbrief. Ja, er zitierte aus dem Kopf ganze Passagen: *Ich weiß jetzt schon, dass ich in meinem ganzen Leben nie einen anderen Jungen lieben werde …!* Vielleicht weil er dachte, Mädchen finden so was lustig, oder weil ihm sonst nichts einfiel, was er erzählen konnte. Ihm war dann durchaus aufgefallen, dass Miranda danach ungewöhnlich still war. So still und irgendwie gar nicht mehr vorhanden, dass es schon fast mysteriös war. Er konnte sich später nicht einmal erinnern, ob sie überhaupt noch da war, als er und seine Mutter sich endlich verabschiedeten und er sich an seinen Computer zurückziehen konnte.

Jedenfalls war Miranda ihm wieder ein paar Monate aus dem Weg gegangen, es gab nicht mehr diese »zufälligen« Treffen im Treppenhaus, von denen Marvel schon geahnt hatte, dass sie nicht wirklich zufällig gewesen waren. Sie forderte ihn nicht mehr zum Scrabble-Match auf, worüber er anfangs froh gewesen war. Er hatte nicht ungern Scrabble mit ihr gespielt, aber es ging ihm auf die Nerven, dass sie immer gewann. Es ist schließlich nicht leicht, auch nach der achten Niederlage noch ein cooler Typ zu bleiben.

Aber Miranda wollte auch nichts mehr von seiner Mutter, sie klingelte nicht mehr wie früher alle paar Tage, um sich eine Tasse Mehl, ein Ei oder ein Päckchen Vanillezucker auszuborgen. Sie klingelte überhaupt nie mehr an Marvels Wohnungstür. Einmal sah er sie, wie sie vor ihm die Schlüterstraße entlangging, wobei sie zwei prall gefüllte Supermarkttüten schleppte. Er wollte ihr tragen helfen und rief ihren Namen. Als sie sich umdrehte und ihn erkannte, wurde sie feuerrot und begann zu laufen. Sie erreichte das Haus ein paar Sekunden vor ihm und die Haustür schlug vor seiner Nase zu.

Blöde Kuh, hatte er gedacht.

Dann kam die Hausparty. In dem Haus, in das er und seine Mutter eingezogen waren, feierte man Treppenhausfeste. Das war eine Tradition, an der alle Mieter hingen. Alle Wohnungstüren standen dann offen, das Treppenhaus wurde geschmückt, Boxen auf den Treppenabsätzen aufgebaut und in jeder Küche wartete irgendeine Leckerei. Seine Mutter machte etwas Marokkanisches: einen Couscous-Salat mit Rosinen und Lammfiletstückchen. Seine Eltern hatten ihre Flitterwochen in Marokko gefeiert – und übrig geblieben von der ganzen Liebe war dieses Rezept.

Bei den Hernandez gab es spanische Tapas: in Speck eingewickelte Datteln und Scampispieße.

Da Miranda und er zu der Zeit die einzigen Jugendlichen im Haus waren, hielten alle es für logisch, dass die beiden zusammen für die Musik sorgen sollten. Die Alten wollten sich auch mal wieder jung fühlen. Aber keinen Hardrock, hatte Mirandas Vater gesagt, lieber was Softes. Ein bisschen was fürs Herz, ja?

Eine ganze Woche trafen sie sich jeden Nachmittag, um zusammen Musik zu hören. Natürlich hatte Miranda einen völlig abartigen Geschmack, Kuschelrock und Robbie Williams, und er musste sich unheimlich zusammennehmen, um ihr nicht zu sagen, wie peinlich sie war. Jeden Nachmittag rochen ihre Haare wie frisch gewaschen und sie hatte irgendetwas gebacken, wovon sie dachte, es würde ihm schmecken. Oder Tee gekocht. Und in ihrem Zimmer brannten Kerzen, mitten im Mai. Er fand das albern, aber er sagte nichts.

»Miranda strahlt ja in letzter Zeit immer so«, meinte seine Mutter damals und schaute ihn irgendwie anzüglich an. »Was wohl mit ihr los ist?«

Da dämmerte es Marvel, dass nur Miranda den Liebesbrief geschrieben haben konnte, und das haute ihn regelrecht um. Er kam sich so fies vor. Ein Ekelpaket. Er wollte kein Ekelpaket sein.

An jenem Abend versuchte er, alles wieder gutzumachen, sozusagen einen frischen Start hinzulegen.

Marvel spielte den Sanften, den Allesversteher. Er hörte ihr zu, obwohl die Worte zum einen Ohr rein- und zum anderen wieder rausgingen. Aber sie merkte das nicht, denn er blickte ihr, während er nicht zuhörte, die ganze Zeit in die Augen, den Kopf leicht zur Seite geneigt – so als hänge er an ihren Lippen. Er wollte, dass sie sich gut fühlte. Er nickte alles ab, was Miranda von sich gab. Über ihre Freundinnen oder die Mädchen, die NIE ihre Freundinnen werden würden, über nette Lehrer und solche, die ungerechte Noten verteilten.

Er tat, als fände er jeden ihrer Vorschläge, die Party betreffend, einfach super. Letztlich auch, weil ihm die Fete völlig schnuppe war. Es war nicht seine Party. Er feierte nicht mit Hundertjährigen.

Aber als es so weit war, räumte er mit ihr die benutzten Teller weg und leerte Aschenbecher. Die Nachbarn hatten sich darauf geeinigt, dass im Treppenhaus geraucht werden durfte. Nachts sollten dann alle Flurfenster offen bleiben.

Seine Mutter hatte ihm eingebläut, ja nett zu allen Nachbarn zu sein. »Das sind die Menschen, mit denen wir die nächsten Jahre verbringen werden«, hatte sie gesagt. »Und ich möchte, dass es gute Jahre werden.«

Marvel wollte das auch. Er wollte es für seine Mutter. Seine Mutter sah damals aus wie eine Moorleiche. Schlichtweg zum Heulen. Marvel wusste, dass sie starke Beruhigungsmittel nahm, auch wenn sie nie darüber sprachen.

Seine Mutter freute sich, dass sie mit den Nachbarn so gut zurechtkamen. Es gebe ihr, sagte sie, irgendwie einen Halt. Auch deshalb war Marvel nett zu Miranda.

Und seitdem spielten sie manchmal, wenn es sonntags regnete, in ihrer Wohnung auch wieder Scrabble oder etwas anderes. Wenn seine Mutter Dienst hatte, konnten sie den Computer seiner Mutter benutzen und da Spiele spielen, die er runtergeladen hatte. Miranda war gut in solchen Sachen. Sie war überhaupt in vielen Sachen gut. Sie konnte gut kochen. Sie konnte gut malen: Sie hatte ihm einmal ein Porträt geschenkt, das sie von ihm gemalt hatte. Seine Mutter fand es genial. Sie war gut in der Schule und sie spielte Klavier. Er musste sich ihr Spiel nie anhören, weil ihre Eltern sich Gott sei Dank kein Klavier leisten konnten. Miranda übte in der Schule.

Sie war von allem zu viel. Sie war auch zu lieb zu ihm. Anhänglich wie eine Klette, und das nervte ihn. Aber er sagte es nicht. Es war nicht wirklich wichtig.

Aber seit diesem Hausfest wartet Miranda oft im Treppenhaus auf ihn. So wie jetzt.

»Ich habe keine Zeit für Spaghetti«, knurrt Marvel. »Ich muss heute ranklotzen. Mathe. Wir schreiben morgen eine fiese Mathearbeit.«

»Oh, tut mir leid«, sagt Miranda. »Aber dann vielleicht morgen? Donnerstag hat deine Mutter doch immer Spätschicht.«

Selbst das weiß Miranda. In diesem Haus bleibt nichts unbemerkt.

»Ja, morgen ist okay.«

»Ich mach uns Spaghetti Carbonara!«, ruft Miranda ihm nach.

Er hört, wie die Zeitschriften ihr vom Schoß gleiten, als sie hastig aufstehen und ihm nachgehen will. Aber das ist echt ihr Problem.

Er weiß, dass er Miranda schon mit einem kleinen Lächeln glücklich machen könnte. Mit einem kleinen netten Satz. Sie schnappt nach kleinen netten Sätzen wie Schoßhündchen nach einem Stückchen Schokolade. Er hasst Schoßhündchen. Und deshalb kann Miranda nie seine Freundin werden. Marvel gehört zu den Typen, die eine Frau erobern wollen. Für die sie Drachen töten müssen. Oder auf einem Brückengeländer über den tosenden Fluss balancieren. Es muss eine Klassefrau sein. Cool und unnahbar. Eine, um die sich alle reißen. Eine, die alle Kerle abblitzen lässt.

Aber über so was kann er mit Miranda nicht reden. Das würde sie nicht verstehen. Auch heute nicht, wo sie schon vierzehn ist. Und er zugeben muss, dass sie, objektiv betrachtet, irre gut aussieht, mit ihren kohleschwarzen Augen, der dicken schwarzen Mähne und diesem Mund, der irgendwie ziemlich irritierend ist.

»Da war ein Anruf für dich«, sagt Marvels Mutter statt einer Begrüßung. »Ich hab erst gar nicht kapiert, was die von dir wollen. Ich dachte, die wollen dir irgendwas andrehen. So ein Callcenter. Die rufen ja manchmal aus Bombay an oder so und wollen einem hier in Deutschland einen neuen Handyvertrag aufschwatzen.« Ein Lieblingsthema seiner Mutter.

Marvel hat ausgerechnet an diesem Tag mal nicht an das Casting gedacht. Er war zum ersten Mal seit einer Woche morgens aufgewacht, ohne zu denken: Ob sie heute wohl anrufen? Er hat in der Schule zugehört und sich sogar auf Diskussionen über so abwegige Dinge wie Silbentrennungen in Computerprogrammen eingelassen, ohne gleichzeitig zu denken, ob man bei der Multimedia in Hamburg vielleicht gerade darüber abstimmte, wer der neue Max in *Coole Zeiten* wird. Oder ob wichtige Männer in schicken Anzügen sich die Szene auf einem coolen Flachbildschirm wieder und wieder in einem coolen Konferenzraum angucken und nicht fassen können, wie gut dieser Marvin Keller ist. Er hat tatsächlich an diesem Tag nicht eine einzige Sekunde an den Film gedacht.

Und ausgerechnet dann passiert es und seine Mutter nimmt das Gespräch entgegen. Er will sich lieber nicht ausmalen, wie seine Mutter mit denen geredet hat!

Sie stehen in der Küche. Seine Mutter lehnt am Herd und Marvel steckt halb im Kühlschrank. Er sucht eigentlich nichts Bestimmtes, aber solange er den Kühlschrank durchwühlt, muss er seine Mutter nicht angucken.

»Es geht da angeblich um einen Film«, sagt seine Mutter. Sie sagt es so, als habe jemand vom Krötenverein angerufen und gefragt, ob sie Mitglied werden will.

»Ja, und?« Marvel heuchelt totales Desinteresse. Er macht das gut. Dabei liegen seine Nerven blank. Red schon!, denkt er. Mach hin! Spuck's aus! Klappt es oder nicht?

»Nichts und«, sagt seine Mutter heiter. »Das war's schon.«

Hey, denkt Marvel, spinn ich, oder was? Er schlägt die Kühlschranktür zu. Er dreht sich um.

Seine Mutter hat die Hände vor der Brust verschränkt und sieht ihn an. »Gibt es da irgendwas, was ich wissen sollte, Marvin?«, fragt sie. Sie fragt es mit dieser Stimme, die kein bisschen Spielraum für Scherze lässt. Es ist die Stimme, die sie benutzte, als sie rauskriegte, dass er mal ihre Unterschrift unter eine Klassenarbeit gefälscht hat.

»Hieß die Frau vielleicht Wanda?«, fragt Marvel.

Seine Mutter lässt ihn nicht aus den Augen. »Wanda?« Sie tut, als überlege sie.

Sie will mich quälen, denkt Marvel.

Schließlich schüttelt sie den Kopf. »Nee, der Name sagt mir nichts.«

»Wer dann? Wer?« Marvel versucht sich an den Namen der Regisseurin zu erinnern.

»Wie haben die sich denn gemeldet?«, fragt Marvel.

Seine Mutter lässt ihn nicht aus den Augen. »Was glaubst du?«, fragt sie.

O Gott, wie er das hasst! Er verdreht die Augen, geht auf seine Mutter zu, bis sie fast mit den Stirnen zusammenstoßen. »Ich weiß es nicht, Mama!« Er zögert. »Vielleicht Multimedia?«

»Richtig«, sagt seine Mutter. »Das war's, glaub ich.«

Marvel bekommt einen heißen Kopf. Er zieht mit einem Fuß einen Küchenstuhl heran und setzt sich. Er sitzt sehr aufrecht. So aufrecht sitzt er nur, wenn er sehr ungeduldig oder sehr angespannt ist.

»Und? Was wollten die?«

Seine Mutter geht zum Kühlschrank, holt eine Flasche Milch heraus, geht zum Küchenschrank, nimmt ein Glas und schenkt sich Milch ein.

»Ich dachte bis jetzt ...«, seine Mutter dehnt die Worte, »... dass wir uns immer alles erzählen.«

»Tun wir doch auch! Mann, Mama! Jetzt mach doch kein Fass auf! Bloß weil irgendjemand von einer Fernsehfirma hier angerufen und nach mir gefragt hat.«

»Es hätte mir aber besser gefallen, wenn ich nicht wie eine dumme Kuh gewirkt hätte. Wenn ich nicht gesagt hätte: Mein Sohn hat bei Ihnen nicht vorgespielt, das wüsste ich nämlich, Sie haben sich verwählt. Findest du es komisch, wenn deine Mutter sich zum Affen macht? Ich nicht.«

Marvel hat genug. Er springt auf und nimmt seiner Mutter das Milchglas aus der Hand. »Nein, ich finde es nicht komisch!«, schreit er. »Es tut mir leid! Aber darf ich endlich wissen, was diese Leute wollten?«

»Ich hab aufgelegt.«

Marvel starrt sie an. Er kann nicht fassen, dass seine Mutter so was macht.

»Aufgelegt??«

Er rauft sich die Haare, er wirbelt herum und stößt dabei mit dem Ellenbogen fast die Supermarkttüte um, aber seine Mutter hatte schon immer schnelle Reaktionen. Musste ich haben, sagt sie immer, weil man dich als Kleinkind keine Viertelsekunde aus den Augen lassen konnte.

»Reg dich nicht auf. Sie haben ja noch mal angerufen, kaum dass ich aufgelegt hatte. Sie haben gesagt, dass du die Rolle hast. Kannst du mir jetzt bitte erzählen, worum es eigentlich geht, Marvin? Du bist fünfzehn und ich bin deine Mutter!«

Marvin starrt seine Mutter an. Plötzlich bricht es aus ihm heraus. »Ich hab die Rolle?«, brüllt er. »Ich hab die Rolle! O Mann!« Er packt seine Mutter, zieht sie an sich und schmatzt ihr einen Kuss auf die rechte und einen Kuss auf die linke Wange. »Ist das wirklich wahr? Haben sie das wirklich gesagt?«

»Neben dem Telefon liegt ein Zettel. Du sollst die Nummer anrufen, sobald du zu Hause bist. Sie haben versucht, dich auf dem Handy zu erreichen, aber das war tot.«

Stimmt! Seine Prepaid-Karte war leer.

Marvin stürzt in den Flur, findet den Zettel, greift sich das Telefon, stürzt ins Wohnzimmer, lässt sich auf das blaue Sofa fallen und hat die Nummer schon gewählt, bevor sein Hintern den Stoff richtig berührt.

»Hier spricht Marvin Keller!«, brüllt er. »Ich hab gehört, dass ich mich melden soll!«

Pause. Am anderen Ende sagt schließlich jemand, er werde weiterverbinden.

Dann klickt es in der Leitung, und jemand sagt: »Hallo?«

»Hier ist Marvin Keller. Ich soll mich bei Ihnen melden!«

»Gib mir einen Tipp. In welcher Angelegenheit?«

»Es geht um die Rolle des Max in *Coole Zeiten!* Für die Soap!«

Aus den Augenwinkeln sieht er, wie seine Mutter ins Zimmer kommt. Sie setzt sich auf die äußerste Kante des gelben Sessels. Sie sitzt auch sehr gerade, weil sie angespannt ist. Wahrscheinlich hat er das von ihr.

»Eine Soap?«, fragt seine Mutter mit schmalen Lippen.

Marvel wedelt ungeduldig mit der Hand. Er will nicht, dass sie ihm jetzt dazwischenquatscht.

»Sekunde«, sagt der Mann in der Leitung, »ich hol Biggi ans Telefon.« Dann hört er, wie jemand brüllt: »Biiiiiggiiii! Ich hab deinen Max an der Strippe!«

Und dann hört Marvel, obwohl das nicht einfach ist, weil seine Mutter die Balkontür aufgemacht hat und der Straßenlärm nach oben dringt, dass die Regisseurin etwas ruft wie: »Prima!«, dann hört er Schritte, die hallen, als würde jemand durch die Abwasserkanäle der Hansestadt laufen, und plötzlich ist da die Stimme der Regisseurin. »Hi Marvin. Schön, dass du anrufst.«

Und als er Ja sagt, stößt sie einen Seufzer der Erleichterung aus. »Endlich! Wunderbar! Marvin, du hast die Rolle!«

Das hat er zwar schon von seiner Mutter gehört, aber es ist ganz etwas anderes, das noch einmal von der Frau, die wirklich diesen Film dreht, bestätigt zu bekommen.

»Wie schnell kannst du hier sein, damit wir die Details besprechen können? Du weißt, wir sitzen wie auf Kohlen.«

»Von mir aus gleich«, sagt Marvin.

»Gut, prima. Halbe Stunde?«

»Eine Stunde wär besser. Ich weiß nicht, wie die Züge fahren.«

»Nimm ein Taxi!«, ruft die Regisseurin. »Lass dir einen Beleg geben!« Damit legt sie auf.

Marvel ist außer Atem, als er den Hörer auflegt.

Seine Mutter sitzt noch immer auf der Sesselkante.

»Und?«, fragt sie.

Marvel will an seiner Mutter vorbei, besinnt sich, bleibt stehen und lächelt sie an. »Alles in Ordnung. Ich soll ein Taxi nehmen. Kannst du mir mit ein bisschen Geld aushelfen? Kriegst du bestimmt zurück!«

Seine Mutter folgt ihm in den Flur, während er seine Schlüssel zusammensucht und seinen Personalausweis – den brauchen sie bestimmt, denkt er –, nimmt seine Mutter drei Zehneuroscheine aus ihrer Brieftasche und hält sie ihm hin.

»Ich frage mich immer, wo dein Geld bleibt«, sagt sie.

Das willst du nicht wissen, Mama, denkt Marvel. Er zerrt die Jacke vom Haken, zieht sie an.

»Marvin! Ich hab dich was gefragt.«

Marvel dreht sich in der Wohnungstür um, lächelt seine Mutter an. »Wir reden nachher, Mama.«

5

Dieses Mal ist alles anders als bei seinem ersten Besuch bei Studio Hamburg. Nicht dass der Pförtner ihn schon mit Namen kennt, aber er spürt offenbar, dass der Typ da vor ihm, der gerade aus dem Taxi gestiegen ist, ein sicheres Auftreten hat. Dass er weiß, wo er hinwill. Er checkt nur kurz Marvels Namen, als Marvel sagt, er muss ins Studio 9 A. »Den Weg kennst du?«

»Aber logo!« Marvel fühlt sich in diesem Augenblick schon fast wie ein Star. Die Hände tief in den Hosentaschen, schlendert er lässig, aber zielstrebig an den Breitband-Kantinenfenstern vorbei. »Da sitz ich auch bald«, sagt er, als eine der Frauen am Fenstertisch plötzlich den Kopf hebt und ihn anschaut. »Wärmt schon mal meinen Platz an.« Ihm war lange nicht mehr so leicht ums Herz, trotz aller Aufregung. Wenn er jetzt sein Spiegelbild in der Fensterscheibe sehen könnte – der Typ da würde ihm gefallen. Er könnte sich zuzwinkern und sagen: Du bist okay, Mann. Aus dir wird mal was. Hau rein!

Als eine schneeweiße Stretchlimousine an ihm vorbeirollt und er durch die getönten Scheiben nichts erkennt als eine blonde Paris-Hilton-Haarpracht und riesige Sonnenbrille, hebt er einfach mal kurz die Hand und siehe da: Die Sonnenbrille winkt tatsächlich zurück! Geil.

Der Weg zum Studio erscheint ihm kürzer als beim ersten Besuch, fast zu kurz. Zum ersten Mal begreift er, was die Philosophen meinen, wenn sie sagen: Der Weg ist das Ziel. Jetzt könnte er darüber einen drei Seiten langen Text schreiben. Aber jetzt fragt ihn natürlich keiner.

In der Studiotür stößt er mit einem Kameramann zusammen, der mit einem Feuerzeug und einer Schachtel Zigaretten gerade nach draußen will.

»Ey, der Marvin! Cool«, sagt er und schlägt ihm mit dem Feuerzug aufs Schulterblatt. »Ich bin der Wargo. Kommst echt gut rüber auf dem Bildschirm.«

Marvel grinst. »Freut mich.«

»Es gibt Typen«, redet der Kameramann weiter, »die sehen im normalen Leben nach gar nichts aus, wie ein Schluck Milch, weißt du, und auf dem Bildschirm beginnen die auf einmal zu leuchten. Das ist ein Wunder.«

»Ja«, sagt Marvel und denkt: Hält er mich für ein Glas Milch?

»Die warten schon auf dich«, sagt Wargo.

»Okay«, sagt Marvel und macht mit der rechten Hand lässig ein Victoryzeichen.

Marvel wird ins Büro des Produktionsleiters geschickt. Der heißt Horst Burckhardt, ist ungefähr eins neunzig groß, drahtig, hat schlohweißes Haar und begrüßt Marvel mit einem Händedruck, der Marvel fast in die Knie gehen lässt. »Wie nennen dich deine Freunde?«

»Marvel.«

»Ah. Und was soll das heißen?«

Marvel wurde rot. »Weiß auch nicht. Ich glaube, das ist englisch und heißt so was wie Wunder.«

»Na, da wollen wir mal sehen. Ich bin der Hotte«, sagt er, »wie das Pferd. Wir duzen uns hier alle. Also, du hast noch keinen Vertrag. Das muss sich sofort ändern. Dann lass uns mal.«

Er setzt sich auf die Schreibtischkante und hält Marvel einen Vortrag von ungefähr fünf Minuten, worin er ihm klarmacht, dass die Gagen für die Schauspieler feststehen und dass sie nicht hoch seien, weil das Budget für die Soap nur halb so fett ist wie ursprünglich veranschlagt, dass an allen Enden gespart werden müsse, also auch an den Gagen der Schauspieler. Dass sie alle aber leidenschaftlich bei der Sache seien, und wenn die erste Staffel ein Erfolg wird, gebe es bei der zweiten Staffel garantiert mehr Geld, weil dann auch mehr Werbeeinnahmen kommen.

»Bis hier konntest du mir folgen?«, fragt Hotte.

Marvel nickt.

»Gut. Also, was deine Rolle betrifft: Es ist eine Nebenrolle, klar? Du tauchst in der zweiundvierzigsten Folge zum ersten Mal kurz auf. Dann gibt es eine Szene zwischen dir und deinem Vater in der fünfundvierzigsten. Die ist auch nur kurz, aber du und dein Vater, ihr habt dann zwei Folgen später einen richtig langen Dialog. Der ist wichtig. Verstehst du? Das Verhältnis zwischen dir und deinem Vater ist kompliziert.«

»Klar«, sagt Marvel so cool, als habe er alles verstanden.

Hotte runzelt die Stirn. »Wieso klar?«

»Weil normal.« Marvel grinst schief.

»In diesem Monat hast du acht Drehtage über zwei Wochen verteilt.«

Marvel schluckt. »Zwei Wochen?«

Hotte nickt. Er geht zu der Wand, die gepflastert ist mit Drehplänen und Diagrammen und Listen. Er zieht den Kuli von seinem Ohr und tippt auf ein paar Kästchen. »Eher hier und hier. Vier Drehtage in einer Woche.«

Marvel schluckt wieder. »Welche Woche?«, fragt er.

»Die 13. Kalenderwoche. Das ist …«, Hotte beugt sich über seinen Schreibtisch, »… in zwei Wochen.«

Marvel rechnet hektisch. Das könnte die Zeit sein, in der die schriftlichen Abi-Arbeiten fällig sind. Da hätte er schulfrei. Wenn das klappen würde …

Hotte schaut auf, mustert ihn. »Woran denkst du so angestrengt?«

Marvel wird rot. »An nichts«, murmelt er, »an die Schule.«
»Da gibt's doch keine Probleme?«, fragt Hotte misstrauisch.
»Null Problemo«, sagt Marvel schnell.
»Was hast du denn für einen Notendurchschnitt?«
»2,1.« Das ist zwar etwas geschönt, aber egal.
»Okay. Gut. Das müsste reichen. Die Schulen erteilen schlechten Schülern nie eine Befreiung vom Unterricht.«
»Hab ich mir gedacht.«
»Wir bemühen uns natürlich, den Drehplan so zu gestalten, dass du oft erst am Nachmittag drankommst.«
»Soll ich das mit der Schule regeln?«
»Nein, nein. Das geht seinen hochoffiziellen Weg, darum kümmern wir uns. Ach, und noch was: Wir brauchen ein ärztliches Attest.«
»Ich bin gesund.«
Hotte grinst. »Glaub ich dir, aber Vorschrift ist Vorschrift. Es reicht, wenn euer Hausarzt ein Gesundheitszeugnis schreibt.«
Marvin ist zuletzt bei Dr. Wiese gewesen, als er die Blinddarmreizung hatte. Das ist Lichtjahre her. Er überlegt kurz, ob sich bei der Untersuchung die Bierchen, die er gelegentlich mit seinen Freunden getrunken hat, wohl irgendwie nachweisen lassen.
Hotte zieht jetzt eine Mappe zu sich heran, öffnet sie und holt drei Blätter heraus, die von oben bis unten vollgetippt sind. Er legt eins vor Marvel auf den Tisch.
»Das hier«, sagt er, »ist ein Standardvertrag, in dreifacher Ausfertigung. Einer für dich, einer für das Produktionsbüro, einer als Sicherheitskopie. Das heißt, es ist ein Vertrag, wie alle Nebendarsteller ihn unterschrieben haben. Die Gagen sind natürlich unterschiedlich. Wenn eine bekannte Schauspielerin eine Nebenrolle bei uns spielt, wird sie naturgemäß eine höhere Gage erhalten als ein Greenhorn wie du.«

»Klar«, sagt Marvel. Er hat immer noch nicht die geringste Ahnung, wie viel Geld er nun bekommen wird.

»Bevor du unterschreibst«, sagt Hotte, »rate ich dir, auch das Kleingedruckte zu lesen: Da steht, du darfst niemandem über die Arbeit hier berichten, den Zeitungen keine Interviews geben und nichts über den Inhalt der ersten Staffel oder gar der zweiten Staffel ausplaudern. Das ist alles absolut topsecret, verstanden?«

Marvel nickt. Das gefällt ihm.

»Mit dieser Serie«, schwärmt Hotte, »wollen wir das Publikum vom Hocker reißen. In jeder Folge passiert was Ungeheuerliches. Immer Spannung pur, Emotion pur, Action pur. Nichts davon darf an die Öffentlichkeit dringen!«

»Verstanden.« Marvel denkt an Matrix, Stirb langsam 1–4, Bruce Willis … gutes Gefühl.

»Wir produzieren täglich eine Folge. Chronologisch. Nicht wie beim Spielfilm, wo die Szenen wild durcheinandergedreht werden. Du kannst das aber trotzdem nur spielen, wenn du alle Drehbücher gründlich gelesen hast und mit deiner Rolle richtig verwachsen bist. Du musst auf Anhieb wissen, was Biggi meint, wenn sie sagt: In dieser Szene hattest du schon deine Auseinandersetzung mit Timo. Oder wenn sie sagt: Du warst verzweifelt, jetzt geht's dir besser. Dann musst du wissen, wieso du verzweifelt warst, klar?«

Marvel nickt.

»Und deshalb ist das oberste Gebot für alle Mitwirkenden, dass sie die Drehbücher, und damit die Entwicklung der verschiedenen Handlungsstränge, verinnerlicht haben. Abgesehen von ihrem eigenen Text, der sitzen muss. Dafür bekommst du einen Coach, der mit dir arbeitet.«

»Cool.«

Hotte geht zu einem Rollschrank und greift sich einen fetten

Stapel zusammengehefteter Blätter. »Das hier sind die ersten 50 Folgen«, sagt er. »Nette Bettlektüre. Kannst dich schon mal von deiner Freundin verabschieden.«

»Ich hab keine Freundin«, sagt Marvel.

Hotte mustert ihn. »Ich seh schon, wir kommen miteinander klar. Du bist noch nicht in der elften Klasse, oder?«

Marvel schüttelt den Kopf. »Erst in der neunten.«

»Oho, dann brauchen wir zu deiner Unterschrift auf jeden Fall noch die eines Erziehungsberechtigten. Vater oder Mutter.«

»Mutter«, sagt Marvel schnell. Sein Kopf glüht.

»Gut, mir recht.« Hotte deutet wieder auf das Papier. »Jetzt lies alles durch, und wenn du fertig bist oder Fragen hast, dann ruf mich. Ich bin nebenan.« Er klopft Marvel auf die Schulter und verlässt den Raum.

Marvel zieht das Papier zu sich ran. Er beginnt zu lesen.

Darsteller-Vertrag

zwischen der

Multimedia Film- und Fernsehgesellschaft mbH
Studio Hamburg
Jenfelder Allee 80
22039 Hamburg

und

Marvin Keller
Schlüterstraße 89
22301 Hamburg

Es ist ein komisches Gefühl, seinen Namen auf so einem Stück Papier zu lesen. Darstellervertrag!

Ein großartiges Gefühl!

Er überfliegt alle Passagen, in denen Nummern und Zahlen vorkommen. Er liest, dass er nur mit ärztlichem Attest fehlen darf und dass er ansteckende Krankheiten melden muss, dass er sich mit den Studiobedingungen einverstanden erklärt und dass der Gerichtsstand Hamburg ist.

Er liest, dass er pro Drehtag 180 Euro bekommt. Und dass man ihn von der Schule mit dem Auto abholen und zum Set bringen wird.

Er geht zum Nebenzimmer, er klopft.

Hotte reißt sofort die Tür auf, schaut Marvel erwartungsvoll an.

»Das mit dem Auto. Von der Schule abholen und so ...« Er druckst herum. »Ist mir echt ein bisschen peinlich. Kann das Auto mich auch zu Hause einsammeln?«

»Nur wenn wir dadurch nicht zu viel Zeit verlieren.«

»Ich hab ein Rennrad«, sagt Marvin.

»Okay. Gut. Und sonst?«

Marvel deutet auf die Verträge. »Ich hab unterschrieben.«

»Drei Mal?«, fragt Hotte grinsend.

Marvel grinst zurück. »Drei Mal«, sagt er.

»Gut, dann nimm alle drei, lass deine Mutter auch unterschreiben und bring sie morgen zurück, ja? Dann setzt unser Produzent seinen Otto drunter und alles ist rechtskräftig. Ach ja, noch eine Sache: Du brauchst ein Konto. Sollen wir uns darum kümmern?«

»Ich hab ein Schülerkonto. Geht das?«

»Ja, wunderbar. Setz bitte die Kontonummer unten im Vertrag ein, dann haben wir schon wieder ein Problem gelöst.«

Danach folgt ein Rundgang durchs ganze Studio, Marvel darf außer Biggi auch noch fünfzehn verschiedenen anderen Leuten die Hand drücken, und Biggis Regieassistentin, die Pony genannt wird – wahrscheinlich wegen ihrer Frisur – zeigt ihm die Garderoben für die Schauspieler. Marvel muss seine Garderobe mit drei anderen Typen teilen, nur die Hauptrollen haben jeder eine eigene Garderobe. Außerdem die Maske – ein Raum, der ihn an einen Damenfriseur erinnert, mit Spiegel, Waschbecken, Lockenwickler, Trockenhauben, Schminksets etc. – und dann darf er sogar noch einen Blick in die »Drehbuchwerkstatt« werfen. Das Büro ist ein fensterloser Containerraum, wo sich jeweils vier mal zwei Schreibtische gegenüberstehen, ständig ein Drucker und eine Kaffeemaschine surrt und Typen mit tiefen Augenrändern vor ihren Computern brüten, wenn sie nicht gerade neben dem Kaffeeautomaten wichtige Ideen und dramaturgische Details besprechen. Marvel hört Dialogfetzen wie: »Wenn wir den Großvater schon in der fünfzigsten Folge sterben lassen, muss der Monolog in der ersten auch raus.«

»Ediths Story in der vierundfünfzigsten muss emotionaler sein.«

»Biggi sagt, es ist Quatsch, das Badezimmer nur einmal zu bespielen.«

Hin und wieder schnappt einer sich seine Zigarettenschachtel und verschwindet damit nach draußen.

Marvel ist beeindruckt. Er hat sich das Leben eines Drehbuchautors zwar irgendwie anders vorgestellt, hollywoodmäßiger, aber dann darf er sogar dem »Headwriter«, dem wichtigsten unter den Drehbuchautoren, die Pfote geben. Der Headwriter sieht so jung und pickelig aus wie Marvels Freund Bully, aber allein von dem Geld, das seine Armbanduhr offensichtlich gekostet hat, könnten Bully und seine Freunde ein ganzes Jahr lang Party machen.

Der Typ heißt Jannis und erklärt Marvel, dass er den »Plot« ganz allein entwickelt und das Exposé nach einem »Pitch« in den Semesterferien – also doch noch Student! – geschrieben habe.

»Was ist ein Pitch?«, fragt Marvel.

Jannis grinst. »Die reine Folter: Du hast genau drei Minuten, um vor einem Gremium aus Filmproduzenten deine Story so vorzutragen, dass sie denken: Das müssen wir machen! Danach musst du das Ganze – die Dramatik, die Emotion, die Handlung – in drei Sätze packen können, denn merke dir: Was du nicht in drei Sätzen erzählen kannst, ist keine gute Story.«

Marvel ist entsprechend beeindruckt.

»Dann ging's an die Storylines«, erzählt Jannis, »und da wurde es echt hart. Da fängst du an zu begreifen, dass du unterbezahlt bist. Du weißt, was Storylines sind?«

Marvel hat keine Ahnung.

»Da musst du ganz klar die Handlungsstränge und -bögen jeder einzelnen Folge entwickeln und skizzieren. Dann fällt sofort auf, ob der Hauptcast auch genug Szenen hat und wie die Cliffhanger am Ende sind, als Spannungselement für die nächste Folge. Na ja, das war harte Arbeit, hat ein Jahr gedauert, bis wir mit den ersten Drehbüchern loslegen konnten.«

Jannis hat jetzt einen Stab von »Staff Writers«, die aufgrund der Storylines die einzelnen Szenen und Dialoge entwickeln.

Marvel schwirrt der Kopf.

Als Letztes geht's zum »Kostüm«. Marvel denkt, es sieht aus wie in einem geilen Klamottenladen. Die Kostümbildnerin und ihre Assistentinnen vermessen ihn, wollen Hemd- und Hosengröße wissen, die Schuhgröße auch. Er muss sich ausziehen und Klamotten probieren und er ist froh, dass er sich heute Morgen frische Boxershorts angezogen hat. Solche coolen Designerteile wie hier könnte er sich nie leisten. Jedes neue Outfit wird auf

Polaroid festgehalten und eine Assistentin schreibt Listen für die »Continuitys«, was Anschluss heißt. Marvel erfährt, dass über jede Szene Buch geführt wird: Wer welche Klamotten trägt, ob die Zigarette am Szenenende halb oder gar nicht geraucht, das Glas auf dem Tisch voll oder leer ist, die Vorhänge auf- oder zugezogen sind und der Held ein blaues Auge hat oder nicht. Alles wird notiert, damit der Anschluss dann stimmt und die Zuschauer nicht denken: He, vorhin war doch Tag und er hatte ein blaues Auge! Das ist nötig, weil die Szenen nicht immer streng chronologisch gedreht werden, sondern je nachdem, wie Hotte es kostengünstig errechnet hat.

Marvel schwirrt der Kopf, aber er ist glücklich.

Was ist Schule gegen so ein quirliges, lebendiges Leben wie hier! Wie öde ist das Hocken über Logarithmen, Lateinvokabeln und englischer Grammatik gegen diese Lebendigkeit hier! Das muntere Hin- und Her-Schulterklopfen und in den Armen liegen, diese Nervosität und Angespanntheit gleichzeitig, als stünden sie alle unter Strom, taten aber gleichzeitig so, als hätten sie den entspanntesten Urlaub ihres Lebens. Irgendwie verrückt. Aber schön. Marvel schwimmt im Glück.

Auch noch, als er längst wieder in der Bahn zurück nach Hause sitzt; in einer Klarsichtfolie, zusammengerollt in der Innentasche seiner Jacke, die Verträge.

Das rothaarige Sommersprossenmädchen mit den Fellstiefeln, das ihm auf der Bank gegenübersitzt, liest in einer BRAVO. Lange betrachtet sie das Foto eines Typen, der Marvel irgendwie vage bekannt vorkommt, wenngleich ihm weder einfällt, wie der Typ heißt, noch warum er so berühmt ist, dass er in die BRAVO kommt. Sie blättert um und da ist der Typ noch mindestens fünfmal. Jetzt sieht Marvel auch, dass er hinter einem Schlagzeug sitzt. Aha, ein Musiker. Aber was ist ein Musiker gegen einen Schauspieler! Hotte hat gesagt, dass sie eine Zuschauerquote von mindestens 15 Prozent anpeilen. »Das sind auf einen Schlag pro Folge mehr als vier Millionen Leute«, hat Hotte erklärt. »Und vielleicht werden das alles deine Fans!«

Am liebsten würde Marvel zu dem Mädchen sagen: Ey, guck her! Her zu mir! Schau hierher!! Vor dir sitzt ein leibhaftiger Star! Unsere Knie könnten sich berühren, so nah! Ich komme gerade aus dem größten Filmstudio von Hamburg! Und das hier in meiner Jackentasche ist mein Vertrag!

Als habe sie ihn gehört, blickt das Mädchen plötzlich auf.

Marvel rekelt sich ein bisschen in den Plastikpolstern und übt schon mal das Lächeln, das man draufhaben muss, wenn man Autogramme gibt. Aber die wasserblauen Augen des Mädchens sehen durch ihn hindurch, als sei er gar nicht vorhanden. Danach versenkt sie wieder den Blick in ihre BRAVO.

Gut dass er an der nächsten Station aussteigen muss, aber er will der Situation noch einen kleinen Kick geben. So als wär's schon Teil eines Filmes. Als er den Türöffner bereits gedrückt hat, geht er schnell noch einmal zurück, beugt sich zu dem Mädchen herunter und sagt: »Schade, du hast die Chance deines Lebens verpasst, einen echten Star zu treffen!«

Als er, die Hände in den Jackentaschen, an dem S-Bahn-Waggon vorbei über den Bahnsteig geht, sieht er aus den Augenwinkeln, dass das Mädchen aufgesprungen ist und ihm nachstarrt, und er bereut, dass er keine Sonnenbrille besitzt. Als Erstes wird er sich von seiner Gage eine geile Sonnenbrille kaufen. Eine Markensonnenbrille, versteht sich. Porsche Design, Armani oder Calvin Klein. Drunter macht er's nicht. Auch wenn dafür die Gage eines Drehtags draufgeht – das wäre es wert.

Der harte Teil des Tages aber steht ihm noch bevor. Das ist das Gespräch mit seiner Mutter. Als er die Wohnungstür aufstößt, steht sie schon im Flur.

»Na?«, fragt sie, bevor er noch seine Jacke aufhängen und die Verträge herausholen kann.

»Alles klar«, sagt Marvel.

»WAS ist klar?«

»Ich bin drin«, sagt Marvel. »Ich habe die Rolle.«

»Ach«, sagt seine Mutter, in einem Ton, der alles bedeuten kann: Überraschung, Respekt, Verzweiflung.

Marvel wirft im Vorbeigehen einen kurzen forschenden Blick auf ihr Gesicht. Ihr Gesicht drückt gar nichts aus.

Das muss man erst mal können, denkt Marvel, ein Gesicht zu machen, das gar nichts ausdrückt. So eine Art Pokerface. Er beschließt, genau dieses Pokerface als Erstes vor dem Spiegel zu üben. Vielleicht heute Abend, wenn seine Mutter schon im Bett ist. Dabei braucht er keine Zuschauer.

Sie folgt ihm ins Wohnzimmer. Marvel wirft die Verträge lässig auf den Couchtisch, lässt sich aufs Sofa fallen, streckt die langen Beine von sich.

»Was ist das?«, fragt sie.

Er wippt mit den Fersen. Das tut er immer, wenn er nervös ist. Er weiß, dass seine Mutter das weiß. Also würde er gern damit aufhören, mit den Fersen zu wippen. Merkwürdigerweise geht das nicht.

Ich muss noch viel üben, denkt Marvel.

Seine Mutter nimmt die Klarsichtfolie, zieht einen der Bögen heraus, blickt Marvel abwartend an.

»Mein Vertrag«, erklärt Marvel lässig. »Dreifache Ausfertigung. Ich hab schon unterschrieben. Unten links. Du musst unten rechts unterschreiben.«

Seine Mutter lässt das Blatt fallen, als habe sie sich daran verbrannt.

»Du hast schon unterschrieben?«, fragt sie fassungslos. »Ohne das mit mir abzusprechen?«

»Ich weiß doch, dass ich es auf jeden Fall machen will«, sagt Marvel. »Wäre ich sonst zu dem Casting gegangen? Die rechnen mit mir. Was sollen wir da noch groß besprechen?«

»Marvin! Hast du vergessen, wie alt du bist?«

Marvel zuckt mit den Achseln.

»Marvin!« Seine Mutter setzt sich neben ihn, nimmt wieder das Blatt in die Hand. »Du hast noch nicht einmal mit deinen Lehrern geredet! Das kann außerdem nur der Schulleiter entscheiden!«

Marvin denkt, ich kann erst mal auch krankfeiern. Laut sagt er: »Mach dir keinen Stress. Warum sollte der Direktor was dagegen haben?«

Marvel fällt plötzlich ein, dass er noch nicht für Mathe geübt hat. Ihm ist klar, dass morgen, wenn er die Aufgaben nicht hinkriegt, keinesfalls der richtige Moment ist, um mit dem Klassenlehrer zu reden. Ja, wenn er sicher wäre, eine gute Arbeit zu schreiben!

Er springt auf.

Seine Mutter schaut ihn verwirrt an. »Was ist denn jetzt?«

»Wir schreiben morgen Mathe!«, ruft Marvel. »Ich muss mir noch ein paar Aufgaben angucken.«

Seine Mutter folgt ihm in sein Zimmer, die Verträge in der Hand. »Das hier hat also Zeit«, sagt sie.

»Nein! Mama! Verdammt! Das musst du unterschreiben!«

»Und wenn ich es nicht tue?«, fragt seine Mutter.

Marvel hat an seinem Schreibtisch Platz genommen. Er kramt in seiner Schultasche, wirft das Mathebuch und sein Heft auf den Tisch.

»Du unterschreibst«, sagt er.

»Und was macht dich so sicher?«

»Das ist 'ne Menge Kohle. Die können wir doch brauchen.«

Marvel lässt die Schultasche auf den Boden fallen und dreht

sich zu ihr um. Seine Mutter lehnt in der Tür, in der Hand die Verträge. Sie messen sich wie Boxer beim Wiegen.

Ich weiß, dass du unterschreibst, denkt Marvel. Du bist meine Mom, du bist der einzige Mensch, auf den ich mich je verlassen konnte. Was wir schon alles zusammen durchgestanden haben. Da ist das hier doch ein Witz. Du weißt, wie wichtig mir das ist, oder jedenfalls kannst du es dir denken. Du lässt mich nicht hängen. In meinem ganzen Leben hast du mich nie hängen lassen. Warum solltest du es ausgerechnet heute tun?

Aber so wie seine Mutter ihn ansieht, kommen ihm doch Zweifel. Also steht er auf, nimmt sie in den Arm und küsst sie.

»Mensch, Mama«, sagt er zärtlich, »nun muff doch nicht rum, nur weil ich dir vorher nichts gesagt hab. Ich wollte die Pferde nicht scheu machen, verstehst du? Wenn's nicht geklappt hätte, wäre ich irgendwie in deinen Augen der Loser gewesen. Wär auch nicht gut.«

Seine Mutter lächelt plötzlich. Sie streicht sanft mit den Fingerkuppen über sein Gesicht. Holt tief Luft. Seufzt. »Okay«, sagt sie, »wenn du versprichst, dass du das alles hinkriegst. Dass wir deswegen keinen Stress bekommen. Eigentlich bin ich ja richtig stolz auf dich, dass du das allein geschafft hast.«

Marvel breitet die Arme aus. »Ich liebe dich!«, ruft er. »Du bist super!«

»Liebe ist schön, Vertrauen ist besser«, sagt seine Mutter, während sie ihre Sachen für den Nachtdienst zusammenpackt. »Versprich es mir!«

Marvin hebt die Indianerhand zum Schwur. »Ich versprech's!« Und das meint er auch so.

Er kniet sich in die Matheaufgaben, aber nur genau so lange, bis seine Mutter zur Nachtschicht muss und die Wohnungstür hinter ihr zufällt.

Schon springt Marvel auf und wühlt aus seinem untersten Schrankfach, zwischen Socken und T-Shirts, eine Wodkaflasche hervor. Wodka macht keine Fahne. Er musste sich nicht mal groß bemühen, die Flasche zu verstecken, seit seine Mutter aufgegeben hat, sein Zimmer auch nur zu betreten. »Habt ihr etwa gedacht, die ist für euch? Irrtum, sagte der Hahn und stieg von der Ente.«

Die Flasche ist noch originalverpackt. Er hat sie extra für einen besonderen Anlass aufgehoben. Und wann wäre so ein besonderer Anlass, wenn nicht heute?

Pfeifend holt er sein Fahrrad aus dem Keller, verstaut die Flasche in seinem Rucksack und radelt zu Mauki. Er muss dafür um die halbe Alster radeln. Es ist ein lauer Abend, die ersten Cabrios feiern den Frühling. Auf den Alsterwiesen hocken junge Leute in Gruppen um einen Kasten Bier. Manche haben ihren Gettoblaster dabei und auch von den Ausflugsdampfern wehen Musikfetzen zu ihm herüber. Nicht ganz sein Musikgeschmack, aber macht nichts. Hamburg ist ganz klar in Partylaune. Und er auch! Ein Tag wie ein Filmanfang. So voller Verheißungen.

Er hat Lust, jetzt mit Mauki einen zu zwitschern. Er hat Lust, Maukis blöde Kommentare zu hören, wenn er ihm erzählt, was er im Studio erlebt hat. Die Geschichte mit der Stretchlimo muss unbedingt noch ein bisschen ausgeschmückt werden. War's vielleicht Heidi Klum von »Germany's next Topmodel«? Hat er vielleicht mit ihr geredet? Hat sie vielleicht die Sonnenbrille abgenommen, ihm in die Augen geguckt und gesagt: »You're so sweet! Give me your mobile number?« Oder war's die Tussi, die bei DSDS gewonnen hat? Wie hieß die noch gleich?

Und die Sache mit den Drehbuchautoren müssen Mauki, Bully und Jojo unbedingt hören.

Marvel strampelt den Fahrradweg entlang. Ein knallgelber Sightseeingbus mit stinkendem Dieselmotor brummt an ihm vorbei.

Mauki hat doch mal getönt, dass er später in Italien leben will, Wein saufen und Grappa, im eigenen Pool planschen und Drehbücher schreiben. Ha, ha. Das Containerbüro war ganz schön weit weg von italienischen Weinbergen und Villen mit Pool.

Aber wer weiß? Vielleicht können sie mal zusammen eine Ballermanntour machen. Sangria-Eimer, ein paar heiße Mädchen aufreißen, mit einem schönen kalten Bier am Strand in der Sonne liegen und abends Party, Party, Party! Am Geld soll's nicht scheitern. Das hat er bald.

Eine Mädchentruppe, die ihm schwatzend und kichernd entgegenkommt, teilt sich, um ihn durchzulassen.

»Hey«, ruft er, »danke!«

Sie haben es nicht einmal nötig, ihm zu antworten. Sie haben keine Ahnung, dass da eben der Star von morgen an ihnen vorbeigefahren ist. Später werden sie heiße Küsse auf seine Autogrammkarte drücken.

Er verschränkt die Arme vor der Brust. Und tritt in die Pedale.

Er wird erst Mauki aufscheuchen und dann werden sie zusammen Jojo abholen und zum Kanal fahren, zu ihrem Lieblingsplatz unter der Krugkoppelbrücke.

Aber Mauki ist gerade mit seiner Family im Aufbruch begriffen. Sein Vater hat Geburtstag und für sie alle ist irgendwo in einem Restaurant ein Tisch reserviert. Mauki kann unmöglich mit.

»Tut mir leid, Kumpel«, raunt Mauki, »aber du siehst: Es geht nicht. Was machst du mit dem angebrochenen Abend?«

»Lass das mal meine Sorge sein!« Marvel klopft vielsagend auf seinen Rucksack. »Mir fällt schon was ein.«

»Hey!« Maukis Augen werden groß. »Was ist da drin?«

»Wodka«, raunt Marvel. Er sagt es so leise, dass Maukis Eltern, die wartend neben dem Auto stehen, ihn nicht hören können.

»O Mann! Und den wollt ihr jetzt etwa ohne mich saufen?« Mauki reißt fassungslos die Augen noch weiter auf. Am liebsten würde er Marvel den Rucksack von den Schultern ziehen. Oder sich bei ihm auf den Gepäckträger setzen. Verzweifelt linst er zu seiner Familie hinüber. Marvel hat echt einen Treffer gelandet. Er zuckt bedauernd mit den Schultern, lacht, gratuliert Maukis Vater, winkt der restlichen Familie zu und steigt wieder in die Pedale.

Als er bei Jojo klingelt, bleibt alles still. Marvel flucht, wählt Jojos Handynummer, aber das Handy ist wieder mal nicht eingeschaltet. Jojo ist ein echter Handymuffel. Er hat immer Angst, dass ihn die Gespräche zu viel kosten, auch Gespräche, die er nur entgegennimmt. Deshalb stellt er es immer ganz ab. Was für ein Idiot.

Marvel schlurft zu seinem Fahrrad zurück. Es ist inzwischen fast neun Uhr abends und bereits dunkel. Auf den Straßen fahren keine Cabrios mehr und nur noch ein paar Rentner führen ihre Hunde um den Block. Keine Party.

Marvel spürt plötzlich eine ungeheure Enttäuschung, eine Leere in seinem Innern, die sich um seinen Magen zusammenkrampft.

Er ruft Bully an.

»Was liegt an?«, fragt Bully.

»Wodka«, sagt Marvel.

Pause. Bully räuspert sich, spricht leiser. »Wo bist du, Mann?«

Marvel erklärt es ihm.

»Mein Fahrrad hat einen Platten«, sagt Bully.

»Nimm den Bus«, rät Marvel.

»Weiß nicht«, sagt Bully, »wir schreiben morgen doch Mathe.«

»Scheiß auf Mathe«, sagt Marvel, »heute ist Frühlingsanfang.«

Marvel hört plötzlich die schrille, hohe Stimme von Bullys Mutter im Hintergrund. »Wo bleibst du denn?«

»Komm gleich!«, ruft Bully und zu Marvel sagt er: »Du, ich glaub, es geht heute nicht.«

»Was macht ihr denn?«, fragt Marvel.

»Familienabend«, sagt Bully. »Nur mein Dad, meine Mom und Emma.« Emma ist Bullys kleine Schwester.

Marvels Herz krampft sich zusammen. Er sieht dieses Bild vor sich: Sein Freund Bully inmitten der Familie um den runden Esstisch, über dem eine Lampe mit gelbem Schirm warmes Licht verbreitet.

»Dann viel Spaß«, knurrt er und legt auf.

Er könnte jetzt einfach zurück nach Hause fahren, die Wodkaflasche wieder verstecken und das Ganze auf später verschieben. Aber zu Hause wartet keiner auf ihn, keiner, der ihm zuhören würde, wie er Geschichten aus dem großen Leben der Filmstudios erzählt.

»Kein Schwein hört mir zu!« Wütend schlägt er auf das Lenkrad ein, als könne das etwas für seine miese Stimmung. »Keine Sau interessiert sich für mich!«

Okay, er könnte sich zu Hause vor die Glotze werfen. Aber auf Fernsehen hat er irgendwie keinen Bock.

Na ja. Er könnte auch einfach ins Bett gehen, ihm fehlen sowieso einige Mützen Schlaf. Er könnte sich die Decke über die Ohren ziehen und pennen, damit er morgen fit für die Mathearbeit ist.

Oder noch Mathe üben?

An so einem Abend? An dem Abend, an dem er und seine Mutter einen Darstellervertrag für eine Soap unterschrieben haben, die ab Herbst ausgestrahlt wird und wo er pro Drehtag 180 € kassiert? Diesen wichtigen Tag einfach so verpuffen lassen wie alle anderen öden, trostlosen Tage zuvor?

Das kann nicht sein Ernst sein.

Es ist zehn Uhr oder vielleicht elf und stockdunkel. Von seinem Platz unter der Brücke kann er eine Häuserzeile sehen, da ist noch fast jedes Fenster erleuchtet. Was die Leute alle so machen, abends um elf, in ihren Zimmern?

Er schraubt die Flasche wieder auf und setzt sie an die Lippen.

Das war die einzige Bewegung in der letzen Stunde: Flasche aufschrauben, Flasche an den Mund setzen, trinken, Flasche wieder zuschrauben. Es ist langweilig. Es ist so still.

Er trinkt lieber in Gesellschaft, mit lustigen Leuten wie Mauki und so, die immer mehr in Fahrt kommen, je mehr Alkohol sie intus haben. Und die echt geile Sprüche draufhaben, sodass man was zu lachen hat. Lachen befreit. Lachen tut gut, das lockert die Gesichtsmuskeln. Kein Mensch kann immer nur cool sein. Aber wenn die Typen ihn alle im Stich lassen …

Wie viele von denen da in den hell erleuchteten Zimmern wohl gerade heulen, weil sie ihren Job verloren haben oder weil es Zoff in der Familie gegeben hat?

Er trinkt und stellt sich vor, wie die Kinder in den Zimmern die Decke über den Kopf ziehen, damit sie nicht hören, wie sich im Nebenzimmer die Eltern ankeifen. Er kann praktisch hören, was die sich gegenseitig an den Kopf werfen, wie Glas zersplittert, Türen schlagen, ein Auto wegfährt. Er stellt sich vor, wie die Leute es sich vor dem Fernseher gemütlich gemacht haben und darauf warten, dass sie dort das bessere Leben serviert kriegen. Mehr Glück, mehr Frieden, mehr Abenteuer, mehr Action …

Bald tauch ich da auch auf, in eurem Wohnzimmer, denkt er. Trinkt. Wischt sich mit dem Handrücken über den Mund. Grinst. Eines Tages besuch ich euch alle zu Hause. Jetzt sitz ich noch hier unter der Brücke. Ihr seht mich nicht. Und wenn ihr mich sehen würdet, wär es euch egal. Aber bald kennt mich jedes Kind!

Er sitzt unter der Brücke, das Wasser schwappt träge gegen die feuchten Brückenpfeiler. Enten, den Kopf in den Federn, lassen sich auf dem trüben Wasser treiben. Sie schlafen schon. Vielleicht auch nicht. Vielleicht haben sie ein Auge halb geöffnet und gucken ihm zu, diesem Typen mit seiner Wodkaflasche, der da auf dem Stein hockt und trinkt und redet. Als wäre jemand da, als höre ihm jemand zu.

Er trinkt, schwenkt dann die Flasche wie einen Preis, wie einen Fernsehpreis.

»Danke! Ich danke euch allen! Und ganz besonders dir, Mom!«

Bei dieser Vorstellung rollen Marvel Tränen über das Gesicht.

Diese Leute im Studio, denkt er, waren gut. Dieser Hotte war gut, die Regisseurin war gut, der Kameramann. Was hat der noch gesagt über seine Bildschirmpräsenz? Niemand hat ja wirklich gewusst, wer er eigentlich ist und was aus einem wie mir werden kann, wenn man ihm eine faire Chance gibt.

Ha! Wenn sein Vater das wüsste, dass er mit Leuten wie Horst Burckhardt über so etwas wie einen richtig seriösen Vertrag diskutiert hat! Wenn sein Vater wüsste, wie sie ihm da draußen im Studio den roten Teppich ausgerollt haben. Mann, die haben ihm die ganze Produktionsstätte gezeigt. Hätten sie nicht machen müssen.

Kann sein, dass ich einen guten Eindruck auf die gemacht habe.

Praktisch auf du und du mit der Regisseurin, so sieht's aus! Praktisch schon nominiert für den New Faces Award!

Ja, Papa, wenn du dich nicht aus dem Staub gemacht hättest, wenn du deine Familie nicht zum Teufel gejagt hättest, um irgend so einer neuen Tussi, wie heißt sie noch … Karin? Carmen? Karen? Ach, egal, ein Kind zu machen, dann hättest du jetzt was, auf das du richtig stolz sein könntest!

Dein Sohn Marvin! Auf den du scheißt.

Dein fünfzehnjähriger Sohn hat ein Casting gewonnen! Gegen dreißig, was sag ich, gegen vierzig gute Leute, die alle diesen Job wollten, die alle diese Rolle haben wollten, aber ICH HAB SIE GEKRIEGT!

Und eins schwör ich dir, Papa: Ich werde gut sein. Ich werde so gut sein, dass dir die Augen tränen, wenn du mich im Fernsehen siehst. Und wenn deine blöde neue Tussi mit dem Baby auf dem Arm plötzlich im Wohnzimmer steht und du wie gebannt auf den Bildschirm starrt und sie fragt: Wer ist denn dieser außergewöhnliche Junge?

Ja, Papa. Und was sagst du dann?

Das ist mein Sohn, den ich nicht mehr kenne und mit dem ich leider keinen Kontakt mehr habe? Mein Sohn, den ich verlassen habe? Den ich aus dem Haus gejagt habe, zusammen mit seiner Mutter, die mich nicht mehr interessiert hat? Und die jetzt einen Scheißjob im Krankenhaus durchziehen muss, weil ich nicht genug Geld an meine alte Familie überweise?

Sagst du ihr das?

Ja? Kriegst du das hin? Oder bist du auch dazu zu feige, wie du zu feige warst, mir zu sagen, worum es eigentlich ging. Was eigentlich los war mit dir und Mama – und mit mir. Was dir an mir nicht gepasst hat, was du so scheiße fandest, dass du meintest, mich genauso entsorgen zu müssen, wie du Mama entsorgt hast? Ja?

Papa! Hör mir zu, verdammt!

Bleib hier!

Geh nicht weg!

Ich rede mit dir!

Hörst du? Ich bin nur hierhergekommen, weil ich in Ruhe mit dir reden will. Damit Mama uns nicht hört.

Und die Wodkaflasche hier, die hab ich selbst bezahlt. Verstehst du? Dieses Zeug hab ich von meinem Geld gekauft. Ich leg Mama nicht rein, so wie du sie reingelegt hast.

Was bist du für ein Versager! Was bist du für eine Null!

Dein Sohn ist neben dir aufgewachsen und du hast das gar nicht bemerkt, was? Wo hast du eigentlich hingeguckt, wenn du mir abends Gute Nacht gesagt hast?

Hast du mich je etwas gefragt? Hat dich je irgendetwas aus meinem Leben interessiert?

Ich kann mich verdammt noch mal an keine Frage erinnern. Ich kann mich verdammt noch mal nicht erinnern, dass du mir je gesagt hast, dass du mich liebst und dass du tagsüber, als du unterwegs warst, Sehnsucht nach mir hattest.

Du bist so ein Scheißvater gewesen.

Hörst du? Ich kann noch lauter.

EIN SCHEISSVATER!!!

Ha. Ja.

Das tut gut.

Das wollte ich dir immer schon mal sagen.

Schade, dass diese Flasche schon halb leer ist.

Und schade, dass du nicht da bist. Nicht hier bei mir, unter der Brücke, wo ich sitze.

Mein Hintern ist nass. Hat es irgendwann geregnet? Wieso hab ich das nicht mitgekriegt?

Macht nichts. Scheißhosen, Scheißhintern, Scheißregen. Spielt alles keine Rolle.

Ich hab heute einen Vertrag unterschrieben. Und ich sage dir eins, Papa, irgendwann scheiß ich auf dein Geld. Irgendwann ist es mir so was von gottverdammt egal, ob du am Monatsanfang pünktlich den Unterhalt für Mama und mich überweist oder nicht.

Denn dann verdiene ich die Kohle!

Ich kauf Mama Klamotten, ich kauf ihr Schmuck. Ein neues Auto.

Scheiß drauf. Sie kriegt alles, was sie von dir nicht gekriegt hat.

O Gott, wie heißt dieses Baby, das du jetzt auf dem Arm herumträgst? Ein Mädchen, ja? Ist sie deine kleine Prinzessin?

Wie ich die Männer hasse, die ihre Töchter Prinzessin nennen!

Verdammt, ich kann nicht sehen, wie spät es ist. Ich muss nach Hause. Wir schreiben morgen eine Mathearbeit.

Mama hat Nachtdienst. Weißt du eigentlich, du Scheißehemann, wie deine Exfrau sich abrackert, um unser Leben zu finanzieren?

Weißt du das?

Und kannst du mir mal sagen, wieso Oma und Opa bis zum Tod zusammen waren und du es nicht mal vierzehn Jahre mit Mama ausgehalten hast?

Egal. Spielt keine Rolle, echt. Geht mir am Arsch vorbei. Mach, was du willst.

Ab jetzt wird alles anders.

Alles.

Papa.

Hörst du?

ALLES WIRD ANDERS!

Verdammt, warum kannst du nicht einmal sagen, dass du mir zuhörst? Wieso hast du mir nie zugehört? Wieso hat dich nie interessiert, was ich mal machen will, was ich mal werden will, was für Träume ich habe, was für Pläne?

Du scheißt auf mich. Okay. Verstanden. Danke.

Ich muss hier weg.

Ich muss nach Hause.

Wo ist mein Bett?

Ich muss schlafen.

Ich bin fertig. Alle. Kaputt.

O scheiße, ist mir schlecht.

Kann mir mal einer hier hochhelfen? Das ist so glitschig hier.

In Hamburg regnet es zu viel.

Wird Zeit, dass der Klimawandel kommt und wir hier endlich Palmen pflanzen können.

Oh, scheiße, jetzt ist die Flasche ins Wasser gerollt.

Hey, wer seid ihr denn? Habt ihr noch was zu trinken für mich …?

6

Hamburg, ein halbes Jahr später.

Es ist November, von der Nordsee wälzt sich ein Tiefdruckgebiet nach dem anderen mit Hagel und Sturm über die norddeutsche Tiefebene hinweg. Bei klarem Himmel gibt es nachts manchmal schon Frost, die Blätter fallen, das nasse Laub verstopft die Gullys. Wer nicht mit einem großen Satz aus dem Bus auf den Bürgersteig springt, kriegt automatisch nasse Füße. Die Tage werden grauer und kürzer, die Nächte scheinen gar nicht mehr aufzuhören. Die Menschen joggen nicht mehr um die Alster oder am Elbufer entlang, sondern hocken vor der Glotze. Die Segelboote sind vertäut, die schönen Ruderboote aus Teakholz längst im Trockendock, der Schwanenvater hat seine Tiere ins Winterquartier gebracht und da stehen sie nun dicht an dicht, auf einem Bein, den Kopf in die Rückenfedern gekuschelt, und schauen trübsinnig vor sich hin.

Der November ist der perfekte Monat, um eine neue Fernsehserie zu starten, zum Beispiel: *Coole Zeiten, die neue Soap von ProFive.*

Nicht versäumen!

Die Presse ist groß eingestiegen. In jeder Zeitung Interviews mit den beiden Hauptdarstellern. Die Fernsehzeitschriften haben entweder Ronja aufs Cover genommen oder Franziska, ihre Filmmutter. ProFive hat seit Wochen schon Trailer geschaltet, um die neue Serie auf dem eigenen Sender zu bewerben. Kurze Szenenschnipsel aus einigen Folgen. Leider ist Marvel in diesen Trailern nie zu sehen gewesen. Auch auf den großen

Plakaten haben sie ihn verschwiegen. Seine Rolle ist eben zu klein.

Dann gibt es noch diese doppelseitigen Anzeigen in allen Tageszeitungen, BILD folgt Ronja auf Schritt und Tritt, berichtet über ihren neuen Lover, ein Fotomodell mit dem Gesicht eines Vorschlaghammers, oder verlost Gewinne an alle Leser, die wissen, dass der Titel der neuen Soap bei ProFive »Coole Zeiten« heißt.

Eine riesen PR-Maschine ist in Gang gesetzt worden, um dieses Produkt zu vermarkten, und Marvel steht staunend daneben. Was er im Studio erlebt hat, war schon spannend genug, aber nichts gegen das, was jetzt im Medienzirkus Deutschland passiert.

Der Hauptdarsteller wird zu »Wetten, dass …?« eingeladen, die Regisseurin sitzt beim »Kölner Treff« in der Talkshow und Ronja darf für BUNTE ihren Kleiderschrank öffnen und rauschende Abendkleider vorführen, als ginge es direkt zur Oscarverleihung nach Hollywood.

Ihn haben sie da rausgehalten. Marvel ist noch Schüler und seine Rolle war nicht groß genug. Aber sie haben die erste Folge so umgeschnitten, dass er bei der »Weltpremiere« – so kündigen die das bei ProFive großmäulig an – schon einen kleinen Auftritt hat: Er steht mit einem Kumpel an der Currywurstbude, und als er bezahlen will, stellt er fest, dass man ihm sein Geld geklaut hat.

Und deshalb hat Marvels Mutter beschlossen, am Freitag, wenn die erste Folge um 19.30 Uhr ausgestrahlt wird, eine kleine Party zu geben. So eine Art Premierenfeier.

Sie hat dafür extra einen Flatscreen gekauft, einen sündteuren. Aber seine Mutter hat gesagt, wenn sie ihren Sohn im Fernsehen sehen kann, dann bitte auch auf einem perfekten Bildschirm. Der Flatscreen ist cool.

»Wertet die ganze Bude auf«, hat Marvel erklärt.

»Bude?« Seine Mutter war empört. »Für dich ist diese schöne Wohnung nur eine BUDE? Diese drei Zimmer sind unser Zuhause!«

Marvel hat das so durchgehen lassen, ohne Kommentar. Aber unter »Zuhause« versteht er irgendwie was anderes. Aber das ist schwierig zu erklären. Zu schwierig.

Es soll Prosecco, Bier, Wein, Wasser, Cola und ein italienisches Antipastibüfett geben, woran seine Mutter zwei Nachmittage lang gebastelt hat.

Seine Mutter hat vorgeschlagen, er solle auch ein paar Leute vom Filmteam einladen, damit sie die auch mal kennenlernt. Marvel hat nur abgewinkt. Die hätten alle ihre eigene Party.

Marvel hätte natürlich Ronja gern eingeladen. Das wär ein echter Scoop. Aber ihm ist klar, dass sie sowieso abgesagt hätte. Aus der Zeitung hat er ja erfahren, dass Ronja mit diesem Vorschlaghammer liiert ist. Einer von diesen Quadratunterkiefer-Waschbrettbauch-Typen, die für Unterwäsche und Rasierwasser Reklame machen und immer mit diesem »Mach-mich-nicht-an-ich-bin-ein-Macho«-Blick in die Kamera stieren. Eigentlich hätte Marvel Ronja einen intelligenteren Geschmack zugetraut. Aber na ja.

Marvel ist in der Nacht vor der Premiere mehrfach schweißgebadet aufgewacht. Wenn die Leute ihn nun ätzend finden? Oder schlimmer noch, wenn sie ihn superpeinlich finden? Mauki, Jojo, Bully, Onkel Herbie und die gesamte Schule? Oder wenn morgen in der Zeitung steht, dass er eine komplette Fehlbesetzung ist? Dass man sich für diese Rolle einen richtig guten Schauspieler gewünscht hätte? Was dann?

Die ganze Stadt ist jedenfalls seit Wochen zuplakatiert mit diesem Kussfoto von den beiden Hauptdarstellern Jule und ihrem Love-Interest Julian. Im Hintergrund als Fotomontage die Hafensilhouette und die Speicherstadt mit Sonnenuntergang. Und darüber, groß: *Coole Zeiten*.

In der Schule ist es noch kein großes Thema, dass er unter die Schauspieler gegangen ist. Außer seinen Freunden, seinen Lehrern und der Direktion weiß kaum einer davon. Huberti hat ihn darum gebeten, »den Ball flach zu halten«. Er will keine Unruhe in der Klasse, und vor allem will Huberti vermeiden, dass von Marvels Alleingang so eine Art »Initialzündung« ausgeht, die einen »Paradigmenwechsel« auslösen könnte. Huberti spricht gern so abgehoben. Wahrscheinlich erwartet er, dass die Schüler solche Fremdworte bei Wikipedia googeln, um sie dann später stolz selbst verwenden zu können. Marvel hat das tatsächlich getan, insofern ist er ein gelehriger Schüler.

Wenn Marvel mit dem Bus durch Hamburg fährt, sieht er überall diese ProFive-Plakate. Und Jojo, der am Wochenende bei seiner Schwester in Berlin war, erzählt, man habe sogar auf dem Potsdamer Platz, am Sony Center, eine Leuchtreklame installiert.

»Schade, dass sie dich nicht plakatiert haben«, grinst Jojo, »dann wärest du jetzt berühmter als unser Bundespräsident.«

»Äh – wie heißt der gleich noch mal?«

Insgesamt hatte Marvel in der ersten Staffel 22 Drehtage. Biggi hat ihm versprochen, dass die Autoren ihn in der nächsten Staffel nicht rausschreiben werden. Sie hat gesagt, sie glaube an ihn!

Er bleibt auf jeden Fall drin und Ronja sowieso.

Es läuft also alles bestens?

Na ja. Nicht alles.

In der Schule könnte es besser laufen, das weiß er und das ärgert ihn.

Gleich die erste Mathearbeit – damals, am Tag nach der Vertragsunterzeichnung – hat er komplett in den Sand gesetzt: eine glatte Sechs. So was hat es in seiner Schulkarriere noch nicht gegeben gehabt. Ein Tiefschlag, von dem er sich nur mühsam erholte.

Das lag aber am Wodka. Wodka und logisches Denken vertragen sich irgendwie nicht. Und eigentlich waren Bully, Mauki und Jojo schuld, weil sie ihn an diesem Jubeltag allein gelassen haben.

Wie er in der Nacht nach Haue gekommen ist, weiß er nicht mehr. Zum ersten Mal in seinem Leben hatte er einen richtigen Blackout. Jetzt weiß er jedenfalls, was in den Krimis gemeint ist, wenn sie von Filmriss oder Blackout sprechen. »Selbst wenn ich jemanden zusammengeschlagen hätte«, hat Marvel zu Jojo gesagt, »wüsste ich das nicht mehr. Muss ich jetzt Angst vor mir haben?«

Der Morgen nach der Sauferei war die reinste Folter. Wie auf dieser High-Speed-Achterbahn, die sich SPINNING COASTER nennt, wo man sich ständig um die eigene Achse dreht. Noch nie hat sich ihm der Mageninhalt so die Speiseröhre wieder hoch und in die Mundhöhle gedrängt wie nach dieser halben Flasche Wodka. Er konnte von Glück sagen, dass ihm die Flasche entglitten und ins Wasser gerollt war. Der Rest hätte ihn sonst komplett ausgeknockt. Er hätte unbedingt im Bett bleiben müssen, es ging ihm saudreckig. Aber das ging zurzeit gar nicht. Wenn seine Mutter was merkte, war's aus mit der Schauspielerei.

Wahrscheinlich hatte er beim Aufwachen immer noch mehr Alkohol als Blutkörperchen in den Adern. Mindestens zwei Promille. Wer kann mit zwei Promille und mehr in der Birne wohl eine astreine Mathearbeit schreiben? Wer? Marvel jedenfalls nicht. Er schaffte ganze zwei von zwanzig Punkten.

Während der Mathearbeit musste er zweimal aufs Klo. Er kann sich nicht erinnern, wann er zuletzt so viel gekotzt hat. Und wie eklig das war, mit dem kratzigen Klopapier den gallig gelben Schleim aufzuwischen. Gegessen hatte er ja nicht viel, sonst hätte die Kotze mehr Substanz gehabt. Das verdammte Klopapier hatte die Saugfähigkeit einer Qualle.

Und das Blöde war auch, dass er dieses Leid nicht mit seinen Kumpels teilen konnte. Geteilter Schmerz ist halber Schmerz. Mauki hätte ein paar Witze drüber gerissen und Jojo hätte eine detaillierte Schilderung seiner Gefühle bei totaler Trunkenheit abgegeben. Sie hätten was zu lachen gehabt und sich gegenseitig wieder aufgerichtet, wie das manchmal schon geschehen war. Erst groß Party machen und hinterher ablachen. Aber so? Nur das Elend eines einsam Besoffenen. An jenem Morgen auf dem Schulklo dachte er in einem seltenen Moment der Klarheit: Eigentlich bin ich dafür zu jung.

Bei der nächsten Arbeit jedenfalls hat er vorher keinen Tropfen Alkohol angerührt, sich auf den Hosenboden gesetzt und die Sechs wieder ausgebügelt: eine glatte Drei.

So auf und ab ging es in den meisten Fächern. Immer wenn er in einem Fach absackt, büffelt er auch schon mal eine Nacht lang durch für die nächste Arbeit. Und irgendwie hat das immer geklappt.

Jetzt steht er in allen Fächern zwischen 3 und 4, also keine Panik, dass er etwa nicht versetzt wird oder einen blauen Brief bekommt. Alles in ruhigen Gewässern. Wenn er sich auch steigern muss, um im Abi-Zeugnis einen Notendurchschnitt hinzulegen, der ihm den Weg an die Uni erlaubt. Allerdings hat er noch keine Ahnung, was er studieren will. Falls überhaupt.

Er ist auf jeden Fall froh, dass die erste Staffel im Kasten ist und nun endlich ausgestrahlt wird. So kehrt erst mal wieder Ruhe ein in seinen Schulalltag. Die Lehrer können sich beruhigen und aus dem Direktorat kommen keine warnenden Mahnungen mehr.

Zur Premierenparty erscheinen Mauki und Bully wie immer in ihren schlurfigen Klamotten, aber Jojo hat ein weißes Hemd und ein Sakko an, das nicht aussieht wie die obere Hälfte vom Konfirmationsanzug, aus dem er rausgewachsen ist. Irgendwie richtig cool. Marvel kennt das Teil gar nicht.

Jojo hat für Marvels Mutter auch Blumen dabei, einen Strauß lila Herbstastern.

Marvels Mutter ist entzückt. »Ihr werdet ja richtige Kavaliere!«, sagt sie und küsst Jojo auf die Wange. Jojo wird feuerrot und die anderen tun, als wäre nichts. Das können sie am besten.

Es ist noch eine halbe Stunde bis zur Ausstrahlung und Marvel legt Musik auf, um die Stimmung zu lockern.

Die älteren Nachbarn haben im Wohnzimmer schon die besten Plätze belegt. Marvels Kumpel lungern etwas verlegen auf dem Flur rum. Marvel verteilt eine Runde Pils. Als Jojo seinen Flaschenöffner aus der Hosentasche zieht und dann die Flasche an die Lippen setzen will, sagt Marvels Mutter, die sich mit allem so viel Mühe gegeben hat: »Wir haben doch Gläser! Marvin, zeig deinen Freunden bitte, wo die Gläser stehen.«

»Auf dem Tisch«, sagt Marvel.

Aber Jojo, Mauki und Bully trinken ihr Bier seit Jahren aus der Flasche. Irgendwie finden sie, dass es aus Gläsern anders schmeckt, nicht mehr so frisch, so prickelnd. Irgendwie peinlich und spießig.

»Lass die Gläser man stehen«, sagt Jojo, als Mauki sich auf den Weg machen will. »Aus dem Glas schmeckt Bier, als wärst du plötzlich um Jahre gealtert. Wenn ihr versteht, was ich meine.«

Die anderen nicken bedächtig, Jojo spricht ihnen aus der Seele.

Marvel mustert seine Mutter, die hektisch zwischen Küche, Esszimmer und Wohnzimmer hin- und hereilt und dabei jedes Mal wenn sie durch den Flur kommt, Marvels Freunden ein Lächeln schenkt. Er findet, dass seine Mutter an diesem Tag endlich mal wieder richtig klasse aussieht. Sie hat einen neuen Haarschnitt und in dem neuen Kleid und den hochhackigen Riemchensandaletten könnte sie sofort in der nächsten Soap mitspielen.

Offenbar meint das auch ein gewisser DocMike, der seiner Mutter wie ein Schatten folgt, als habe er Angst, sie könne sich in Luft auflösen, wenn er mal eine Sekunde nicht in ihrer Nähe ist. Er folgt Babsi Keller von der Küche durch den Flur ins Wohnzimmer und bietet immerzu seine Hilfe an, obgleich es nichts mehr zu helfen gibt, denn das Büfett war schon vor Stunden aufgebaut, die Teller gestapelt, die Servietten gefaltet, das Besteck bereitgelegt.

»Sobald es losgeht«, hat Marvels Mutter gesagt, »will ich mich um nichts mehr kümmern müssen. Dann will ich nur noch still dasitzen und mich freuen.«

Sie glaubt an ihren Sohn. Marvel dagegen spürt vor Lampenfieber eine leichte Übelkeit im Magen, lächelt aber tapfer zurück, wenn DocMike ihn anstrahlt.

Marvel weiß, dass DocMike vorher in der Pathologie gearbeitet hat. Pathologen kennt Marvel aus Krimiserien und findet nicht gerade prickelnd, was sie machen. Marvel begreift nicht, wie man sich freiwillig für so eine Abteilung melden kann, und noch weniger begreift er seine Mutter, was ihr Intimleben betrifft. Marvin ist aber trotzdem froh, dass er als Bezugsperson in den Hintergrund getreten ist.

Er war ja so gut wie nie zu Hause und hat nicht mitbekommen, was da läuft. Er weiß nur, dass DocMike seine Mutter zweimal ins Konzert eingeladen hat. Und offenbar ist sogar etwas wie ein gemeinsames Wochenende geplant. Goldener Herbst in Südtirol. Seine Mutter ist rot geworden, als sie es Marvel gestanden hat.

Immer mal wieder klingelt es, Marvels Mutter reißt die Tür auf und begrüßt die Neuankömmlinge mit lautem Hallo. Marvels Freunde treten verlegen von einem Fuß auf den anderen – Spielbein, Standbein –, wenn sie die Nachbarn oder die Kollegen von Marvels Mutter begrüßen. Jojo macht jedes Mal formvollendet einen Diener und windet dabei sein rechtes *Chickenleg* um das linke *Chickenleg*, was richtig akrobatisch aussieht, und die Leute lächeln ihm besonders freundlich zu. Offenbar sammelt man mit so was Punkte.

Marvel nimmt sich vor, beim nächsten Klingeln auch mal die Tür zu öffnen und es mit einem Diener zu versuchen. Aber als es dann klingelt, steht Miranda auf der Matte und daneben ihre Eltern María und Carlos Hernandez.

Miranda trägt zu ihrer Supermähne und ihrem berühmten scheuen Lächeln ein neongrünes Kleid. Sie hat ein Geschenk für Marvel dabei: Großformat, in rotes Lackpapier eingeschlagen. Das findet Marvel besonders peinlich. Hätte es nicht irgendeine andere Farbe sein können als ausgerechnet rot? Seine Kumpels stehen im Flur – Spielbein, Standbein –, trinken Bier aus der Flasche und tun so, als sähen sie nichts.

Mirandas Mutter drückt Marvel an ihren großen Busen, der nach einem Blümchenparfum duftet, und Mirandas Vater schlägt ihm krachend seine Pranke auf die Schulter. Mirandas Vater arbeitet auf dem spanischen Konsulat in der Security-Abteilung.

»Amigo«, dröhnt er, »wir sind alle sehr stolz auf dich!«

Miranda zupft Marvel am Ärmel und deutet auf das Geschenk, das Marvel erst mal auf dem Garderobentisch entsorgt hat. »Du kannst ruhig sagen, wenn es dir nicht gefällt. Ich bin nicht beleidigt. Ich dachte nur, es macht dir vielleicht Spaß.«

Marvel wollte das Auspacken eigentlich auf einen diskreteren Moment verschieben, aber ihm wird klar, dass es jetzt sein muss. So linkisch, als habe er noch nie ein liebevoll verpacktes Geschenk bekommen, zieht er die Schleife auf, löst den Tesafilm, um das schöne Lackpapier, das sicher ein Vermögen gekostet hat, nicht zu beschädigen – natürlich reißt es trotzdem –, alles in Zeitlupentempo. Seine Freunde lassen sich inzwischen das Bier durch die Kehle laufen.

»Macht doch nichts, wenn das Papier kaputtgeht«, sagt Miranda, »kann man eh nicht wieder benutzen.«

Jojo tritt hinter Marvel und streckt die Hand vor. »Gib her, ich entsorg das. Ich weiß ja, wo bei euch der Papierkorb ist.«

Miranda schaut Jojo an. »Das weiß ich auch«, sagt sie. »Ich kenn mich hier aus.«

Marvel hört in ihrer Stimme einen gewissen Stolz oder Trotz und fragt sich: Was will sie jetzt damit sagen? Dass sie meine Freundin ist?

Es ist was Selbstgemachtes. Ein Buch mit einem Leinenumschlag, wie man sie im Internet bestellen kann, und einem Titel auf dem Cover: *Marvin – Coole Zeiten.* Jojo muss husten. Und Mauki verschluckt sich.

Marvel blättert tapfer in dem Buch. Es ist voller Setfotos von *Coole Zeiten,* die Miranda aus dem Internet heruntergeladen hat, mit Interviews und Presseartikeln, mit einer kompletten Besetzungsliste und dem Drehstab und allem, aber auch wirklich allem, was Miranda über die neue Soap zusammentragen konnte.

Sie muss Wochen dafür gebraucht haben, denkt Marvel. Er

weiß nicht, was er sagen soll. Es ist nett. Aber auch total peinlich. Miranda strahlt, während Marvels Kumpel sich höflich über dieses alberne Album beugen.

»Da! Von dir ist auch ein Foto drin«, sagt Miranda.

Das macht Marvel neugierig, denn er hat auch alle Artikel durchgefieselt, aber kein Foto gefunden. Das hat ihn schon ein bisschen enttäuscht, denn immerhin hatte er 22 Drehtage, und seine Rolle, wenn jetzt auch noch klein, soll doch mal wichtig werden! Irgendwann soll er Ronjas Lover werden! Obwohl sie Halbgeschwister sind! Crazy ...

Miranda nimmt ihm den Bildband aus der Hand und blättert. Dann schlägt sie eine Doppelseite auf und hält sie strahlend hoch. »Hier!«

»Cool«, sagt Mauki. »Zeig mal her.« Er nimmt Miranda das Buch aus der Hand. Studiert das Foto. Strahlt Marvel an. »Geil. Du mit Foto im Internet. Das ist dein Durchbruch.«

Marvel legt Miranda die Hand auf die Schulter. »Danke.«

Miranda stellt sich auf die Zehenspitzen – sie ist einen Kopf kleiner als Marvel – und küsst ihn auf die Backe. »Da nicht für«, sagt sie, »hat Spaß gemacht. Ich will übrigens einen Fanklub für dich gründen, online. Mal sehen, wie das klappt.«

Marvel starrt Miranda an. Sie glüht richtig vor Begeisterung. »So was machst du?«, fragt er verblüfft.

»Klar, das ist doch irre, wenn man jemanden so gut kennt und der ist plötzlich beim Film. Aber wenn man berühmt werden will, muss man auch was dafür tun. Deshalb der Fanklub!«

»Hey, ich weiß doch gar nicht, ob ich berühmt werden will.«

»Natürlich willst du das. Alle Schauspieler wollen das.«

»Ach ja? Und wieso?«

»Weil alle, die Schauspieler werden, ein Problem mit ihrem Ego haben.«

Marvel grinst. Das geht ihm jetzt ein bisschen zu weit. »Ein

Problem mit ihrem Ego? Du meinst also, ich hab ein Problem mit meinem Ego?«

Miranda lächelt ihn nur an, als wisse er das selbst doch viel besser. »Du stehst übrigens auf der Besetzungsliste an neunter Stelle«, erklärt sie. »Darf ich?« Sie nimmt den Jungs das Album wieder aus der Hand und blättert eine Seite auf. »Hier, da stehst du. Max – gespielt von Marvin Keller.« Sie zeigt Marvel die Seite.

Marvel sieht, dass sie hinter seinen Namen ein kleines rotes Herz gemalt hat. Gut, dass seine Mutter in diesem Augenblick in die Hände klatscht und ruft: »Es geht gleich los!«

Alle stürmen ins Wohnzimmer und augenblicklich herrscht eine erwartungsvolle Stille im Raum. Miranda steht neben Marvel, verstohlen schiebt sie ihre Hand in seine. Sie hat kleine Hände, merkt Marvel.

»Schickes Kleid«, murmelt er, obgleich er das Gegenteil meint. Aber seine Mutter hat ja gesagt, er soll immer nett zu den Nachbarn sein.

»Danke«, flüstert Miranda, »hat meine Tante genäht.« Sie sieht richtig glücklich aus.

Die Szene, in der er schließlich gegen Ende der ersten Folge auftaucht, ist die Szene an der Currywurstbude. Das ist natürlich keine richtige Currywurstbude gewesen, sondern nur eine Kulisse. Das Sonnenlicht ist auch kein echtes Licht, sondern kommt von den Scheinwerfern.

Aber jedenfalls ist es die Szene, wo er zum Bezahlen ganz cool seine Geldbörse aus der rechten Gesäßtasche ziehen will, stutzt, an sich hinunterschaut, die andere Gesäßtasche abklopft, dann die Jackentaschen, vorne rechts und links, wie er seine Jacke auszieht, umstülpt, immer mit diesem Grinsen, das immer mehr in Fassungslosigkeit übergeht – das muss man erst mal spielen können! –, bis der Wurstbudenbesitzer, dem langsam die Geduld reißt, schließlich giftet: »Na, kein Geld dabei?«, so als wolle er sagen: Euch Schlawiner kenn ich doch.

Und dann musste Marvel eben die Ratlosigkeit mimen, die komplette ehrliche Überraschung. Er musste superehrlich rüberkommen, als er sagte: »Die Schweine haben mich beklaut!« Und der Currywurstbudenbesitzer konterte: »Ach ja? Ich weiß, dass Schweine Allesfresser sind, aber dass sie Euros fressen, hab ich noch nie gehört.«

Wenn man ganz ehrlich ist, dann war das mehr eine Szene für den Currywurstbudenbesitzer als für ihn, Marvel, in der Rolle des Max. Andererseits musste er mehr Reaktionen zeigen, mehr spielen. Jedenfalls hat Biggi ihm das erklärt. »Das ist deine allererste Szene im Film«, hat sie gesagt, »und es gibt Zuschauer, die entscheiden in den ersten drei Sekunden, ob sie diesen Typen leiden können oder nicht. Das ist deine Chance, Marvel!«

Und er hat sie genutzt! Jedenfalls kommt es ihm an diesem Abend so vor. Alle applaudieren spontan und rufen Bravo!

Seine Mutter umarmt ihn und Mirandas Vater schlägt ihm noch mal auf die gleiche Stelle, wo er jetzt wahrscheinlich einen blauen Fleck hat.

Bully & Co sind sowieso begeistert.

»Cool, Mann, echt!«, sagt Bully und lässt seine Bierflasche gegen Marvels Bierflasche klingeln.

»Bin gespannt, wie's weitergeht«, sagt Jojo.

Und Mauki klatscht ihn ab. »Gimme five.«

Sie finden Ronja sexy und wollen wissen, was da zwischen ihm und ihr in den nächsten Folgen so läuft. Doch Marvin ist ganz Profi und verrät nichts. Seine Kumpel reden eigentlich mehr über Ronja als über ihn, aber das macht nichts. Sie wollen alles Mögliche über Ronja wissen. Da ist Miranda das beste Auskunftsbüro, denn sie hat alles gelesen, wirklich alles, was mit der Serie zu tun hat.

Miranda ist allerdings die Einzige, die Ronja nicht so toll findet. »Ich versteh nicht, was ihr an der so sexy findet«, sagt sie.

Bully & Co grinsen. Frauen verstehen so was nie.

»Die hat zwar eine Superfigur, das muss ich zugeben, aber die ist doch riesig!«, erklärt Miranda, die ja selbst ziemlich klein ist. »Die guckt doch auf alle Männer runter. Findet ihr das gut?«

Bully & Co zucken mit den Schultern. Darüber haben sie noch nicht nachgedacht. Ist auch egal. Jetzt wird das Buffet geplündert. Und danach, das ist längst beschlossen, gibt Marvel einen aus. Sie wollen es richtig krachen lassen. Von einem guten Schuppen zum anderen wollen sie ziehen und Marvel wird zahlen. Das war schon von Anfang an so besprochen und es ist Marvel egal, ob dabei ein oder zwei Hunderter draufgehen.

Miranda wird immer stiller, als sie merkt, dass Marvel und seine Jungs schon wie auf Kohlen sitzen und es gar nicht abwarten können, loszuziehen.

Marvel geht zu seiner Mutter, die gerade Anekdoten aus seiner Kindheit zum Besten gibt und die gesamte Gesellschaft damit unterhält. »Mama, wir sind dann jetzt weg!«

»Oh, hallo«, sagt DocMike, »ihr habt noch was vor.«

Marvel nickt. DocMike mag ja ein netter Typ sein, aber er findet nicht, dass er ihm irgendeine Erklärung schuldet.

Marvels Mutter lächelt. Sie hat hektische rote Flecken im Gesicht und ihre Augen funkeln wie lange nicht mehr. Sie legt Marvel die Hände um den Hals und küsst ihn. Vor DocMike. Das findet Marvel grenzwertig, aber er hält still.

»Viel Spaß«, sagt seine Mutter.

»Danke, haben wir«, brummt Marvel, dem das alles hier schon viel zu lange dauert.

Bully & Co lungern bereits an der Wohnungstür rum. Miranda kommt aus dem Bad, ihre Lippen glänzen himbeerrot. Sie tänzelt ihnen entgegen.

»Macht nicht so lange«, mahnt seine Mutter. »Sonst kommst du morgen nicht aus dem Bett.«

»Bett ist doch gemütlich«, entgegnet Marvel fröhlich.

»Und kein Alkohol mehr! Das war jetzt genug Bier.«

Marvel sagt nichts. Zu so was sagt er prinzipiell nichts. Wenn seine Mutter mit so einem gut gemeinten Spruch kommt, schweigt er sich aus.

»Na ja«, erklärt DocMike jovial, »ein Pils passt schon noch rein, was?« Er blinzelt Marvel zu.

Marvel blinzelt nicht zurück.

Seine Mutter wirft ihrem neuen Freund einen strafenden Blick zu. »Was soll das jetzt? Die Jungen noch zum Trinken anstiften!«

»Ich stifte doch niemanden an.« DocMike grinst. »Ich erinnere mich nur, wie das bei uns früher war.«

Das will sich Marvel merken. Vielleicht ist DocMike doch ein ganz brauchbarer Typ. Er tätschelt seiner Mutter kurz die Schulter und sagt: »Ich hab alles im Griff, Mama, keine Angst.«

»Siehst du. Dein Sohn hat alles im Griff«, wiederholt DocMike und umarmt seine Mutter, als sie die Augen verdreht. »Das sind doch schon richtige Kerle.«

»Ich pass schon auf«, erklärt da Miranda, die plötzlich neben Marvel steht. Und lächelt.

Und dann sagt Marvels Mutter genau das, worauf Miranda wahrscheinlich spekuliert hat und wovor Marvel sich die ganze Zeit gefürchtet hat: »Ach so! Wie schön! Ihr nehmt Miranda mit!«

Eigentlich ist davon keine Rede gewesen. Eigentlich wollen sie als Jungstruppe los, mal gucken, was so abgeht, und Jungssprüche ablassen und so weiter.

Aber Miranda lacht, als wär's längst beschlossene Sache. Und dabei wirft sie Marvel einen Kälbchenblick zu, der Steine erweichen kann.

So bleibt Marvel nichts übrig, als zu sagen: »Von mir aus. Wenn es den anderen auch recht ist …«

Und da auch die anderen nicht wissen, was sie dagegen haben sollen, wenn Miranda mitkommt, ziehen sie gegen halb neun Uhr zusammen los.

7

Bully hat die Abendplanung übernommen. Recherchiert, wo die beste Party abgeht, wie sie in kürzester Zeit den größtmöglichen Spaß haben können. Alles wunderbar.

Bis auf die Tatsache, dass sie jetzt ein Mädchen dabeihaben, das aussieht, als wolle es zur Tanzstunde gehen. Superdämliches Kleid! Und klettet, als wüsste sie nicht, dass Jungs andere Wesen sind. Dass Jungs zum Beispiel gern mit einer Bierflasche in der Hand in die U-Bahn steigen. Weil das zurzeit angesagt ist. Alle coolen Typen haben abends eine Bierflasche in der Hand, wenn sie Party machen. Eine Bierflasche an den Lippen ist cooler als ein Handy am Ohr. Und macht mehr Spaß. Und das war die Ansage für diesen Abend: Sie wollen es krachen lassen. Sie wollen genauso viel Spaß haben wie die anderen. Miranda hin oder her.

Vor dem U-Bahn-Eingang gibt es einen Kiosk, über dem TRINKHALLE steht. Marvel holt da immer seine Comics, Gummibärchen, Lakritzschnecken und manchmal eben auch was zu trinken.

Während Miranda, die keine Monatskarte besitzt, sich am Automaten eine Fahrkarte zieht, holen die Jungs sich in der TRINKHALLE jeder eine Flasche Bier und einen kleinen Jägermeister. Das war Bullys Idee. Zum Vorglühen was Kurzes, Hochprozentiges.

Sie kippen sich das Zeug verstohlen hinter die Binde, während Miranda noch mit den Tücken des Fahrkartenautomats kämpft.

Als das scharfe Zeug durch seine Kehle rinnt, denkt Marvel, dass Bully recht hat. Man spürt sofort die Wirkung. Sofort passiert etwas in seinem Kopf und in seiner Kehle auch, wie wenn sich ein paar trübe Placken seines Gehirns gelöst hätten und er wieder klarer sehen könnte. Ein Lachreiz würgt ihn, weil es doch komisch ist, wie sie heimlich trinken und Miranda das nicht checkt.

»Unsere Bahn!«, schreit Jojo plötzlich. Sie spurten nach oben. In dieser Gegend von Hamburg fährt die U-Bahn auf Stelzen und heißt deshalb Hochbahn. Mindestens sechzig Stufen sind es bis zum Bahnsteig.

»Marvel! Wartet doch!«

Marvel bleibt mitten auf der Treppe stehen und schaut sich um.

»Mann! Ihr seid so schnell!«, keucht sie. »Ich kann mit diesen Schuhen nicht rennen!«

»Warum hast du sie dann an?«, fragt Marvel, aber die Frage bereut er sofort, als er Mirandas Reaktion sieht. Etwa Tränen? Wegen so was? »Schon gut, »murmelt er, »sind tolle Schuhe.« Marvel nimmt ihre Hand und zieht sie die Treppe hoch.

Als sie endlich im Waggon stehen, tun Marvels Kumpel so, als sei Miranda irgendwie gar nicht da. Sie schauen an ihr vorbei. Sie sind fest entschlossen, Spaß zu haben.

Sie setzen sich nicht, sie halten sich an dieser Eisenstange fest, an die man auch Fahrräder anketten kann. Sie öffnen ihre Flaschen, stoßen an. Jojo grinst, als er seine Flasche gegen Marvels Bier stößt. »Ach sieh an. Du hier? Nicht in Hollywood?«

»Sonst hast du keine Schmerzen?«, gibt Marvel zurück.

Mauki öffnet mit den Zähnen den Kronkorken seiner Flasche. »Alles frisch?«, fragt er strahlend in die Runde.

Keiner der Fahrgäste reagiert. Miranda macht ein Gesicht, als wäre sie jetzt gern woanders.

»Möge der Saft mit dir sein«, sagt Bully.

»Eine meiner leichtesten Übungen«, gibt Marvel fröhlich zurück.

»Was quatscht ihr da eigentlich für einen Blödsinn?« Miranda zupft verlegen an ihrem Kleid herum.

»Die Lady hat recht«, sagt Mauki. »Tut uns leid. Aber heute gibt's was zu feiern. Prösterchen.« Er hebt seine Bierflasche und dreht sich einmal um die eigene Asche.

Miranda verzieht bei jedem dieser Sprüche das Gesicht. Als Marvel ihr seine Bierflasche reicht, weil sie vielleicht auch eine trockene Kehle hat, stößt sie seine Hand empört weg. Bier schäumt aus der Flasche auf den Boden.

»Oh, der edle Hopfen!«, meint Jojo mitfühlend. Er streckt Marvel seine Bierflasche hin. »Hier, kriegst einen Schluck von meinem.«

»Heißen Dung«, sagt Marvel, nachdem er erst einen Schluck aus seiner und dann einen Schluck aus Jojos Flasche genommen hat. »Wär aber nicht nötig gewesen.«

»Ihr benehmt euch wie Fünftklässler«, stöhnt Miranda. »Wieso bin ich bloß mitgekommen?«

Die Jungen schauen sich an, als fragten sie sich das auch. Sie ziehen gleichzeitig die rechte Augenbraue hoch wie Huberti, wenn er äußerste Missbilligung zum Ausdruck bringen will – und müssen lachen.

»Was war so witzig?«, fragt Miranda angezickt.

»Du«, sagt Marvel. Er sagt es nett. Er meint es auch fast so.

Miranda sieht ihn zweifelnd an. Er lächelt. Da lächelt sie zurück.

»Alles paletti?«, raunt Marvel ihr ins Ohr.

Sie nickt.

Die Lage entspannt sich wieder.

Aber an der nächsten Station steigt ein Fahrradkurier mit seinem Rennrad ein und sie müssen ihren schönen Platz an der Eisenstange räumen und weiter in den Waggon hinein.

Auf der hinteren Sitzbank liegt ein Penner. Er schnarcht. Zwischen seinen Hosenbeinen ist der Stoff nass. Eine leere Weinbrandflasche kullert hin und her. Wenn die Hochbahn sich in die Kurve legt, sieht es aus, als fiele der Penner gleich von der Bank. Um ihn herum viele leere Plätze. Jojo macht Anstalten, die Bänke gegenüber dem Penner zu besetzen. Aber Miranda wehrt sich.

»Da setz ich mich auf keinen Fall hin!«, zischt sie.

Sie bleiben also stehen. Obwohl der besoffene Penner sie doch anwidert, kann Miranda den Blick nicht von ihm abwenden.

Typisch Weiber, denkt Marvel. Er und seine Freunde haben den Penner mal kurz abschätzend betrachtet und die Lage gecheckt, jetzt gucken sie weg. Jungen können so was: einen Anblick einfach verdrängen. Sie setzen ihre Flaschen an die Lippen, trinken, schauen sich dabei in die Augen. Alles Ritual. Das Rülpsen, das sonst als Ausdruck von Wohlbefinden obligatorisch ist, unterdrücken sie aus Rücksicht auf Miranda. Dabei merkt Miranda gar nicht, wie höflich ihre Begleiter sind. Sie verbeißt sich geradezu in den Anblick des Penners. Ihre Nase kräuselt sich, weil ein starker Geruch von dem Mann ausgeht, und ihr ganzes Gesicht zieht sich vor Ekel zusammen.

»Er pinkelt in die Hosen!«, flüstert sie.

Marvel tut, als habe er keine Ahnung, wovon sie redet. »Wer?«, fragt er.

»Der Penner da!«

»Guck einfach nicht hin«, rät Mauki. Er verstellt ihr mit seinem breiten Rücken die Sicht auf den Penner. Aber Miranda beugt sich sogar vor, um unter seinen Armen hindurch noch einen weiteren Ekelblick zu erhaschen.

»Nicht hingucken!«, warnt Jojo. Er leert seine Jägermeisterflasche. Da war noch ein Rest drin. Ein Fingerhut voll, mehr nicht.

Miranda scheint es erst jetzt zu bemerken. »Was trinkst du denn da?«, fragt sie. Als wenn sie noch nie eine kleine Jägermeisterflasche gesehen hätte.

Jojo tut, als habe er ein schlechtes Gewissen. »Ist mir echt peinlich«, sagt er. »Aber wir hatten nur vier von den Dingern dabei. Hier«, er reicht ihr großzügig das Fläschchen, »der letzte Schluck. Nimm ruhig.«

Miranda runzelt die Stirn.

»Jägermeister! Kennst doch die coole Werbung mit dem sprechenden Hirsch«, sagt Marvel.

Miranda lehnt Jojos großzügiges Angebot entrüstet ab. Sie schaut Marvel an. »Du hat das auch getrunken?«

»Klar.«

»Wieso ist das klar?«, fragt Miranda.

»Sie hat recht.« Bully grinst, »Jägermeister ist kein Klarer.«

Der Penner rutscht gänzlich von der Bank und bleibt auf dem dreckigen Fußboden liegen. Jojo stellt sich auch noch neben Mauki, um eine Mauer zu bilden. Alles, um Miranda den Anblick zu ersparen.

»Nur zum Vorglühen«, erklärt Bully.

»Vorglühen?«

»Ja. Kennste nicht? Mann, was bist du eigentlich für eine?«

»Ihre Eltern kommen aus Spanien«, sagt Marvel, als würde das irgendwas erklären.

Und schon sagt Mauki prompt: »In Spanien haben sie das Saufen doch erfunden. Die Botellónes, so heißt das, das Massensaufen an den Stränden! Wenn tausend Jugendliche sich treffen, nur mit dem Ziel, sich gemeinsam zu besaufen.«

»Geil!« Jojo zwinkert Mauki zu.

»Ihr habt trotzdem nicht gesagt, was Vorglühen ist«, wiederholt Miranda.

»Sie denkt vielleicht, es ist was Sexuelles«, raunt Bully Marvel ins Ohr. »Erklär's ihr.«

»Also, das ist so was wie der Startknopf für den Spaßmotor«, erklärt Marvel nach kurzer Überlegung. »Danach läuft er schneller rund.«

Miranda runzelt die Stirn. »Der Motor?«

»Ja. Mit anderen Worten: Nach dem Vorglühen kommt man schneller auf Touren.«

Die anderen lachen.

Der Penner kommt langsam wieder zu sich, rappelt sich auf, stöhnt, brabbelt irgendwas vor sich hin. Sabber quillt ihm aus dem Mund.

»Ich will hier raus«, sagt Miranda. »Sonst wird mir schlecht.«

An der nächsten Station steigen sie aus und spurten einen Waggon weiter vor. Ganz automatisch greift Miranda nach Marvels Hand. Marvel denkt, das darf aber jetzt nicht einreißen, glücklicherweise gucken die anderen gerade nicht.

In dem Waggon ist Fahrkartenkontrolle. Miranda zeigt ihre Karte vor, die anderen ihre Ausweise.

»Im nächsten Wagen«, sagt Miranda zu dem Kontrolleur, »liegt ein Betrunkener.«

»Aha.« Der Kontrolleur hebt den Kopf und schaut durch die breiten Scheiben in den hinteren Waggon. »Ich seh aber nichts.«

»Der Mann liegt am Boden«, sagt Miranda hastig, »den können Sie von hier nicht sehen.«

»Gut.« Der Kontrolleur nickt.

»Das ist total eklig.«

»Denk ich mir.«

»Was machen Sie mit dem?«, fragt Miranda.

»Den schauen wir uns erst mal an, junges Fräulein«, sagt der Kontrolleur fröhlich, »und dann sehn wir mal.«

Miranda starrt ihn an, als könne sie nicht fassen, dass jemand noch fröhlich sein kann in einer Welt, in der so etwas passiert.

Glücklicherweise müssen sie an der nächsten Station raus.

Auf dem Bahnsteig grölen ein paar Typen, die wie Neonazis gekleidet sind. Sie schwanken mit ihrem Kasten Bier direkt auf sie zu. Miranda bleibt wie angewurzelt stehen. In ihren Augen Panik.

»Marvel«, flüstert sie, »tun die was?«

Mauki legt mit einer übertrieben beschützenden Geste seinen Arm um ihre Schultern. »Wenn wir bei dir sind, nicht. Keine Angst, Baby.«

»Sag nicht Baby zu mir! Ich bin nicht dein Baby! Capito?«, faucht Miranda.

Die Typen marschieren vorbei, ohne überhaupt von ihnen Notiz zu nehmen, aber Miranda schaut sich nach ihnen um. »Was machen die jetzt wohl?«

Marvel könnte sagen: Was weiß ich? Einen Türken zusammenschlagen? Eine Oma vor die Gleise stoßen? Woher soll ich das wissen, was diese Holzköpfe vorhaben?

Er seufzt. »Ist doch nicht unser Problem, oder?«

»Vielleicht doch«, murmelt Miranda. Sie schaut der grölenden Gruppe argwöhnisch nach. »Ich hasse diese Idioten.«

Ich doch auch, denkt Marvel, aber mach ich deswegen gleich so ein Theater? Wir wollen heute Abend Spaß haben, Mann!

Sie schauen sich an. Lange.

»Tja«, meint Bully schließlich gedehnt, »was soll man dazu sagen? Hamburg bietet viel Schönes!«

Wie auf Kommando brüllen sie los. Alle bis auf Miranda, die den Witz nicht verstanden hat und ratlos guckt. Deshalb schlucken sie ihr Lachen wieder runter und gehen gesittet zum Ausgang.

Marvel weiß jetzt schon, dass die Party ein Reinfall wird. Er ärgert sich, dass er keine zweite Jägermeisterflasche dabeihat. Die könnte er jetzt gut gebrauchen.

Vor dem MOVES wartet eine Meute auf Einlass. Mit einem Blick überreißt Marvel, dass es sich bei den Typen ausschließlich um männliche Exemplare der Gattung Discofreaks zwischen 15 und 20 handelt. Schon mal schlecht. Jungen in dem Alter haben zu wenig Geld, geben zu wenig für Drinks aus, da verdient der Laden nicht genug.

Aber jetzt erweist es sich als Segen, dass sie Miranda dabeihaben. Miranda mit ihrem schillernden Seidenkleid, auf das das Flutlicht fällt, mit ihrer schwarzen Lockenmähne und dem leuchtend gemalten Mund.

Der Türsteher sieht sie, streckt den Arm nach ihr aus und ruft: »Du da, kannst vorkommen!«

Miranda schaut sich um. »Wer?«, fragt sie.

»Du da!« Der Türsteher ist schlecht gelaunt. Alle Türsteher sind immer schlecht gelaunt. Mauki hat mal gesagt, alle Türsteher in der Hamburger Discoszene kämen aus Albanien. Da brauche man so ein Brutalo-Image fürs Überleben. Und hier in Deutschland kriegten sie ihr Gesicht nicht wieder auf normal zurück. Das sei ihr Problem. Denn das Leben sei schließlich kein Ponyhof. Mauki hat klare Ansichten.

»Ja, die Grüne da!«, brüllt der Türsteher.

»Er meint dich! Los! Vorwärts!« Marvel schiebt Miranda vor sich her. Die anderen, die auch alle reinwollen, bilden knurrend eine schmale Gasse. Miranda lächelt nach rechts und links. Sie macht das gut.

»Wie alt?«, fragt der Türsteher, als er Miranda mustert. Marvel findet, dass Miranda in dem Licht vor der schwarzen Tür echt interessant aussieht. Als wäre sie tatsächlich was Besonderes. »Wie alt?«, brüllt der Türsteher.

»Siebzehn!«, brüllt Miranda zurück, ohne mit der Wimper zu zucken.

»Okay, kannst rein.« Der Türsteher schiebt die Tür eine Handbreit auf. Das Wummern der Bässe schwillt an und wallt nach draußen, zusammen mit einer Wolke dicker heißer Luft.

Marvel, Bully & Co wollen sich hinter Miranda durch die Tür schieben, aber der Türsteher hält sie auf. »Ihr nicht«, sagt er.

»Das sind meine Brüder!«, ruft Miranda. »Die passen auf mich auf! Ohne meine Brüder darf ich auch nicht rein!«

Der Türsteher hat keine Lust mehr, sich mit ihnen abzugeben. Er schenkt jedem von ihnen noch einen verächtlichen Blick und lässt sie rein.

Das MOVES ist eine Diskothek und Lounge, die in einem ehemaligen Luftschutzbunker untergebracht ist. Luftschutzbunker zeichnen sich dadurch aus, dass sie vier Meter dicke Wände haben, die man nicht in die Luft sprengen kann und durch die auch kein Lärm dringt. Die Leute im MOVES tragen Leichenblässe. Miranda mit ihrem Edeloutfit wirkt komplett deplatziert. Vor der Kasse drängeln sich die Leute so ungeduldig, als sei das MOVES die letzte Fluchtburg vor dem Atomkrieg.

»Früher gab es hier Flatratesaufen«, raunt Bully seinem Freund Marvel zu, »deshalb hatte ich das ausgesucht. Aber das ist jetzt anscheinend verboten. Tut mir leid. Jetzt ist im Eintrittspreis nur ein Cocktail inklusive.«

»Macht doch nichts.« Großspurig zückt Marvel sein Portemonnaie. Und dann schieben sie sich weiter ins Innere des Bunkers vor.

Marvel hat seine Hände wie ein richtiger Beschützer um Mirandas Schulter gelegt. Er hofft, dass er keine Schweißhände hat und Mirandas schönes Seidenkleid keine Flecken bekommt.

»Du kennst das hier alles, oder?«, fragt Miranda bewundernd.

Marvel lächelt, als wolle er sagen: Vertrau mir, Häschen, bei mir bist du sicher. Dabei war er hier noch nie.

Das MOVES ist eine Disco, die sich vor allen Dingen dadurch auszeichnet, dass – außer an der Bar, wo das Licht blau ist – alles in violettes Licht getaucht ist. An der Bar stehen die Leute in Dreierreihen und versuchen mit wilden Handzeichen den Barkeepern klarzumachen, dass sie am Verdursten sind. Über der Tanzfläche dreht sich die Discokugel und schleudert Lichtblitze in die hintersten Ecken. Da sieht man Leute auf Hockern oder Bänken, mit weißen, in Bildfetzen atomisierten Gesichtern, nur für Bruchteile von Sekunden, dann kommen die nächsten Gesichter, ebenso bleich.

Auf der Tanzfläche ist es eng wie in einer Sardinenbüchse. Auch vor den Waschräumen hat sich eine Schlange gebildet.

»Da gibt's bestimmt was umsonst«, sagt Mauki grinsend.

In den Ecken knutschen Pärchen.

»Haben die Leute alle kein Zuhause?«, fragt Bully, als er verzweifelt nach einem Platz für sie Ausschau hält.

Sie holen sich ihre orange-grünen Cocktails und schieben sich tiefer in den Raum, dahin, wo das violette Licht ist.

Die Bässe wummern Technobeat und auf der Tanzfläche bewegen sich alle apathisch, im Rhythmus, wie ferngesteuert.

»Super Stimmung, was?«, brüllt Jojo gegen den Lärm an. »Ist doch allererste Sahne.«

Bully freut sich. Er hat sich eben echt Mühe gegeben, das Passende für den großen Anlass zu finden.

Sie ergattern einen Platz, eine gepolsterte Bank mit harten Kissen, die im Rücken stören und am Kopf wehtun. Sie stapeln die Kissen auf den Boden, strecken wie die anderen die Beine aus und schauen sich um.

Miranda sitzt zwischen Jojo und Marvel.

Als der Kellner, den man an dem weißen T-Shirt mit dem MOVES-Logo erkennt, noch mal einen Begrüßungscocktail bringt, sieht die Welt richtig rosig aus. Die Cocktails haben diesmal ein bisschen Gelb in der Mitte, viel Eis und einen rotweiß geringelten Strohhalm, an dem Zucker klebt.

»Geil!« Mauki ist beeindruckt. »Auf Wodkabasis.«

Miranda fragt den Kellner etwas, Marvel versteht nicht, was sie sagt. Der Kellner beugt sich zu ihr und spricht etwas in ihr Ohr. Miranda verzieht das Gesicht und gibt dem Kellner ihr Glas zurück. Der Kellner verschwindet damit.

»Was war denn?«, fragt Marvel.

»Das war mit Alkohol«, erklärt Miranda. »Das kann er wieder mitnehmen.«

Mauki, Jojo und Bully starren Miranda fassungslos an. »Du hast ihm den Gratisdrink wieder mitgegeben?«

Miranda nickt vergnügt.

Bully lässt sich nach hinten fallen. Er verdreht die Augen. »Diese Frau ist die Härte!«, ruft er. »Und wieso machst du so 'nen Scheiß?«

Miranda lächelt. »Weil ich keine Lust auf Alkohol habe.«

Stille. Alle starren Miranda an wie eine Erscheinung aus einem anderen Universum.

»Magst du nie Alkohol oder nur jetzt gerade nicht?«, fragt Mauki.

»Weiß nicht.« Miranda zuckt mit den Schultern. »Ist doch auch egal, oder?«

»Nee«, sagt Bully, »ist es nicht! Wir sind nämlich heute Abend hier, um uns die Kante zu geben.«

»Was?«, fragt Miranda.

»Wir wollen uns schön einen auf die Lampe gießen!«, erklärt Mauki in dem Ton, in dem eine Kindergärtnerin zu einem

Dreikäsehoch spricht. »Weißt du, Schätzelchen, wir wollen einen Kater mit der Flasche großziehen. Und deshalb bist du ganz lieb und störst uns nicht dabei.«

»Das ist Marvels Abend, weißt du«, sagt Bully mit Nachdruck. »Auf den haben wir uns alle mächtig gefreut. Den wollen wir in vollen Zügen genießen.«

»Könnt ihr doch auch.« Miranda hat den Ernst der Lage immer noch nicht begriffen.

Bully rauft sich die Haare. »Können wir eben nicht, wenn wir so eine Spaßbremse dabeihaben! Mann! Kein Alk! An so einem Abend!! Ich fass es nicht! Marvel?« Er muss sich an Miranda vorbeibeugen, um Marvels Ohr zu erreichen. »Wieso hast du sie überhaupt mitgenommen?«

Hab ich doch gar nicht, würde Marvel am liebsten erwidern. Sie hat sich doch selbst eingeladen, vergessen? Aber er hält den Mund. Er will keinen Stress mit Miranda. Sie sind Nachbarn und sie müssen auch noch die nächsten Jahre miteinander auskommen. Er hat seiner Mutter versprochen, immer nett und höflich zu den Nachbarn zu sein. Und spätestens Montagmittag nach der Schule wird er im Treppenhaus wieder über sie stolpern.

Dann, als die Musik eine Pause macht, sagt Mauki: »Weißt du, was ich nicht kapiere?«

»Was denn?«, fragt Miranda spitz.

»Einen bezahlten Drink zurückgehen lassen! Wieso hast du ihn nicht Marvel gegeben? Oder mir?«

»Meine Güte! Ist dieser Scheißalkohol so wichtig?« Miranda schreit plötzlich, und als Marvel sie besänftigen will, fuchtelt sie wild mit den Armen, sodass sie Marvel fast das Glas aus der Hand schlägt: »Könnt ihr nur Spaß haben, wenn ihr diesen Scheißalkohol trinkt?«

Die Jungen blicken sich tief in die Augen. Lange.

»Ich glaub nicht, was ich eben gehört habe«, murmelt Jojo.

»Sie kapiert es einfach nicht!«, heult Bully. »SIE KAPIERT ES NICHT!« Hilfe suchend schaut er Marvel an.

»Wieso? Ich kapier es ganz genau!«, entgegnet Miranda trotzig. »So schwer ist das ja nicht.«

Mauki lässt sich stöhnend in die Kissen fallen. »Du hast deinen Kopf wohl nur zum Haareschneiden.«

»Kommt, lasst doch«, sagt Marvel abwehrend, »ist doch egal.«

»Kannst du ihr mal sagen«, stöhnt Bully, »dass wir einfach nur Spaß haben wollen? Welchen Buchstaben in SPASS versteht sie nicht?«

Marvel spürt, dass die Stimmung kurz vorm Kippen ist. Nun wird er auch sauer. »Ich hab Schnauze gesagt!«, brüllt er. »Und zwar sofort!«

»Nein! Nicht Schnauze. Ich werde jetzt mal grundsätzlich …« Jojo holt tief Luft und Marvel fürchtet schon, dass Jojo jetzt sagen wird, er sei immer schon dagegen gewesen, dass Miranda mitkommt, und er habe das Gefühl, dass sie ihre schöne Party kaputt machen will, und so weiter.

Aber da kommt der Kellner. Mit einer Flasche Cola light und einem Glas mit Eiswürfeln. Miranda lächelt den Kellner an, als sei er der Lakai, der ihr die Königinnenkrone auf einem seidenen Kissen überreicht. »Oh! Danke! Total lieb!«, zwitschert sie, als sie ihm die Cola abnimmt. »Auch kein Alkohol drin?«

»Worauf du wetten kannst«, entgegnet der Kellner.

Miranda schaut in die Runde und fragt: »Frieden?«

Die Jungen nicken mit verkniffenen Gesichtern.

»Dann Prost«, sagt Miranda, »auf euch!«

»Passt schon«, knurrt Marvel. Und das klingt so, als hätte er gesagt: Wieso haust du nicht einfach ab? Weißt du nicht, wo der Ausgang ist?

Miranda scheint genau das zu ahnen. Sie zieht ein Gesicht, als würde sie gleich in Tränen ausbrechen, aber die Jungs kümmern sich nicht darum, schlürfen ihre Cocktails und lassen die Stimmung auf sich wirken. Ohne dass sie es abgesprochen hätten, ist allen klar, dass man Miranda jetzt einfach übersehen muss. In so was haben die Jungs Übung, besonders wenn sie als Clique auftreten.

Aber das Gespräch ist irgendwie versiegt, versandet. Die Stimmung ist weg. Keine Scherze mehr, nicht mehr die üblichen Sprüche, mit denen sie sich antörnen. Sie hängen in den Polstern, machen auf cool, die Beine weit von sich gestreckt, und gucken sich irgendein Mädchen aus, eins, das besonders enge Hüfthosen anhat oder ein Arschgeweih oder so.

Sie gucken nicht alle auf die gleiche Frau, aber sie machen das gleiche Gesicht.

Miranda lächelt tapfer und nuckelt an ihrer Cola.

Die Musik geht jetzt auf Schmusekurs und nun kann man die Leute auf der Tanzfläche noch besser beobachten. Ein Mädchen tanzt für sich allein, mit geschlossenen Augen, das Gesicht zur Decke. Manchmal so wild, dass die anderen Abstand halten, um nicht ihre Fäuste abzukriegen. Ein anderes Mädchen bewegt sich auch bei hämmernden Bässen mit einem seligen Lächeln und ausgebreiteten Armen, als wolle sie fliegen. Ein Pärchen tanzt so eng, als wäre es mit Pattex zusammengeklebt.

Ein Mädchen mit leuchtend roten Haaren und einer weißen Jeansjacke über einem orangefarbenen Top tanzt immer in der Nähe, geradezu um sie herum. Sie lässt Marvel nicht aus den Augen. Einmal schaut Marvel zu ihr hin, da hebt sie sofort den Arm und lächelt. Marvel lächelt zurück, aber rührt sich nicht. Das Mädchen tut, als würde sie etwas in die Luft schreiben, und sieht ihn dabei fragend an, aber Marvel versteht nicht, was sie meint.

Miranda hat die Augen geschlossen und wippt mit den Füßen, als habe sie beschlossen, sich von jetzt an nicht mehr zu ärgern. Marvel wirft einen Blick auf ihre Schuhe. Die bestehen irgendwie nur aus Riemchen. Kein Wunder, denkt er, dass sie damit nicht gut die U-Bahn-Treppen hochkommt.

Irgendwann, als nichts los ist, außer dass die Bässe wummern und die Schlange vor den Waschräumen immer länger wird, beugt Miranda sich vor, zieht Marvels Kopf zu sich herunter und schreit: »Tanzen wir mal?«

Marvel reißt die Augen auf. »Waaas?«, ruft er entgeistert.

»TANZEN!«

Marvel schüttelt den Kopf. »Ich versteh nicht.«

»ICH HABE LUST ZU TANZEN!«, brüllt Miranda ihm ins Ohr.

Marvel lässt seinen Oberkörper gegen die Wand fallen. Vier Meter Beton. Er schließt erschüttert die Augen. »Das ist nicht dein Ernst«, sagt er. »Tanzen?«

»Gefällt dir die Musik nicht?«

Marvel schüttelt den Kopf.

Mauki beugt sich vor. »Was will sie?«

»Tanzen.«

Mauki grinst. Er erzählt es Jojo. Jojo grinst noch breiter und flüstert Bully glucksend etwas ins Ohr. Plötzlich lachen sie wie auf Kommando los.

Miranda kneift ihre Lippen zusammen und verschränkt die Arme abwehrend vor der Brust. »Schön, dass ich so witzig bin«, bemerkt sie spitz. Sie erhebt sich, ohne Marvel noch eines Blickes zu würdigen. Sie streift ihr Froschkleid glatt, richtet die Riemchen an ihren Schuhen, lauscht mit geneigtem Kopf dem Rhythmus des neuen Songs und beginnt in weichen, fließenden Bewegungen, die irgendwie schüchtern wirken oder scheu, zu tanzen.

Die Jungs hängen auf ihren Polstern und gaffen. Marvel verzieht keine Miene. Miranda tanzt sich langsam ein, ihre Bewegungen werden größer und selbstbewusster. Sie tanzt auf Marvel zu, streckt die Hände nach ihm aus. Sie lächelt, sie fleht. Marvel weiß nicht, was er machen soll, deshalb dreht er den Kopf einfach weg. Da tippt Miranda sich an die Stirn und bahnt sich energisch einen Weg in Richtung Klo.

Als der Kellner kommt, um ihre Gläser einzusammeln, schaut Jojo fragend zu Marvel und der nickt cool.

»Noch mal dasselbe?«, fragt der Kellner.

»Was war denn da drin?«, fragt Marvel.

»Wodka, Lemon und Orangensaft mit Maracuja«, antwortet der Kellner.

»Klingt gut, schmeckt gut«, sagt Mauki.

»Also, noch mal vier«, ordert Marvel gönnerhaft. Und als der Kellner sich schon wieder abwendet, ruft er schnell: »Und noch eine Cola.«

»Cola ohne alles?«

Marvel nickt.

»Aber das geht nicht mehr aufs Haus«, erklärt der Kellner.

»Sehen wir aus, als hätten wir kein Geld?«, blafft Marvel ihn an.

Die anderen grinsen. Der Kellner verzieht keine Miene.

Das Mädchen mit den knallroten Haaren – sie hat einen Pony, der wie mit dem Lineal geschnitten ist, und überhaupt sehen ihre Haare wie eine Perücke aus, dazu noch gelbe Ohrclips, groß wie Ostereier – kommt auf Marvel zu, bleibt vor ihm stehen. Sie starrt ihn intensiv an. Biegt den Kopf zur Seite, hält den Zeigefinger grübelnd ans Kinn. Kommt einen Schritt näher. Noch einen. Sagt aber nichts.

Marvel zieht die Beine an, damit sie näher treten kann.

Das Mädchen deutet mit dem Zeigefinger auf ihn. »Ich hab dich doch heute gesehen!«, sagt sie. »Stimmt's?«

»Keine Ahnung«, sagt Marvel cool. Aber sein Herz schlägt schneller. Sollte sie ihn tatsächlich …

»Im Fernsehen! Klar!«

Marvel will weiter cool gucken, aber er ahnt, dass eine gewisse Röte sein Gesicht überzieht. Und das ist nicht cool.

»In der neuen Serie. Genau! Auf ProFive! Das warst doch du, oder?«

Sofort sitzen alle Jungs ganz gerade. Sperren Augen, Nase und Ohren auf. Marvel richtet sich auch auf, zieht automatisch seinen Bauch ein und pumpt Luft in den Brustkorb, fährt sich mit den Händen durch die Haare, die er mit Schaumfestiger in Form gebracht hat. Jetzt sind sie vielleicht nicht mehr in Form.

»Das warst du! Ich weiß es!«, ruft das Mädchen. »Wie heißt du noch mal in dem Film? Komm! Sag schon!«

Marvel grinst und zuckt einfach mit den Schultern. Und denkt: mehr! Mehr! Ich will mehr davon!

Das Mädchen geht vor ihm in die Hocke. Ihre Augen tellergroß. »Vor der Currywurstbude! Sag jetzt ja nicht Nein! Ich bin so was von sicher! Du hast vor der Currywurstbude gestanden und auf einmal war dein Geld weg.« Sie grinst. »Ziehst du die Show heute Abend hier auch ab?«

»Hier nicht«, sagt Marvel.

»Wieso nicht? War super! Ich hab mich beölt. Du warst der Beste von den ganzen Ärschen da an der Wurstbude.«

Gehört auch nicht viel dazu, denkt Marvel, denn außer ihm war da nur der Currywurstbudenbesitzer.

Der Kellner kommt mit dem Tablett. »Vier Mal Cocktail, ein Mal Cola pur.« Er stellt alle Drinks auf den kleinen Kasten, der als Tisch dienen soll.

Das Mädchen schaut die Drinks an, dann die Jungs. »Ihr gehört zusammen?«, fragt sie.

Die anderen nicken.

»Und für wen ist die Cola?«, fragt das Mädchen.

Marvel schaut sich um, und als er Miranda nicht sieht, hält er dem Mädchen die Cola hin. »Für dich.«

Das Mädchen wendet sich an den Kellner. »Kannst du mir dazu einen Rum bringen?«

»Können schon«, sagt der Kellner. »Und wer bezahlt?«

»Na, der Filmstar hier!« Das Mädchen grinst. Sie tippt Marvel gegen die Brust. »Der gibt mir hier und heute einen aus. Stimmt doch?«

Marvel nickt grinsend. Sein erster Fan! Und älter als er. Mindestens achtzehn, schätzt er.

Das Mädchen schiebt Mauki zur Seite und sagt: »Platz da, ich will auch mal neben einem berühmten Menschen sitzen.« Sie lässt sich neben ihn fallen. Ihre Jeans sind über den Knien aufgerissen. Ihre Knie sind weiß und rund.

»Da siehst du es!«, schreit Bully. »Es fängt schon an!«

»Was fängt an?«, fragt Marvel.

»Dass sie dich erkennen!«, ruft Mauki. »So ist das, wenn man berühmt ist! Sag, Kumpel, wie fühlt sich das an?«

Das Mädchen streichelt Marvels Arm. Sie blickt schmachtend zu ihm hoch. Marvel weiß nicht, ob das jetzt gespielt ist oder ernst gemeint. »Ich fände ihn cool, auch wenn er kein Star wäre«, sagt sie.

»Ich bin überhaupt kein Star«, erwidert Marvel.

»Und ob du einer bist«, ruft das Pony. »Ich wette, du kriegst unheimlich viel Kohle dafür. Schauspieler sind alle reich, das weiß man doch.«

»Quatsch, ich bin nicht reich!«

»Na gut«, sagt sie. »Wenn nicht jetzt, dann bald. Darauf trinken wir.«

Der Kellner stellt den Rum ab, sie nimmt ihn, kippt ein bisschen Cola drauf. »Hast du mal einen Stift?«, fragt sie ihn.

Der Kellner zieht einen Kuli aus dem Gürtel. »Den krieg ich aber zurück.«

»Klar. Danke.« Sie wendet sich an Marvel, hebt ihr Glas. »Auf dich«, sagt sie. »Wie heißt du eigentlich? Und die anderen, habt ihr auch Namen?«

Marvel stellt sich vor und dann die anderen: Bully, Mauki, Jojo. Sie sagt, dass sie Bine heißt. Wie die Biene Maja aber ohne e. Sie lassen die Gläser klingeln.

»Auf Hollywood«, sagt Bine. Und dann drückt sie Marvel den Kuli in die Hand und schiebt den Pulli von der linken Schulter. »Da«, sagt sie und hält still.

»Was denn?«, fragt Marvel.

»Na, das Autogramm.«

Sie zupft den Pulli noch ein bisschen weiter runter. Jetzt ist ihr Rücken fast frei. »Reicht der Platz? Dann schreib auch noch FÜR BINE. Das wär geil.«

Marvel schreibt also, über Bines nackten Rücken gebeugt. Die anderen gucken zu. Und auch ein paar, die in der Nähe stehen. Alle gaffen auf einmal. Marvel fühlt sich sehr merkwürdig. Aber nicht schlecht. Er hat noch nie etwas auf eine nackte Haut geschrieben. Nur früher mal auf einen Gips, als Jojo den Radunfall hatte und sich das Bein brach. Bines Haut ist glatt und fest. Nicht unangenehm, so eine Arbeit.

Bully schaut mit einem Grinsen zu Marvel rüber. Marvel kann das Grinsen deuten. Es heißt: Wenn du denkst, ich hab die extra bestellt, dann irrst du! Die hat so einen schlechten Geschmack!

Mauki beugt sich an dem Pony vorbei und stößt Marvel an. Er macht eine Kopfbewegung zu den Waschräumen.

Marvel sieht aus den Augenwinkeln, wie Miranda zurückkommt. Wie sie erst lächelt und dann den Kopf hochreißt und zu ihnen herüberstarrt. Wie sie stehen bleibt und sich nicht mehr rührt, als Bine sich aufrichtet, den Pulli wieder über den nackten Rücken zieht und Marvel einen Kuss auf die Backe drückt, bevor sie ihr Glas gegen Marvels Glas klingen lässt und einen kräftigen Schluck nimmt. Jojo erzählt ihr was und sie lacht.

Mauki hat einen Bekannten entdeckt, jemanden, der in seiner Straße wohnt. Er erhebt sich schwankend.

Bully hat auch schon einen in der Krone. Er lümmelt auf der Bank und versucht, mit zwei Strohhalmen einen Eiswürfel aus seinem Glas zu fischen.

Miranda kommt jetzt auf sie zu. Sie geht, als habe sie einen Entschluss gefasst. Trotz der Riemchenschuhe trittfest. Mit stolz zurückgeworfenem Kopf.

»Setz dich doch«, sagt Marvel. Sein Arm liegt, als gehöre er nicht zu ihm, um Bines Schultern. Miranda starrt auf seinen Arm, bis Marvel selbst kein Gefühl mehr in dem Arm hat. Als wäre er taub. Deshalb kann er ihn auch nicht wegnehmen.

»Dann geh ich wohl besser«, stellt Miranda fest.

»Quatsch!« Bully zieht Miranda zu sich herunter. »Sei doch kein Spielverderber. Ist gerade so nett. Tanz doch noch mal. Du machst das super.«

Miranda schaut Marvel an.

Marvel lächelt. »Ja, stimmt«, sagt er.

Bine schmiegt sich immer näher an Marvel und dann beugt sie sich vor und drückt ihre Lippen auf seine Lippen. Extra für Miranda. Marvel spürt es und es ärgert ihn, aber es ist irgendwie ja auch witzig, wie zwei Frauen sich plötzlich um ihn reißen. Und wie immer, wenn er nicht weiß, was er machen soll, macht er nichts. Marvel reißt die Augen auf, aber als Bines Zunge sich zwischen seinen Zähnen durchbohrt, gibt er auf und schließt die Augen.

Als er die Augen wieder öffnet, ist Miranda weg.

Mauki tanzt mit irgendeiner Blondine. Bully erkundigt sich,

wo man hier rauchen kann, und Jojo bestellt noch eine Runde Drinks.

Bine wühlt begeistert mit ihren Fingern in Marvels Haaren. »Ich hab meiner Mama immer gesagt, irgendwann lern ich mal jemanden vom Film kennen. Ich wusste es. Meine Mama hat sich totgelacht, als ich das sagte. Schade, dass ich ihr das hier nicht erzählen kann.«

»Wieso?«, fragt Marvel. »Kannst du doch.«

»Nee«, Bine schüttelt den Kopf. »Geht nicht.«

»Wieso denn nicht?«

»Särge haben keinen Netzanschluss.«

Gegen vier Uhr morgens – Marvel kann schon lange keinen vollständigen Satz mehr sprechen – schließt das MOVES und Marvel kapiert nicht, wo die Zeit geblieben ist: Eigentlich hatten sie vorgehabt, eine richtige Szene-Tour zu machen. »Um die Häuser ziehen«, wie Bully es genannt hat.

Aber das ist irgendwie nichts geworden. Sie sind gleich im ersten Schuppen hängen geblieben und das hatte vielleicht auch was mit Bine zu tun. Bine ist jetzt Marvels Groupie. Bine macht aus ihm einen Star, obwohl er noch keiner ist.

Als der Kellner kommt, um die leeren Gläser einzusammeln und die nächste Bestellung entgegenzunehmen, hält Bine ihn am Ärmel fest und brüllt: »Das hier ist Marvin Keller! Wenn du ein Autogramm willst, melde dich bei mir. Ich bin seine Managerin.« Und wenn dann wirklich jemand kommt und ein Autogramm will, schüttelt sie den Kopf und sagt: »Leider. Heute ist er rein privat hier.«

Marvel grinst. Er liegt auf dem Polster, weil das Senkrechtsitzen anstrengend ist. Bines Hand ruht auf seinem Oberschenkel und die Stelle, wo ihre Hand ist, glüht. Bine hat silbern schimmernde Fingernägel und an jedem Finger einen Ring.

»Nie gehört«, sagt der Kellner, ohne auch nur einen neugierigen Blick auf Marvel zu werfen. »Der ist also berühmt?«

»Aber Hallo!«, ruft Bine.

»Na toll«, sagt der Kellner. »Und wieso?«

»Er ist der Star in der neuen Serie auf PROFIVE!«

Marvel schüttelt grinsend den Kopf. »Red kein Quatsch. Ich bin kein Star …«

»Ich hab keine Zeit für die Glotze«, sagt der Kellner. Jemand zieht ihn von hinten, um ihm ein leeres Glas in die Hand zu drücken.

Bine mustert den Kellner, abfällig, enttäuscht. Sie hätte sich gewünscht, dass ihre Mitteilung mehr Furore macht. »Du hast wohl auch nicht die Stiele an die Kirschen gemacht, was?«, sagt sie.

Der Kellner reagiert anders, als sie es erwartet. »Ich bring dann die Rechnung«, sagt er.

»Hey!« Marvel bemüht sich, seinen Arm in die Höhe und seinen Oberkörper mehr in die Senkrechte zu bringen. Die Lichtblitze der Discokugel blenden ihn und er fällt wieder zurück. »Ich hab Durst!«

»Warte, ich kümmer mich.« Bine schießt hoch und spurtet dem Kellner hinterher.

Marvel beobachtet sie durch die halb geschlossenen Augen. Wenn er sich vorstellt, er müsste so rennen wie Bine, würde er das garantiert nicht schaffen. Er spürt seine Beine ja kaum noch. Seine Gelenke sind wie Pudding.

Bine fasst den Kellner am Arm. »Hey, mein Freund hat noch Durst. Bring uns noch mal das Gleiche, ja?«

»Einen Hauscocktail und eine Cola-Rum?«

»Exakt.«

»Und wer zahlt?«, fragt der Kellner misstrauisch.

Bine reißt die Augen auf. »Mein Freund natürlich.«

Marvel sitzt jetzt einigermaßen aufrecht, sieht aber alles doppelt und checkt nichts mehr. Wenn er den Kopf in die Richtung dreht, wo er Bully zuletzt gesehen hat, verschwimmt alles vor seinen Augen.

»Wo sind die anderen?«, fragt er, als Bine zurückkommt und sich neben ihm in die Polster wirft.

Bine kratzt mit den silbernen Fingernägeln ein bisschen an seiner Jeans.

»Lass das«, nuschelt er und versucht ihre Hand wegzuschieben. »Sag mir lieber, wo die anderen sind.«

Bine lacht. »Ist das so wichtig?« Sie beugt sich vor und küsst ihn. »Ich bin doch da. Reicht das nicht?«

Marvel schließt grinsend die Augen. »Doch«, nuschelt er.

Das Grinsen geht aus seinem Gesicht gar nicht mehr weg. Vielleicht weil er seine eigenen Gesichtsmuskeln nicht mehr unter Kontrolle hat. Alles rutscht ihm irgendwie weg, die Gedanken, die Pupillen, die Arme, mit denen er sich auf den Polstern abstützt.

Marvel ist breit.

Seit Bine da neben ihm sitzt, kriegt er irgendwie gar nichts mehr auf die Reihe, sondern muss nur noch grinsen, weil das alles so irre ist.

Marvel will sich ausschütten vor Lachen. Aber als er sich vorbeugt, ist ihm auf einmal, als wolle da kein Lachen rauskommen, sondern der Inhalt seines Magens. Die – wie viel waren das eigentlich – Cocktails, die er in sich reingeschüttet hat. Wenn er jetzt darüber nachdenkt, waren sie viel zu süß. Eklig süß eigentlich. Kommt einem richtig hoch, bei dem Gedanken an den Zucker.

Als er husten muss, kriegt er im letzten Augenblick noch die Hand vor den Mund, weil sonst mit dem Husten gleich was mitkommt.

»Ist dir etwa schlecht?«, fragt Bine fassungslos.

Marvel nickt. Das Grinsen auf seinem Gesicht bleibt.

»Echt schlecht?«, fragt Bine.

Marvel nickt. Er sitzt vornübergebeugt und versucht, das Husten in den Griff zu kriegen. Wenn er den Hustenreiz besiegt, dann muss er auch nicht kotzen.

»Was haste denn getrunken?«, fragt Bine. So als habe sie nur Cola im Bauch. Dabei weiß Marvel genau, dass sie zu jeder Cola auch einen Rum hatte.

»Musst du kotzen?«, fragt Bine. Sie fragt das mitfühlend.

Marvel nickt. Es ist ihm peinlich. Aber besser, er sagt jetzt die Wahrheit, wo es noch geht. »Mir ist superschlecht«, nuschelt er.

Bine springt auf und zieht ihn hoch. Sein Kopf fällt nach hinten und einen Augenblick fühlt es sich an, als springe ein Nackenwirbel aus der Verankerung. Er kriegt keine Luft. Er reißt die Augen auf.

Bine sieht ihn an. Sie gerät in Panik. »Komm, gib Gas! Ab aufs Klo!«, ruft sie. Sie zieht an seinen Armen und irgendwie kriegt sie ihn hoch.

Als Marvel steht, ist ihm, als versuche er auf einem fliegenden Teppich zu balancieren. Der Teppich kippt mal nach vorn, mal zur Seite, mal bäumt er sich auf. Wie soll man da das Gleichgewicht halten? Marvel fällt auf Bine, diese kleine, drahtige Person, und Bine stützt ihn.

Marvel würgt, hustet, schluckt. Bine schiebt ihn in Richtung Klo. Marvel geht mit ausgestreckten Armen wie ein Blinder, der seinen Stock vergessen hat.

»Rechts!«, brüllt Bine. »Geradeaus!«

Das MOVES ist schon fast leer. Hinter der Bar räumen sie auf, aber der Kellner hat sie im Blick. »Hey!«, ruft er. »Ihr habt noch nicht gezahlt!«

»Meinem Freund ist schlecht!«, brüllt Bine zurück.

Der Kellner kommt wieselflink hinter dem Tresen vor. Er stellt sich den beiden in den Weg. »Wolltet ihr einfach abhauen?«, keift er, in der Hand die Rechnung.

Bine schnappt sich den Zettel. »Erst kotzen – dann zahlen«, sagt sie.

Aber da macht der Kellner nicht mit. »Nee, nee, so läuft das nicht«, sagt er. »Ihr zahlt genau jetzt!«

Marvel bleibt schwankend stehen. Die Augen geschlossen, konzentriert er sich aufs Auspendeln. Irgendwann, denkt er, muss es doch vorbei sein. Irgendwann muss ich doch wieder gerade stehen.

»Okay«, nuschelt er. »Ich zahl das. Meine Kohle …« Er tastet mit der rechten Hand nach seiner Gesäßtasche. »Hol mal raus. Wie viel ist es denn?«

Der Kellner nennt eiskalt eine Summe, aber die Zahl sagt ihm nichts.

Bines Finger krabbeln an seinem Po herum und sie fingert in seiner Tasche, bis sie ihm endlich die Geldbörse vors Gesicht hält. »Hier«, sagt sie. »Dein Geld.«

Marvel schließt sofort wieder die Augen. »Kann nicht«, sagt er. »Zahl du.«

Der Kellner wartet. Er hat die Arme vor der Brust verschränkt, er ist stocknüchtern. Mit einem Jägerblick sucht er das Lokal nach weiteren Zechprellern ab. Damit hat er Erfahrung. Als wenn Marvel die Zeche prellen wollte.

Bine zieht zwei Hunderteuroscheine aus seiner Geldbörse. »O Mann«, stöhnt sie. »Mit deiner Kohle kommt man ja bis nach Malle!«

Der Kellner schnappt sich die zwei Scheine und sagt kalt: »Bei uns kommt man damit nur bis aufs Klo.«

»Hey, glaubst du, der Rest ist Trinkgeld?«, schreit Bine ihm nach. »Macht ihr das Licht hier mit dem Hammer aus?«

Der Kellner hebt nur im Weggehen den Stinkefinger.

»Was ist das denn für ein Scheißschuppen!«, schimpft Bine, während sie Marvel vor sich her in Richtung Klo schiebt.

Marvel geht jetzt gerade. Er hat das Gefühl, dass er vielleicht doch nicht kotzen muss. Aber als er das Bine sagen will, schwappt wieder gallige Flüssigkeit in seine Mundhöhle. Er presst schnell die Hand vor den Mund.

»Platz da!«, ruft Bine, als sie vor dem Herrenklo ankommen, »meinem Freund geht gerade noch mal was durch den Kopf!«

Sofort öffnet sich eine Gasse und Marvel kann ungehindert vorwärtsstolpern, die Schwenktür fällt hinter ihm zu, vor ihm nur weiße Keramik und leuchtende Wasserhähne, die Pissrinne und die Klos. Erleichtert stürzt Marvel in eine Kabine und umarmt die Kloschüssel.

Als er sein Gesicht notdürftig gewaschen, das Hemd in die Hose gestopft und seine Hände abgetrocknet hat, kommt er aufrecht aus dem Waschraum.

Vor der Tür steht Bine und schwenkt einen Zwanziger.

Marvel hat keine Ahnung, was das zu bedeuten hat.

»Der Arsch wollte mir erst nicht rausgeben«, sagt Bine, als sie sich bei Marvel einhängt und mit ihm zum Ausgang geht. »Mit dem musste ich erst mal ein paar Takte reden. Ich hab ihm einen Zehner als Trinkgeld gegeben. War das okay?«

»Danke«, nuschelt Marvel. Ihm ist schon wieder übel, obwohl er sich gerade erst die Seele aus dem Leib gekotzt hat.

»Lass stecken. Die Frage ist: Wo wohnst du? Wie kommst du nach Hause?«

Sie stehen jetzt draußen vor dem MOVES. Der Türsteher ist nicht mehr da. Ein Taxi hält vor dem Eingang und jemand schiebt einen Besoffenen hinein. Ein Sportwagen rast mit aufgeblendeten Scheinwerfern vorbei. Marvel versucht ihm hinterherzugucken.

»Maserati«, nuschelt Marvel.

Bine schnaubt verächtlich. »Ist doch ’ne Nuttenschleuder. Also noch mal: Wo wohnst du?«

»Schlüterstraße …«, antwortet Marvel. Er kann wieder besser sprechen. Es ist doch ein Vorteil, wenn die Speiseröhre nicht mehr bis oben voll ist. Er kann auch ausatmen, ohne Angst, dass er gleich wieder würgen muss.

»Wo ist das denn?«, fragt Bine.

Marvel erklärt es ihr.

»Kommst du da allein hin?«, fragt Bine.

Marvel grinst. Er richtet sich auf. Wenn er tief durchatmet, bekommt sein Gehirn einen Schock von dem vielen Sauerstoff. »Na klar.«

»Okay.« Bine küsst ihn. »Ich muss nämlich genau in die andere Richtung. War schön mit dir.«

Marvel lächelt. »Find ich auch«, sagt er.

Sie schauen sich an. Marvel macht nichts. Er wartet. Bine stellt sich auf die Zehenspitzen und küsst ihn. Verzieht das Gesicht. »Richtig gut riechst du nicht«, sagt sie.

Marvel zuckt hilflos lächelnd mit den Achseln.

»Ich würde eine Dusche empfehlen«, sagt Bine, »falls du so was hast.«

»Klar habe ich ’ne Dusche.«

»Dann bist du ein Glückspilz.« Sie geht ein paar Schritte von ihm weg.

Er steht stocksteif da und schaut ihr nach. Sein Gehirn arbeitet nicht auf Hochtouren. Er weiß, wenn er ehrlich ist, nicht, was er jetzt machen soll. Wohin er gehen soll. Wie er nach Hause kommen soll.

Bine bleibt stehen, schaut ihn an, kommt zu ihm zurück.

»Du kommst durch?«, fragt sie. In ihrer Stimme kann Marvel eine Besorgnis ausmachen. Das rührt ihn so, dass er am liebsten hier und auf der Stelle in Tränen ausgebrochen wäre. Aber er kann sich beherrschen.

»Und ob ich zurechtkomme«, sagt er cool.

»Wenn du mal Sehnsucht nach mir hast«, sagt Bine, »ich arbeite am Hauptbahnhof, in der Saftbar.«

»Aha«, sagt Marvel.

»Hast du das verstanden?«, fragt Bine. »Weißt du, was der Hauptbahnhof ist?«

Marvel grinst.

»Und weißt du auch, was eine Saftbar ist?«

Marvels Grinsen wird ein bisschen breiter. Dabei wird ihm allein schon bei dem Gedanken an eine Saftbar kotzübel.

»Da findest du mich«, sagt Bine. »Sonntag bis Freitag. Heißen Dank für die Drinks.«

»War mir 'n Vergnügen«, nuschelt Marvel.

Er möchte, dass Bine jetzt ganz schnell geht, damit er mit dem bisschen Klarsicht, das sich gerade in seinem umnebelten Gehirn zeigt, den Rückweg nach Hause starten kann.

Er hebt den Arm. »Da nich für«, sagt er. »War voll der Hammer.«

Sie küsst ihn noch einmal, und da hätte er sie fast festgehalten, aber dann rennt sie los, und Marvel, der ihr nachstarrt, kapiert wieder nicht, wieso sie so nüchtern wirkt und er so besoffen ist.

8

Das Erwachen ist grässlich. Er weiß nicht mehr, wer er ist, wo er ist und wieso er überhaupt leben kann, mit solch mörderischen Kopfschmerzen.

Seine Augenhöhlen brennen, er kann das Volumen seiner Augäpfel am Schmerz ausmessen. So etwas hat er noch nie erlebt. Und der Gestank! Wenn er sich herumwälzt und seine Nase in das Kopfkissen steckt, würgt es ihn sofort.

Autos fahren über seinen Kopf. Keine netten Kleinwagen, mit denen Muttis morgens einkaufen fahren. Das sind Panzerspähwagen mit Kettenrädern. Sie walzen über seinen Kopf und quetschen seinen Schädel zu Brei. Er stöhnt, und wenn er stöhnt, muss er husten, und wenn der Husten ihn würgt, hat er Sekunden später bittere Galle auf der Zunge.

Als er irgendwann ziemlich sicher ist, dass dies nicht die Hölle, sondern sein Zimmer ist – ohne dass er bislang irgendeine Erinnerung an die vergangene Nacht hat –, rollt er sich aus dem Bett. Er klatscht auf den Holzfußboden wie ein Sack. Und bleibt erst mal liegen. Der Holzboden ist angenehm kühl und glatt.

Hier bleib ich liegen, denkt er glücklich und pennt sofort ein.

Irgendwann wacht er wieder auf, weil sein Handy klingelt. Er hebt den Kopf, blinzelt.

Wo, verdammt, kann in diesem Zimmer sein Handy sein?

Er hat nicht die geringste Ahnung. Ihm wird plötzlich klar, dass er das Zimmer im Grunde gar nicht kennt. Alles wirkt anders und chaotisch, ein Fremder muss hier gehaust haben. Er lässt seinen Kopf wieder auf den Boden zurückfallen. Wieder dieser dumpfe Schmerz.

Das Handy klingelt so lange, bis sich die Mailbox einschaltet.

Ruhe!

Er liegt auf dem Rücken, die Hände über der Brust gefaltet, und wartet auf ein Wunder.

Dass die Autos einen anderen Weg nehmen als über seinen Kopf.

Dass das Brennen in den Augen aufhört.

Dass seine Hände nicht so eklig nach Erbrochenem riechen.

Wie kommt fremde Kotze an meine Hände?, denkt er. Aber er fühlt sich außerstande, den Gedanken zu Ende zu führen.

Das andere Telefon beginnt zu läuten. Der Festnetzanschluss. Der ist im Flur. Marvel fällt plötzlich ein, dass er nicht allein auf der Welt ist. Er hat eine Mutter. Seine Mutter hat Nachtdienst – und kommt vielleicht gleich nach Hause! Wie spät ist es eigentlich???

Jetzt ruft sie ihn wahrscheinlich an, um ihn aus dem Bett zu jagen oder weil ihr irgendwas eingefallen ist, was er noch besorgen soll. Oder muss er zur Schule?

Was für ein Tag, verdammt noch mal, ist eigentlich???

Es wäre schon besser, wenn er es bis zum Telefon schafft, sonst macht sie sich nur Sorgen. Sie soll sich in der Illusion wiegen, dass zu Hause alles in Ordnung ist. Ihr Sohn watet gerade durch Dantes Inferno, aber sonst alles easy.

Marvel kriecht auf allen vieren in den Flur. Er versucht sich an der Wand hochzustemmen, aber die Knie sacken ihm weg. Scheiße, denkt er, wieso will ich überhaupt an den Apparat? Kann ich denn sprechen?

Ein Albtraum: Er öffnet den Mund und versucht sich zu räuspern. Statt eines Tons lodert nur ein Feuer in seinem Hals.

Da erlöst ihn der Anrufbeantworter.

Er bleibt in der Hocke, den Kopf auf den Knien, und hört, wie eine weibliche Stimme – ganz fröhlich, ganz ausgeschlafen und nüchtern – flötet:

»Hallo? Guten Morgen. Dies ist ein Anruf für Marvin Keller. Von der Multimedia. Lieber Marvin, hier ist Anette. Schöne Grüße von Biggi: Wir haben grandiose Neuigkeiten! Die Quote gestern Abend lag bei neunundzwanzig Prozent in der werberelevanten Zielgruppe von vierzehn bis neunundvierzig Jahre! Das ist mehr, als wir uns erträumt haben. Schade, dass du nicht da bist. Ich würde dich gern zu Biggi durchstellen …«

Marvel schnappt nach Luft. Er stemmt sich wieder an der Wand hoch, er gibt alles, er beißt sich auf die Lippen, bis sie bluten, aber er schafft es.

Biggi will ihn sprechen! Die Regisseurin!

Was hat die Tussi gesagt? 29 Prozent? Zielgruppe?

Er schüttelt sich, seine Halswirbel knacken. Wo, bitte schön, kann man einen neuen Kopf bestellen? Einen klaren Kopf, den man zum Denken benutzen kann, zum Sprechen vielleicht auch.

»Marvin, melde dich doch, wenn du wieder zu Hause bist! Heute Abend steigt eine Party! Biggi würde sich freuen, wenn du dabei bist.«

Biggi würde sich freuen, wenn du dabei bist!

Er ist fast am Telefon. Mit einem Hechtsprung wirft er sich in die Richtung und grapscht mit ausgestreckter Hand nach dem Hörer. Leider daneben.

Es knackt in der Leitung. Das Gespräch ist beendet.

Er möchte sich am liebsten mit dem Telefon im Arm wieder schön im Flur ausstrecken und sich wegträumen, aber sein Magen will das nicht. Sein Magen ist durch die körperliche Anstrengung in Wallung geraten und das, was noch drin ist, will jetzt raus.

Marvel stürzt ins Bad und sinkt vor der Kloschüssel nieder.

Als sein Magen nichts mehr hergibt und er blind nach einem Handtuch greift, muss er feststellen, dass er dieses Handtuch in der Nacht offenbar schon einmal benutzt hat, unter ähnlichen Umständen. Früher war das mal ein weißes Frotteehandtuch. Jetzt ist es ein bekotzter Lappen.

Und die Fußbodenkacheln im Bad waren mal weiß. Wie sie jetzt sind, will Marvel nicht beschreiben. Er will sie nicht mal sehen. Er will überhaupt dieses Bad nicht mehr sehen. So ein Bad darf es gar nicht geben!

Marvel hängt über dem Waschbecken und lässt kaltes Wasser über seinen Kopf laufen.

Die Dusche ist nur drei Schritte vom Waschbecken entfernt. Ach was: zwei Schritte. Das muss doch zu machen sein.

Marvel stützt sich am Waschbecken ab und wirft mit einer halben Körperdrehung seinen Oberkörper nach vorn, in der Hoffnung, dass die Beine nachkommen.

Es gelingt nicht ganz. Er knallt gegen die Waschmaschine, aber die gibt ihm auch Halt.

Als er an sich hinuntersieht, muss er feststellen, dass er noch vollständig angezogen ist.

Wie konnte er das übersehen?

Andererseits sehen die Sachen aus, als könnten sie auch dringend eine Wäsche gebrauchen.

Marvel bekommt Panik. Er muss sich zusammenreißen! Seine Mutter darf nichts merken!

Also entschließt Marvel sich, voll angezogen unter die Dusche zu gehen und sich nach und nach aus seinen Sachen zu pellen. Danach alles in die Waschmaschine.

Das nasse Zeug vom Körper zu kriegen, ist keine leichte Übung, aber Marvel ist erstaunlich gelenkig. Er selbst hat das Gefühl, er schaue sich dabei zu. Geschickt wie ein Äffchen turnt er aus seinen Sachen, rutscht in der Dusche dann zwar aus und knallt gegen die Plexiglaswand, aber alles bleibt heil.

Eine Viertelstunde später wirbeln seine Klamotten zusammen mit einer Schaufel Waschpulver im schäumenden Wasser und Marvel rutscht nackt auf Knien neben einem Scheuereimer her und wischt das Bad. Er zieht es vor, sich jetzt nicht mehr von höherer Warte aus zu betrachten.

Er zieht es vor, sich eine Auszeit vom Denken zu nehmen.

Das hier muss man wie ein Roboter hinter sich bringen. Ohne Ekel, ohne Reue, ohne Scham.

Irgendwie fällt ihm plötzlich das Buch »Per Anhalter durch die Galaxis« ein, und was sein Vater über diesen Roboter Marvin erzählt hat. Dabei will er weder an seinen Vater denken – schon gar nicht jetzt – noch an einen dämlichen Roboter, der Marvin heißt wie er.

Marvel ist an einem Punkt angelangt, wo er die Existenz depressiver Roboter auf einmal für möglich hält. Sie haben wahrscheinlich in ihrem früheren Leben zu oft vollgekotzte Badezimmer schrubben müssen.

Miranda. Bine. Er schämt sich.

Marvel hat die Wohnung geputzt, alle Fenster aufgerissen und ist mit einem Raumspray durch die Wohnung gelaufen.

Als seine Mutter anruft – sie frühstückt gerade mit einer Kollegin und will ihm nur sagen, dass er allein frühstücken muss; der Himmel schickt diese Freundin! –, kann er schon wieder sprechen. Jedenfalls in kurzen Sätzen.

Wie der Abend gewesen sei? – »In Ordnung.«

Wo sie denn waren? – »Im MOVES.«

Wo das sei? – »Schanzenviertel.«

Wann er nach Hause gekommen sei? – »Keine Ahnung. Hab nicht auf die Uhr geguckt.« Das war der längste Satz.

Dabei fällt ihm plötzlich eine peinliche Szene mit dem Kellner und Bine ein, in der es um Geld ging.

»Tschüss!«, brüllt er ins Telefon, wirft den Hörer hin, flitzt ins Bad, stellt die Waschmaschine aus und zerrt all die nassen Klamotten auf den Fußboden. Mit zitternden Fingern zieht er sein nasses Portemonnaie aus den pitschnassen Jeans.

Die Geldscheine, die er herauszieht, sind nur mehr sehr empfindliche nasse Lappen, die leicht reißen.

Er flucht. Er breitet die Geldscheine auf einem Handtuch aus und trocknet sie mit heißer Luft aus dem Fön. Er zählt sein Geld nach. Rechnet, überlegt, zählt noch mal.

Er versucht sich zu erinnern. Kann es sein, dass er 500 Euro dabeihatte – er wollte ein bisschen angeben – und ihn der Abend dreihundert Euro gekostet hat? Kann so was sein? Wenn sein Gehirnmotor nur mal anspränge, dann könnte er nachrechnen und nachdenken. Da war diese hochpeinliche Szene vor dem Klo, er komplett abgefüllt. Da hatte dieses Mädchen ihm doch die Geldbörse weggenommen.

Bei dem Versuch, seine Gehirnzellen zu aktivieren, durchfährt ihn ein Kopfschmerz, wie er ihn noch nie erlebt hat. Deshalb lässt er es lieber sein und konzentriert sich auf das Nächstliegende. Aufräumen. Spuren verwischen. Seine Mutter darf nichts merken, wenn sie von der Arbeit nach Hause kommt.

Das Telefon klingelt wieder. Dieses Mal ist es Bully, der wissen will, wie der Rest der Nacht gelaufen ist.

Marvel legt einfach auf.

Er radelt in den Supermarkt, hakt die Liste ab, die seine Mutter ihm hingelegt hat, und kommt mit zwei prall gefüllten Plastiktüten am Lenker wieder nach Hause.

Als er gerade sein Fahrrad ankettet, parkt die Familienkutsche der Hernandez vor dem Haus. Miranda und ihre Eltern steigen aus und laden Kartons vom Baumarkt auf dem Bürgersteig ab. Miranda schaut nur ganz kurz zu Marvel hinüber.

Marvel richtet sich auf, lächelt und sagt: »Hallo.«

Miranda tut, als habe sie das nicht gehört.

Aber María und Carlos Hernandez begrüßen Marvel herzlich und erzählen, dass Miranda ein neues Bücherregal bekommt. Also nicht wundern, wenn gleich eine Bohrmaschine dröhnt. Miranda flitzt an ihnen vorbei ins Haus. Marvel sieht ihr kurz nach, ob sie sich umdreht, damit er weiß, was sie ihren Eltern erzählt hat. Doch sie dreht sich nicht um.

Mirandas Mutter lächelt ihn an. »Heute kochen wir Paella, unser Nationalgericht. Du bist herzlich eingeladen. Wenn es dich nicht stört, dass alle spanisch sprechen.«

Heute Abend geht gar nicht. Abgesehen davon, dass Marvels Magen bei dem Gedanken an öligen Reis mit Muscheln, Hühnerfleisch und Paprika bereits reagiert. An Nahrungsaufnahme ist in den nächsten 24 Stunden nicht zu denken. Er ist froh, dass er überhaupt einigermaßen funktioniert. Deshalb erklärt er, höflich und nett wie immer, dass er gern käme, leider aber keine Zeit habe. Der Serienstart sei so erfolgreich verlaufen, dass deswegen heute Abend mit dem Filmteam eine Party steige.

María Hernandez strahlt ihn an und Carlos Hernandez schlägt Marvel anerkennend auf den Rücken. »Jetzt bist du berühmt, was?«, sagt er. »Jetzt haben wir einen berühmten Nachbarn.«

Marvel lacht. »Unsinn!«

Miranda erscheint in der Haustür, auf der Stirn eine senkrechte Falte.

»Mama, Papa!«, ruft sie. »Qué pasa? No llevó la llave.«

Marvel weiß genau, warum sie auf einmal spanisch mit ihren Eltern spricht. Um ihm zu zeigen: Hey, du bist mir so was von egal. Ich bemerk dich gar nicht.

»Ich hab Marvin zur Paella eingeladen!«, ruft María Hernandez. »Aber er hat heute Abend schon wieder eine Party.«

Wie Miranda ihn da ansieht! Wenn Blicke töten könnten! Marvel versucht es dennoch mit einem Lächeln.

»Die Filmcrew«, erklärt er. Miranda soll nicht denken, er sei mit dieser himbeerroten Ponyfrisur verabredet. Wie hieß die noch? Ach ja, Bine ohne e. Nein, mit der nicht. »Die haben mich eingeladen.«

Miranda lässt ihren Blick über die gegenüberliegenden Mietshäuser, die parkenden Autos und die Spatzen schweifen, die in den Pfützen baden. Sie macht Platz, als ihre Eltern an ihr vorbei in den Flur gehen, doch als Marvel ihnen folgen will, knallt sie ihm die Haustür vor der Nase zu.

Mittags kommt seine Mutter nach Hause, ganz fröhlich und aufgekratzt: Zum Frühstück gab's Prosecco. Eva, das ist Babsi Kellers Freundin, hat einen neuen Job, bei dem sie fast doppelt so viel verdient wie zuvor. Das musste gefeiert werden. Sie arbeitet jetzt bei einem Schönheitschirurgen. Da stehen im Wartezimmer weiße Ledersessel und silberne Tabletts mit Wassergläsern und Karaffen, ein Gärtner kümmert sich um das Terrarium und Paris Hilton hat die Uniformen für das Personal entworfen. »Superschick und sexy«, schwärmt Marvels Mutter. »Wenn ich da an unsere Krankenhauskittel denke!«

Marvel sitzt senkrecht auf dem Stuhl, die Hände zwischen den Knien, damit seine Mutter nicht sieht, wie sie zittern. Er hält den Kopf gerade, er fixiert seine Mutter, damit ihm das Bild nicht wegrutscht. Sein Kopf besteht zwar nicht mehr aus Fertigbeton, aber eine dumpfe graue Masse ist es immer noch, die gegen die Schädeldecke pocht.

Gut, dass seine Mutter nichts merkt. Sie läuft in die Küche, freut sich, dass Marvel alles eingekauft hat, und kommt mit zwei sauber geschabten Möhren zurück. Marvel lehnt ab, er kann kaum zusehen, wie seine Mutter diese Möhre kaut. Eine leichte Übelkeit stellt sich wieder ein.

Seine Mutter nimmt munter den Gesprächsfaden wieder auf. »Wer weiß, vielleicht sattel ich auch noch mal um. Am Empfang, bei einem Schönheitschirurgen – warum nicht? Ich muss das mal besprechen.«

Mit DocMike, denkt Marvel. Der schnippelt ja auch an Menschen rum. Die sind zwar tot und werden nicht schöner durch seine Arbeit, wenn der einen Stirnlappen abtrennt ... Marvel muss würgen.

Seine Mutter legt den Möhrenstrunk auf den Aschenbecherrand. Sie breitet die Arme auf der Sofalehne aus und lehnt sich zufrieden zurück. Sie lächelt Marvel an. Marvel bemüht sich sehr um ein lockeres Grinsen.

»Weißt du was, Schatz«, sagt seine Mutter, »ich hau mich jetzt ins Bett.«

»Gute Idee«, brummt Marvel. Bei dem Gedanken an sein Bett fühlt er geradezu eine Sogwirkung.

»Ich hab bis heute Morgen zehn Uhr durchgearbeitet«, erklärt seine Mutter. »Jede Stunde ein frischer Notfall.«

»Tapfer«, sagt Marvel.

»Ja, das finde ich auch.« Seine Mutter steht auf, streckt sich und winkt ihm im Hinausgehen ein fröhliches »Tschüss« zu.

»Tschüss«, sagt Marvel. Und denkt: Sie hat nicht mal gefragt, wann ich nach Hause gekommen bin! Und sie weiß noch gar nicht, dass ich heute Abend schon wieder auf die Piste will.

Er nimmt sich vor, ihr eine Nachricht auf dem Notizblock zu hinterlassen. So machen sie das immer.

Er hat sich gerade auch wieder ins Bett gelegt, um noch etwas Schlaf abzubekommen, da klingeln Mauki und Jojo Sturm.

»Hey Alter, alles fit?«, dröhnt Mauki, während er seine Hand krachend auf Marvels Schulter fallen lässt.

»Wie ist die Lage?«, fragte Jojo. »War ein supergeiler Abend, oder?«

»Weltniveau.«

»Voll der Wahnsinn. Echt.«

»Übrigens, die Firma dankt«, sagt Mauki. »Haben wir das schon gesagt?«

»Ach ja: heißen Dung auch!«

Ohne sich zu erkundigen, ob es gerade passt, drängen sie sich an ihm vorbei in die Wohnung. Beide noch richtig aufgekratzt.

Marvel muss sie ermahnen, leise zu sein. Seine Mutter schläft doch.

Sie haben drei Flaschen Pils dabei, aber Marvel lehnt ab. Er wirft sich wieder auf sein Bett und lässt sie weiterquasseln, während er mit der Müdigkeit und seinen Kopfschmerzen kämpft. Jojo und Mauki wollen unbedingt wissen, wie Marvel den Abend überstanden hat. Sie erklären ihm, wieso sie einfach verschwunden sind. Sie hatten irgendwie das Gefühl, dass Marvel gern mit Bine allein sein wollte.

Marvel kann sich nicht erinnern, ihnen dieses Gefühl vermittelt zu haben. Er weiß andererseits aber auch nicht, wann Jojo, Mauki und Bully abgehauen sind. Da hatte er längst schon einen Filmriss. Sie diskutieren eine Weile das Wort FILMRISS und machen ihre Witzchen darüber.

Marvels Kopf dröhnt, wenn sie laut lachen. Er wünscht sie zum Teufel.

»Mir geht's scheiße«, stöhnt er. »Mir bluten die Haare.«

Sie lachen, sie finden das witzig.

»Stimmt«, sagt Mauki, »du warst hackedicht. So hab ich dich noch nie gesehen.«

»Voll wie eine Schrankwand!«, erklärt Jojo strahlend.

Mauki grinst. »Weißt du, was ich glaube, Mann? Du bist immer noch breit.«

»Nicht so laut, Mann! Meine Mutter!« Marvel kann nicht verstehen, wieso die beiden es lustig finden, dass es ihm schlecht geht. Er hat einfach vergessen, dass sie das immer so machen. Er will, dass sie verduften und er endlich seine Ruhe hat.

Aber sie machen keine Anstalten, abzuhauen. Sie denken vielleicht, dass sei wahre Freundschaft, wenn sie ihm dabei zusehen, wie er mit seinem Kater ringt. Denn dass er noch ziemlich angeschlagen ist, entgeht den anderen beiden nicht.

»Nur ein Pils hilft jetzt«, rät Jojo.

Und Mauki bestätigt: »Mit Alk aufhören und mit Alk anfangen: Das ist der Trick. Von wegen Level wiederherstellen und so.«

Aber Marvel lehnt ab.

»Du hast ja tierisch rumgemacht«, stellt Bully anzüglich fest.

Rumgemacht?, denkt Marvel. Er erinnert sich an nichts.

Mauki will wissen, wie viel die Sause gekostet hat, aber Marvel, dem bei dem Gedanken an die teuerste Nacht seines Lebens schon wieder schlecht wird, macht nur eine wegwerfende Handbewegung. »Keine Ahnung, macht euch darüber mal keinen Kopf.«

»Sag doch mal!«, beharrt Mauki.

»Nee, sag ich nicht.«

Marvel könnte gar nichts sagen, wie viel er ausgegeben hat, weil er es nicht weiß. Das ärgert ihn tierisch. Er ärgert sich überhaupt. Über das Geld, das fehlt, über seinen Blackout, über die ganze verdammte Situation. Über seine Kumpel, die nicht merken oder nicht merken wollen, dass er total fertig ist. Über sich, dass er ihnen das nicht einfach sagt und sie wieder rausschmeißt. Er muss unbedingt den Restalkohol wegschlafen, bevor die nächste Fete beginnt.

Er setzt sich auf, fährt sich durch die verschwitzten Haare, stöhnt: »Leute«, presst er schließlich raus, »lasst Opa allein, ja? Opa muss schlafen.«

Sie lachen. Sie haben verstanden. »Alles ganz cool, Mann!«

Als hinter ihnen endlich die Wohnungstür ins Schloss fällt, lässt Marvel sich erleichtert aufs Bett fallen, öffnet das Pils und leert die Flasche, ohne ein einziges Mal abzusetzen. Sekunden später fällt er in einen komatösen Schlaf.

Die Party findet in der BRÜCKE statt, einem Bistro in der Isestraße. Es ist schon gerammelt voll, als Marvel eintrifft. Einige sind auf die Straße ausgewichen und stehen da mit ihren Wein- und Biergläsern herum.

Ein Kellner in bodenlanger weißer Schürze bietet kleine Snacks an.

Marvel trinkt ein Mineralwasser und fixiert die Snacks. Sieht wie Lachsröllchen aus, Leberpastete, Minipizzas. Er hat außer dem Bier noch nichts zu sich genommen. Das war notwendige Medizin, denn jetzt ist er fit. Und er ist fest entschlossen, seinem Magen eine Erholungspause zu gönnen: an diesem Abend nur Wasser. Dafür aber von dem Partyfutter so viel, wie reinpasst. Er fischt sich ein Lachssandwich vom Tablett, bevor der Kellner abhauen kann, und schlingt es gierig herunter. Jetzt sind seine Finger klebrig und er braucht eine Serviette. Als er sich suchend umschaut, entdeckt er Hotte, der mit ausgebreiteten Armen auf ihn zukommt. »Unser Max!«, ruft er. »Komm, lass dich ans Herz drücken!«

Hotte stellt dem Kellner sein leeres Bierglas aufs Tablett. »Davon hätten wir gern noch zwei. Du auch lieber Bier als Wein? Oder?«

Der Produktionsleiter ist ein wichtiger Mann. Dem schlägt man nicht einfach was ab.

Marvel wischt die fettigen Hände verstohlen an der Hose ab und grinst tapfer. »Bier macht keine Rotweinflecken.«

Hotte lacht. »Den kenn ich gar nicht. Der ist gut.«

Das kalte Bier kommt geil. Weich gleitet die Flüssigkeit durch seine vom vielen Erbrechen gereizte Speiseröhre. Nichts passiert.

Der Schaum, der auf seinen Lippen klebt, dieses leicht bittere Nichts, das sich mit der Zunge ablecken lässt, tut richtig gut.

Marvel, der blass war, als er in der BRÜCKE erschien, ist nach dem ersten Bier wie verwandelt. Er bekommt wieder Farbe, seine Gesten werden weiter, größer, und als Ronja ihm entgegenfliegt und ihn küsst, weil alle gerade so gut drauf sind und sich beim Film ja sowieso alle immerzu küssen, weiß er schon gar nicht mehr, dass er vor ein paar Stunden noch ein riesiges Problem hatte.

Er isst Schnitzel mit Kartoffelsalat und geht nach dem dritten Bier zu Prosecco über, weil Ronja Prosecco trinkt.

Es sei, sagt sie, ihr absolutes Lieblingsgetränk. »Ich liebe dieses Prickeln auf der Zunge!«

Marvels Mutter trinkt auch gern Prosecco, das könnte er jetzt sagen, tut es aber nicht, weil er im Augenblick keine Lust hat, über seine Mutter zu sprechen. Wenn man über seine Mutter spricht, kommt auch irgendwann der Vater ins Spiel. Doch seine blöde Familiengeschichte vor Ronja auszupacken, dazu hat Marvel an so einem Abend überhaupt gar keine Lust. Vor Ronja möchte er der coole Typ sein, der es bringt.

Ronja ist an diesem Abend ohne Freund da und irgendwie scheint es selbstverständlich – und weil sie im Film ja sowieso mal ein Paar werden –, dass sie den Abend zusammen verbringen.

In regelmäßigen Abständen kommt der Kellner mit einer eisgekühlten Flasche vorbei, und das Einzige, was sie tun müssen, ist, dem Kellner mit einem bittenden Lächeln ihre leeren Gläser hinzuhalten.

Auf diese Weise ist es schwer, die Übersicht zu behalten, wie viele Gläser man mit der Zeit leert. Besonders, wenn es nichts kostet.

Marvel fühlt sich super und hat auch das Gefühl, dass Ronja seine Gesellschaft nicht unangenehm findet. Bis plötzlich ein Taxi vorfährt, Ronja ihm hastig einen Abschiedskuss auf die Wange haucht und: »War echt schön, aber ich muss weiter«, murmelt. Marvel sieht nur noch, wie sie sich auf den Rücksitz schlängelt, ihre schönen nackten Beine nachzieht, die Tür vom Fahrer geschlossen wird und eine schlanke weiße Hand aus dem halb heruntergelassenen Fenster zum Abschied winkt.

Cooler Abgang, denkt Marvel. Ich sollte auch die Fliege machen, bevor es zu spät ist.

Der Gedanke ist kaum zu Ende gedacht, da spricht die Regisseurin ihn von hinten an: »Marvin, ich hab dich heute noch gar nicht ...«

Als er sich umdrehen will, merkt Marvel plötzlich, dass er Probleme mit dem Gleichgewicht hat, und muss mit rudernden Armen nach irgendeinem Halt suchen, um nicht umzukippen. Dieser Halt ist Biggis säulenartiger Oberarm.

»Na, Jungchen«, sagt die Regisseurin, »du hast aber ganz schön getankt.«

Marvel versucht sich zusammenzureißen. Er muss jetzt unbedingt etwas Kluges sagen, etwas Schlaues oder Geistreiches. Über die Quote und worauf der Erfolg wohl beruht und wie viel Spaß ihm der Dreh gemacht hat und dass es eine Ehre für ihn ist, dabei sein zu dürfen. Aber immer wenn er den Mund aufmacht, steigt nur etwas Saures aus seinem Magen auf und füllt den Mundraum, sodass er den Mund erschrocken ganz schnell wieder zumacht und verzweifelt schluckt.

Biggi mustert ihn und wartet.

Er lächelt tapfer, schüttelt über sich selbst fassungslos den Kopf, greift sich in die Haare, lächelt wieder. »Weiß auch nicht«, sagt er, »irgendwas ist nicht in Ordnung.«

»Ich glaube«, Biggis Stimme ist plötzlich sehr streng, »dass du einfach genug hast.«

Marvel senkt den Kopf. Er nickt. Er hält sich krampfhaft an einem der Stehtische für Raucher fest, um nicht zur Seite wegzukippen. Nicht auszudenken, wenn er auf Biggis Busen kippen würde.

»Glaub ... besser nach Hause ...«, nuschelt er.

»Guter Gedanke«, sagt Biggi, bevor sie sich endgültig wegdreht.

Marvel sieht ihr durch die halb geschlossenen Lider nach. Lässt mich stehen wie einen kleinen Jungen, denkt er. Auch nicht die feine Art. Nur weil ich ein bisschen zu viel von dem Zeug ... Man hätte mir ja nicht dauernd nachschenken müssen ... O Mann, ich weiß auch nicht ... eben ging's mir noch so gut. Und jetzt ...

Er stößt sich vom Tisch ab und zwängt sich, indem er rigoros seine Ellenbogen einsetzt, durch die rauchende Meute auf die Straße.

Ein Wagen kommt ihm mit aufgeblendeten Scheinwerfern entgegen. Das verstärkt den Schwindel noch, er weicht schwankend zurück, schickt dem Fahrer, der warnend hupt, ein paar Flüche hinterher, aber wird davon kein bisschen nüchterner. Da vorn ist eine Straßenlaterne. Die schaff ich, denkt Marvel. Konzentration.

Er fixiert die Laterne, die ihr weiß-gelbes Licht über den kleinen Platz vor der Kneipe wirft, und lässt sich, als er sie erreicht hat, glücklich an dem Mast hinunter auf die Erde gleiten.

Ah, das tut gut. Das kühle Eisen im Rücken, eine Stütze für den Kopf, die Beine schön ausgestreckt. Hoffentlich ist da keine Hundescheiße. Aber die Leute in dieser Gegend benehmen sich ja alle … laufen alle mit diesen schwarzen Kacksäckchen herum. Wird schon gut gehen.

Plötzlich beugt Hotte sich zu ihm herunter. »Marvin? Alles okay?«

Marvel war sich gar nicht bewusst, dass er die Augen geschlossen hatte. Er reißt sie erschrocken auf. Hotte mustert ihn. Nicht wirklich mitfühlend. Eher kühl.

»Weiß nicht«, murmelt Marvel. »War wohl zu viel Prosecco.«

»Ja, ich hab gesehen, dass ihr beide dem ganz gut zugesprochen habt. Trinkst du immer so viel, wenn es was umsonst gibt?«

Marvel konzentriert sich. Was soll die Frage denn?

Hotte wartet.

Marvel runzelt die Stirn. Er reißt sich zusammen, aber ihm fällt nichts ein. Also lässt er den Kopf einfach wieder gegen den schönen, kühlen Lampenmast fallen. Es tut einen richtigen Schlag in seinem Hirn. Er grinst.

Hotte gibt ihm einen leichten Klaps auf die Schulter. »Steh auf und fahr nach Hause.«

Marvel nickt. Er rappelt sich hoch. Das ist nicht so einfach, denn der Mast ist glatter und dünner als gedacht. Wenn man sich dagegenlehnen will, ist er immer ein bisschen woanders. Marvel schwankt, aber er steht.

Er schaut sich um. Hotte ist schon weitergezogen. In der Nähe diskutieren drei Männer, die ihm vage bekannt vorkommen. Alle tragen Jeans und um die Schulter geknotete Pullis. Sie geben einander Feuer.

Ja, Mensch! Das sind die Drehbuchautoren, denkt Marvel. O Mann, echt schade, mit denen hätte ich mich gern mal unterhalten. Wo kommen die denn jetzt erst her? Die waren doch vorhin noch nicht da. Ich müsste denen erzählen, dass ich einen Freund habe, der später auch Drehbücher schreiben will. Aber was Gutes. Was richtig Gutes. Kinofilm. Internationale Produktion, darunter tut mein Freund Mauki es nicht.

Aber die Typen schauen nicht her. Sie stehen im Halbkreis und drehen ihm den Rücken zu.

Okay, denkt Marvel, dann nicht, ihr Ärsche. Dann geh ich eben nach Hause.

Er taumelt zwischen den parkenden Autos hindurch und streckt wie ein gut gedrillter Soldat seinen Arm pfeilgerade in die Luft.

Als ein Taxi am Bordstein hält, salutiert er.

Der Taxifahrer verzieht keine Miene, als Marvel umständlich einsteigt und ewig lange nachdenken muss, bis ihm wieder einfällt, dass er nach Hause will.

Marvel sieht noch, während sein Kopf schon aufs Nackenpolster sinkt, dass die Drehbuchautoren ihm nachschauen.

Arschlöcher, denkt Marvel. Dann denkt er nichts mehr.

Als er aufwacht, stellt er erstens fest, dass er nicht in seinem Bett liegt, und zweitens, dass sein Kopf höllisch brummt. Seine Lider sind so geschwollen, dass er sie schlecht aufbekommt, deshalb braucht er lange, bis er sich orientiert hat.

Irgendwann wird ihm klar, dass es Nacht ist und er auf den Stufen vor der Haustür liegt.

Da hat dieser Arsch von Taxifahrer mich abgeladen, denkt er. Der weiß auch nicht, was sich gehört. Kann der mich nicht anständig nach Hause bringen? Wofür zahlt man eigentlich?

Er erinnert sich dunkel, dass er ihm einen Fünfzigeuroschein gegeben hat.

Er richtet sich behutsam auf, die Hände gegen die Schläfen gepresst. Schön ist, dass ihm nicht übel ist. Sein Magen macht gut mit. Marvel nickt zufrieden. Geht doch.

Gegen die Kopfschmerzen gibt's Tabletten. Gut, wenn man eine Mutter hat, die im Krankenhaus arbeitet.

Er sitzt auf der Treppe, zusammengeklappt wie ein Taschenmesser, Hände und Füße auf dem Boden. Langsam drückt er die Knie durch. Alles geht gut.

Na prima, denkt Marvel, wer sagt's denn.

Er stützt sich an der Haustür ab und schiebt sich langsam in eine aufrechte Position. Vom Affen zum Menschen, denkt Marvel grinsend. Wie leicht das geht. Und dafür haben wir Jahrtausende gebraucht, wenn nicht mehr.

Er fingert nach seinem Haustürschlüssel. Jetzt muss er noch die knifflige Aufgabe lösen, den Schlüssel in dieses kleine Haustürschloss zu stecken.

Das dauert, aber es klappt.

Automatisch geht im Flur das Licht an.

Er lässt die Haustür hinter sich ins Schloss fallen, dann klammert er sich ans Treppengeländer und zieht sich Stufe für Stufe nach oben.

Im ersten Stock muss er pausieren. Er steht am Geländer, den Kopf auf der Brüstung, und lauscht auf sein pochendes Herz. Ihm ist schwindlig, aber schlecht ist ihm nicht.

»Guter Magen«, murmelt er, »braver Magen.«

Dann zieht er sich am Treppengeländer Stufe für Stufe in die zweite Etage hoch.

Da ist die Wohnungstür.

Er atmet tief durch. »Geschafft!«

Der zweite Schlüssel, der nächste Kampf mit einem Schloss.

Wieder ein Sieg. Marvel ist so erleichtert, dass er zusammen mit der Tür fast in den Flur fällt.

Da hört er sie lachen! Seine Mutter! Lacht! Zum ersten Mal, seit sie damals das Haus verlassen haben, hört er seine Mutter lachen und denkt: Scheiße, ich bin besoffen.

Musik. Und dann noch eine Stimme. Die Stimme von DocMike. Er erzählt etwas und wieder lacht seine Mutter hellauf. So wie junge Mädchen lachen. So fröhlich.

Marvel muss sich jetzt konzentrieren. Er muss an der halb offenen Wohnzimmertür vorbei unbemerkt in sein Zimmer.

Aber vorher muss er den Umweg über das Klo nehmen.

Oder nein, denkt er, besser erst ausziehen, dann aufs Klo.

Er tastet sich vorwärts, hält dabei die Luft an. Beim Luftanhalten wird ihm leicht übel, deshalb gibt er den Plan auf und atmet lieber ganz leise durch die Nase.

»Und was passierte dann?«, ruft seine Mutter. »Ich kann nicht mehr! Das ist so urkomisch!«

»Ja genau«, sagt DocMike und dann wird die Musik etwas lauter, und als sie leiser wird, hört Marvel: »... nass wie die Pudel ... und ... meine Brille ...«

»Hör auf!«, kreischt seine Mutter. »Hör auf, mir platzt gleich der Bauch vor Lachen!«

Marvel ist in seinem Zimmer, drückt die Tür behutsam zu. Lehnt sich dagegen. Atmet. Ruhig. Tief. In seinem Kopf dreht sich langsam ein Karussell. Er wartet, bis das Karussell zum Stillstand kommt. Dann öffnet er vorsichtig die Augen.

Das Zimmer ist stockdunkel. Aber er weiß ja, wo der Lichtschalter ist.

Er wirft sich mit seinen Klamotten aufs Bett und wartet wieder. Darauf, dass das Herzrasen nachlässt. Dass die Kreise vor seinen Augen konzentrisch werden. Dass die Zimmerdecke sich ihm nicht mehr entgegenwölbt. Dann erst zieht er sich aus, schleicht auf Zehenspitzen ins Gästeklo, drückt nur ganz kurz die Spülung und schleicht wieder zurück.

Seine Mutter lacht nicht mehr, aber DocMike redet immer noch.

Dieser Mann ist Gold wert, denkt Marvel, der hält mir den Rücken frei.

Dass er einen so großen Gedanken denken kann, macht ihn sekundenlang fast stolz. Aber dann, im Bett, ist das Karussell wieder da und es ist größer und macht verrückte Loops und schmeißt seinen Mageninhalt an die Zimmerdecke und wieder zurück. Er krallt die Hände in die Matratze, um nicht aus dem Karussell ins Bodenlose zu fallen.

9

Bully, Mauki und Jojo finden, dass der Abend im MOVES geil gewesen ist. Eine ganze Woche lang schwärmen sie den Mitschülern in jeder Pause von den scharfen Weibern, den geilen Cocktails und der hammerharten Musik im MOVES vor. Sie wollen die anderen eifersüchtig machen und neidisch, ganz klar.

Marvel sagt dazu nichts. Er lächelt nur und blickt durch die Gläser seiner neuen Ray-Ban-Sonnenbrille ins Leere.

Seit dem Absturz am Wochenende hat er oft den Wunsch, ins Leere zu starren. Er kann ganz lang einfach nur dasitzen und an gar nichts denken. Manchmal überkommt ihn die Angst, dass ihm ein paar Gehirnzellen abhandengekommen sind. Manchmal träumt er nachts von kleinen grünen Männchen, die sich Hut und Mantel anziehen und dann kolonnenweise aus seinem Gehirn marschieren.

Manchmal lacht er über diese komischen Träume.

Es gibt aber auch Momente – besonders dann, wenn er in der Zeitung liest, wie viele Gehirnzellen bei einer Trunkenheit absterben –, in denen er das Ganze ernster nimmt. In den Momenten beschließt er, dem Alkohol abzuschwören. Und meint es in dem Augenblick auch so.

Andererseits sagt er sich, dass er ja noch gar nicht wirklich angefangen hat. Er ist jung. Erst fünfzehn. Da kann man was vertragen. Und soooo viele Biere waren es auch noch nicht, die er in seinem Leben schon weggedrückt hat. Da gibt es ganz andere Kaliber an seiner Schule.

Onkel Herbie muss seinen Laden schließen. Wegen fortgesetzten Alkoholverkaufs an Minderjährige. Er hat mehrere Bußgeldverwarnungen ignoriert und jetzt ist Schluss mit lustig.

Marvel findet es im Grunde gar nicht so schlecht, dass Onkel Herbie nach der Schule nicht mehr lockt. Aber das darf er seinen Freunden nicht sagen. Für seine Freunde ist das Ende von Onkel Herbie so eine Art Weltuntergang.

Sie verstehen nicht, wieso Marvel sich gar nicht darüber aufregt. Sie finden überhaupt, dass Marvel sich verändert, und zwar rasend schnell.

Marvel hat jetzt Geld und jede Woche wird er ein bisschen berühmter. Das sind die Fakten. Er hat seiner Mutter eine Espressomaschine gekauft. Und für sich Klamotten. Seine Klamotten sind jetzt definitiv zwei Klassen besser als alles, was sonst an seiner Schule getragen wird. Jojo, Mauki und Bully nehmen das zur Kenntnis, ohne es groß zu kommentieren.

Jeden Freitag, wenn die Serie läuft, wird Marvel ein bisschen berühmter. Dadurch wächst Woche für Woche die Kluft zwischen ihnen. Ob sie es nun wollen oder nicht.

Von der Fete in der BRÜCKE haben sie aus der Morgenpost erfahren. Auf der Klatschseite war sein Name fett gedruckt. MARVIN KELLER. Maukis Mutter hat es zuerst entdeckt und die Zeitung auf den Küchentisch gelegt, sodass Mauki sie fand, als er aus der Schule nach Hause kam.

»Das ist strange«, sagte Mauki zu Jojo am Telefon, als er ihm davon berichtete, »dass einer von uns fett gedruckt in der Zeitung steht!«

»Ja«, erwiderte Jojo.

Dann schwiegen sie eine Weile.

»Dabei«, erklärte Jojo schließlich, »ist die Serie eigentlich scheiße.«

Mauki lachte still in sich hinein. »Stimmt.«

Marvel spürt auch, dass sich etwas zwischen ihnen verändert hat. Er kann es nicht mit Händen greifen. Er kann es nicht in Worte fassen, doch sie ist da, sie existiert – diese feine Trennungslinie zwischen ihm und seinen alten guten Kumpels.

Zum Beispiel erwähnen sie die Soap überhaupt nicht mehr. Sie rufen nicht an, nachdem sie freitagabends gelaufen ist. Er sitzt zu Hause allein oder mit seiner Mutter und DocMike vor der Glotze. Er muss das sehen, er will das sehen. Er findet die Serie gut, gut gemacht. Er findet sich selbst nicht wirklich gut, er könnte viel besser sein, wird vielleicht auch viel besser, wenn's weitergeht, aber er findet sich auch nicht schlecht.

Ich kann aufrecht durch Hamburgs Straßen gehen, denkt er, ich muss mich nicht schämen. Laut sagt er so was nicht. Aber wenn er in eine U-Bahn steigt, dann will er schon wissen, ob die Leute sich nach ihm umgucken oder nicht. Manchmal tun sie es und dann geht es ihm gut.

Auch das erzählt er seinen Freunden nicht. Zusammen fahren sie nur noch selten irgendwohin. Marvel geht jetzt immer häufiger seiner eigenen Wege. Und die führen ihn fast immer zum Hauptbahnhof.

Im Hauptbahnhof gibt es einen Schlemmermarkt. Dort haben sie für die Fahrgäste, die in Hamburg ein-, aus- oder umsteigen, ein riesiges Angebot an Speisen. Es gibt einen Italiener, einen Japaner, einen Chinesen, einen Griechen, es gibt eine Bäckerei, einen Obstladen und eine Saftbar.

Und an der Saftbar, hinter einer Batterie von Glaskaraffen mit gelbem, grünem, rotem und orangefarbenem Inhalt steht von Sonntag bis Freitag, zwischen zehn Uhr morgens und neunzehn Uhr abends die Frau mit den himbeerroten Haaren. Bine ohne e.

Als er sie das erste Mal besucht hat, war das nur, um die Geldfrage zu klären.

Er fuhr an einem Sonntagnachmittag zum Hauptbahnhof, irgendwie sicher, dass es im Hauptbahnhof gar keine Saftbar gab, und falls doch, dass Bine bestimmt nicht dort arbeitete. Vielleicht war Bine nur eine, die auf sein Portemonnaie scharf gewesen war.

Er entdeckte sie ziemlich schnell. Sie trug einen weißen Kittel mit apfelgrünen Punkten, schräg in ihr Gesicht hing ein apfelgrünes Käppi und sie schnippelte gerade Bananen klein und schob sie dann vom Brettchen in den Schlund eines metallenen Mixers.

Marvel ist nicht gleich zu ihr gegangen. Er hat sie aus der Deckung eines Fahrkartenautomaten beobachtet.

Sie schaute nicht auf, dabei standen einige Leute vor ihrer Saftbar. Vier Mädchen und ein Mann mit Sonnenbrille und Koffer, der immer wieder ungeduldig auf die Uhr sah. Bine ließ sich nicht drängen. Seelenruhig fischte sie eine Ananas aus der Auslage, schnitt die Schale ab, den Rest in Scheiben und dann in kleine Stücke und schob sie mit der flachen Messerseite in den Mixer. Sie drehte den Mixer an, dessen Lärm für einen Augenblick alle anderen Geräusche in Marvels Umgebung übertönte, und sah immer noch nicht auf. Der Mann nahm wütend seinen Koffer und ging.

Bine stellte vier Gläser auf den Tresen, schaltete den Mixer aus und schüttete den Inhalt erst in eine Karaffe und von da in die einzelnen Gläser. Dann wurden Strohhalme, rot-weiß gestreifte, in die Gläser gesteckt. Danach nahm Bine den Geldschein, den eines der Mädchen hingelegt hatte, öffnete die Kasse und gab Kleingeld heraus. Marvel hob vorsichtig die Hand, aber sie sah ihn einfach nicht.

Als die vier Mädchen sich gierig auf ihre schäumenden Ananas-Bananen-Cocktails stürzten, schaute Bine endlich auf. Und ihm direkt in die Augen.

Marvel wusste nicht, was er für ein Gesicht machen sollte, weil Bine ihn nur reglos musterte. Ihre Augen wurden nicht größer. Sie lächelte nicht. Schließlich nahm er sich zusammen, steckte seine Hände tief in die Hosentaschen und schlenderte auf die Saftbar zu.

Sie sah ihn kommen, aber sie lächelte immer noch nicht. Ihre Hände wischten mechanisch mit einem gelben Schwammtuch über die Arbeitsplatte. Sie ließ ihn nicht aus den Augen, bis er direkt vor ihr stand.

»Was darf's sein?«, fragte sie.

»Hallo«, sagte Marvel, »kennst du mich nicht mehr?«

»Ich dich schon«, entgegnete sie. »Die Frage ist nur, ob du mich noch kennst.«

»Und ob«, sagte Marvel. Und grinste.

Bine schaute ihn an und Marvel fand, dass das apfelgrüne Käppi, das bei jedem anderen total albern ausgesehen hätte, ihr irgendwie stand. Sie trug an diesem Tag weiße Ohrclips in der Größe von Tischtennisbällen.

»Dann ist's ja gut«, sagte Bine.

Marvel grinste. »Wieso? Was meinst du damit?«

Ein Kunde kam, ein Mann um die fünfzig mit nervösem Augenzucken, und wollte einen einfachen Orangensaft aus frischen Früchten.

»Unsere Säfte sind alle aus frischen Früchten.« Bine deutete auf die Leuchtschrift über ihrem Kopf. »Da steht es.«

»Es steht überall viel«, sagte der Mann.

»Klein, mittel oder groß?«, fragte Bine, während sie die Orangenpresse anstellte, ein Instrument mit zwei Laufröhren, ähnlich denen, durch die die Lottokugeln mittwochs und samstags rollen.

Marvel schaute fasziniert zu.

»Mittel«, sagte der Mann.

Marvel hatte gewusst, dass der Mann »Mittel« sagen würde. Da musste man sich nicht entscheiden, für klein oder für groß.

Als der Mann seinen Saft getrunken hatte, seine eingebeulte Aktentasche – sie sah aus, als wäre nichts drin – wieder aufgenommen hatte und weggegangen war, meinte Marvel: »Die meisten Menschen nehmen Mittel, stimmt's?«

»Falsch«, sagte die Bine. »Die meisten nehmen Groß.«

»Echt?«

»Klar. Weil wer rechnen kann, sofort weiß, dass man bei Groß für sein Geld am meisten kriegt.«

»Apropos Geld«, sagte Marvel. Und stockte.

Eine Mutter mit einem quengelnden Kind an der Hand wollte einen Milchshake.

»Milchshakes gibt's am anderen Ende der Halle«, sagte Bine. »Hier gibt es nur Fruchtsäfte.«

»Komm, Tobias«, sagte die Mutter.

Der Junge schaute sich nach Bine um. Bine streckte ihm die Zunge raus. Der Junge überlegte kurz und streckte ihr dann seine entgegen. Bine lachte.

»Was ist mit dem Geld?«, fragte sie.

Marvel musste sich mehrfach räuspern, bis er mit der Frage rauskam, ob Bine sich erinnern könne, wie das an dem Abend mit seinem Geld gewesen sei. Weil sie doch wohl bezahlt habe, aus seinem Portemonnaie, oder sehe er das falsch?

»Das siehst du ganz richtig«, sagte Bine. »Du warst ja total breit. Mann, war echt grenzwertig.«

Marvel verzog das Gesicht. »Tut mir leid.«

»Ich dachte schon, du spuckst mich voll«, sagte Bine. »Darauf hatte ich keinen Bock, deshalb bin ich nicht mit dir nach Hause.«

Marvel runzelte die Stirn. Hatte er Bine etwa aufgefordert, mit zu ihm nach Hause zu kommen?

»Ich weiß nicht mehr, wie viel das gekostet hat«, sagte Bine, »war aber eine Stange Geld. Ich musste dem Kellner noch hinterher, weil er irgendwie nicht mit dem Wechselgeld rausrücken wollte. Ich hab's dir aber genau gesagt. Ich glaub, ich hab ihm zehn Euro Trinkgeld gegeben. Wieso? Fehlt was?«

»Ich weiß nicht«, sagte Marvel. »Kommt mir so vor.«

Bine sagte darauf nur: »Aha.« Das Thema Geld war wohl nicht ihr Lieblingsthema.

Der nächste Kunde wollte wissen, ob Bine eine Ahnung habe, wo das Funkbüro sei. Bine wusste es. Sie konnte den Weg in wenigen Worten sehr gut erklären.

Marvel war beeindruckt.

»Willst du was trinken?«, fragte Bine.

Marvel betrachtete das Angebot. Es gab Kiwi, Ananas, Apfel, Banane, Orange, Möhre und Mango. Alle Säfte gemixt oder auch pur.

»Weiß nicht«, meinte Marvel. »Was ist denn lecker?«

»Mango-Banane«, erwiderte Bine. »Das schmeckt nach Fernweh.«

Marvel lächelte. »Okay«, sagte er, »dann Mango-Banane.«

Er sah zu, wie Bine etwas Eis und die beiden Säfte in den Mixer gab, einmal alles aufschäumte und den Mix dann in ein hohes Glas mit Strohhalm schüttete.

Marvel kramte in seinen Hosentaschen. Münzen trug er jetzt immer lose in der Tasche. Das klimperte so schön und wirkte irgendwie cool.

»Geht aufs Haus«, erklärte Bine.

»Nee, komm.«

»Doch, ich lad dich ein.«

»Echt?«

Bine sah ihn an. »Mann, denkst du, du bist der Einzige auf der Welt, der dicke Hosen hat?«

Marvel wurde rot. Er wusste nicht genau, was sie damit meinte. Er stellte sich brav etwas abseits, als ein weiterer Kunde kam, schlürfte die Mango-Banane-Pampe durch den Strohhalm und versuchte herauszufinden, ob der Geschmack bei ihm Fernweh auslöste. Tat er aber definitiv nicht.

Durch die Lautsprecher wurden unentwegt Gleisänderungen, Abfahrzeiten und Verspätungen durchgegeben.

»Wenn du glaubst, ich hab dich beklaut, dann sag es«, forderte Bine, als sie wieder allein waren.

Marvel wurde rot. »Hab ich das gesagt?«

»Ich weiß nicht mehr, was du gesagt hast, aber ich weiß, wie du es gesagt hast.«

»Und wie?«

»Als hätte ich dich beklaut.«

»Nein, verdammt! Das denke ich nicht!«

»Dann ist es ja gut, denn sonst hättest du eins auf die Nase gekriegt.«

Die nächste Kundin, die eine starke Brille trug, wollte einen großen Becher Möhrensaft. Bei dem Wort »groß« warf Bine ihm einen triumphierenden Blick zu.

»Ich hab eben im Zug in einer Zeitung gelesen, dass in Möhren viel Karotin ist«, sagte die Frau.

»Daher auch das Wort Karotten«, erwiderte Bine.

»Was? Ach? Ja, und das Karotin soll gut für die Augen sein.«

»Bestimmt«, sagte Bine. »Macht drei Euro fünfzig.«

Als sie wieder allein waren, fragte Marvel, wann sie Feierabend habe.

»Sieben Uhr«, antwortete Bine. Die große Bahnhofsuhr zeigte da genau dreizehn Uhr zehn. »Aber heute Abend kann ich nicht.«

Marvel wartete. Plötzlich spürte er seinen Herzschlag. Irgendwie erwartete er, dass sie jetzt gleich sagen würde, sie sei mit ihrem Freund verabredet. Und er wusste plötzlich, dass ihn das stören würde, wenn sie einen Freund hätte. Aber Bine sagte gar nichts.

Und deshalb sagte Marvel: »Also dann, mach's gut.«

»Tschö mit ö«, sagte Bine, ohne ihm noch einmal in die Augen zu sehen, denn da wartete bereits ein neuer Kunde.

Und er dachte: Das war's dann. Die muss ich auch nicht wiedersehen.

Aber da irrte er.

Auf einmal kann Marvel sich nämlich einen Tag ohne Bine gar nicht mehr vorstellen. Bine kennt immer einen Ort, wo sie hinkönnen, egal ob es regnet oder gutes Wetter ist. Irgendeinen schönen, trockenen Platz, wo sie sitzen, auf die Elbe oder die Schrebergärten gucken und sich das Leben schön trinken können. Von anderen Ländern träumen, zum Beispiel.

Bine möchte später mal weg. Lateinamerika vielleicht. Sie denkt da an Santo Domingo oder Costa Rica. Ihm hingegen hat immer eher Asien vorgeschwebt. Die Buddhatempel. Und die Frauen haben Orchideenblüten im Haar. Das sanfte Lächeln der Burmesen. Wahrscheinlich, sagt Marvel, alles Klischees. Wahrscheinlich ist es da ganz anders. Aber egal. Hauptsache weg.

Außerdem, meint Bine, könne man da am Strand schlafen, weil es nachts nicht kalt wird. In vielen Ländern brauche man gar keine Wohnung und niemanden störe es, wenn man auf einer Parkbank schläft. Nur hier, in Deutschland, sei alles so blöde reglementiert.

Sie zaubert immer irgendwas Essbares aus ihrem abwaschbaren Rucksack, mal belegte Brote, mal Croissants, mal gebratene Hühnerschenkel. Alles nie richtig verpackt, sondern notdürftig in Servietten eingewickelt, von denen sie in ihrem Rucksack viele hat. Sie sind genauso dünn wie die Servietten, die auf den Tresen der Imbisse im Hauptbahnhof herumliegen. Marvel glaubt, dass sie das Essen klaut, aber er fragt sie nicht, weil er nicht weiß, wie er reagieren soll, wenn sie Ja sagt.

Bine hat auch immer Alkohol dabei. Sie sagt, direkt nach der Arbeit braucht sie was Scharfes, um den klebrig-süßen Geschmack der ganzen Fruchtsäfte aus der Kehle zu kriegen. Am liebsten trinkt sie Wodka. Sie sagt, sie habe eine Quelle für billigen Wodka. Marvel glaubt, dass auch der Wodka geklaut ist. Aber er fragt nicht, aus dem gleichen Grund wie oben.

Er findet es einfach gut, mit ihr am Wasser oder auf einem Spielplatz oder unter einer Brücke zu sitzen, die Flasche hin- und hergehen zu lassen, Chips aus der Tüte zu futtern und darauf zu warten, dass man sich besser fühlt, dass die unangenehmen Dinge von einem abblättern wie die Schalen einer Zwiebel. Nach einer Weile geht es ihm so gut, dass er Bine Sachen erzählen kann wie sonst noch niemandem.

Bine weiß inzwischen, dass sein Vater eine neue Frau hat. Und eine neue Tochter. Sie weiß, dass seine Mutter im Krankenhaus arbeitet und darüber nachdenkt, in eine Schönheitschirurgie-Praxis zu wechseln. Das findet sie geil.

Sie weiß auch über die Schule Bescheid. Wenn Marvel eine Arbeit geschrieben hat, will sie wissen, wie es gelaufen ist. Aber wenn er sich Sorgen macht, dann lacht sie. »Schule ist doch egal«, sagt sie. »In der Schule lernst du nicht, was du später brauchst. Alles, was ich heute kann, hab ich mir selbst beigebracht.«

»Und was ist das?«

Bine hat kurz die Stirn gerunzelt, dann gelacht. Dann ist sie aufgestanden und hat ihn gefragt, wie oft er einen flachen Stein über das Wasser springen lassen kann.

Er schaffte fünfmal.

Bine achtmal.

Wenn sie abends keine Zeit hat oder er auf eine Arbeit lernen muss, geht er wenigstens nach der Schule mal kurz vorbei, um sich zu vergewissern, dass es sie noch gibt und dass sie immer noch hinter dieser albernen Saftbar mit den gestreiften Sonnenschirmen steht. Bine ohne e gehört zu den Menschen, die auftauchen und verschwinden, als hätte ein Zauberer sie in seinem Hut stecken.

»Wo wohnst du eigentlich?«, hat Marvel Bine mal gefragt.

Sie hat gelacht. »Wohnen? Was ist das denn?«

»Na, wohnen, wo ist deine Wohnung?«

»Wohnungen haben nur Reiche, so wie du.«

»Das ist doch Quatsch. Es gibt auch Sozialwohnungen für Hartz-IV-Empfänger.«

»Ich bin aber kein Hartz-IV-Empfänger. Ich lass mir doch von dem beschissenen Staat nichts schenken.«

»Also, einfache Frage: Wo schläfst du zum Beispiel heute Nacht?«

Bine tat, als dächte sie nach. Dann lachte sie. »Weiß noch nicht genau. Bei einer Freundin, schätzungsweise. Vielleicht bei Niki. Oder bei Estelle.«

»Du kennst eine Estelle? Echt?« Marvel war begeistert und hat ihr erzählt, dass er auch Estelle geheißen hätte, wenn er als Mädchen auf die Welt gekommen wäre.

»Sei froh, dass du nicht so heißt«, hat Bine gesagt.

»Wieso? Was ist denn mit Estelle?«

Bine hat ihn angesehen, hat gezögert, den Mund aufgemacht und wieder zu. Und dann nichts mehr.

Mehr war aus ihr nicht herauszukriegen.

Marvel glaubt, dass Bine gar nicht bei einer Freundin schläft, sondern mit einem Typen zusammenwohnt und ihm deshalb die Adresse nicht gibt. Er denkt, dass Bine meinen könne, dieser Typ würde ihm nicht gefallen. Und dann denkt er, dass sie damit recht haben könnte. Er weiß, dass ihre Mutter tot ist und dass sie ihren Vater nicht kennt. »Der Penner«, sagt sie, »interessiert mich auch nicht.«

»Weil er ein Penner ist?«

»Ich hab doch keine Ahnung, wer er ist.«

»Du kennst ihn gar nicht?«

»Nö.«

»Nicht einmal seinen Namen?«

»Nö.«

»Und wo er lebt, weißt du auch nicht?«

»Ich weiß noch nicht mal, ob er überhaupt noch lebt. Oder ob er noch gelebt hat, als ich zur Welt kam. Vielleicht hat meine Mutter sich das Zeug auch von der Samenbank geholt.«

Marvel hat noch nie ein Mädchen wie Bine getroffen. Er wusste, bis er sie traf, überhaupt nicht, dass es solche Mädchen gibt. Die sich irgendwie durchschlagen. Wenn im SCHLEMMERMARKT am Bahnhof Kontrollen vom Gewerbeaufsichtsamt stattfinden, dann schließt Bine schnell den Laden und verschwindet, bis die Luft wieder rein ist. Sie sagt, sie habe ihre Arbeitspapiere verloren. Und ihr Personalausweis sei auch weggekommen. Sie verliere ständig irgendwelche Sachen. Das kommt, weil sie so oft umziehe. Bine lässt sich nicht in die Karten gucken.

Deshalb wird er sie nie mit nach Hause nehmen. Er weiß, dass seine Mutter tausend Sachen an ihr auszusetzen hätte. Jemand, der in der siebten Klasse einfach die Schule verlassen hat! Jemand, der aus einem Mädchenheim ausgerissen ist, ohne festen Wohnsitz, ohne Geld für den Zahnarzt – an einem Schneidezahn ist ihr eine Ecke abgebrochen –, aber immer mit frisch gefärbten Haaren und neuem Ohrschmuck. Vielleicht auch geklaut, denkt Marvel.

Er stellt sich vor, wie Bine hinter ihrer Saftbar steht und die Läden dort genau kennt. Sie weiß, welche Verkäufer aufpassen, welche nicht, wann es so wimmelt, dass man die Übersicht verliert, und wann man keinesfalls etwas Verbotenes tun darf. Manchmal wacht er nachts schweißgebadet auf, weil er geträumt hat, dass ein Mädchen mit feuerroten Haaren durch den leeren Hauptbahnhof rennt, eine Meute von Polizisten hinterher, jeder mit einem Schlagstock in der Hand. Und hechelnde Schäferhunde mit Kettenhalsbändern.

Wenn er sie dann am nächsten Tag mit ihrem apfelgrünen Käppi hinter der Saftbar sieht, ist er richtig erleichtert.

10

Und dann, eines Abends, als er nach Hause kommt, liegt seine Mutter auf dem Sofa, wie früher. Sie hat ein nasses Tuch auf der Stirn und ihr rechter Arm hängt schlaff herab. Auf dem Tisch eine Flasche Rotwein und ein Glas. Seine Mutter trinkt eigentlich immer nur in Gesellschaft.

»Hallo Schatz«, murmelt sie schwach, als er ins Zimmer kommt und sich in den Sessel ihr gegenüber wirft. »Wo warst du? – Hast du etwa eine Fahne?«

»Quatsch. Ich hab mich mit Leuten von der Soap getroffen. Zufällig«, lügt Marvel.

Über Bine redet er nicht. Seine Mutter weiß noch nicht mal, dass er sich mit seinen Freunden nur noch selten trifft. Eigentlich, denkt Marvel, als er seine Mutter da so leblos auf dem Sofa sieht, wissen wir ziemlich wenig voneinander.

»Was ist denn los?«, fragt Marvel, als seine Mutter sich immer noch nicht rührt. »Hast du was? Bist du krank?«

Als seine Mutter den Kopf schütteln will, rutscht der nasse Waschlappen von ihrer Stirn. Sie öffnet die Augen. Marvel sieht, dass sie geweint hat. Er presst die Kiefer so fest zusammen, dass es knirscht. Das alles erinnert ihn so furchtbar an die Zeiten, die er überwunden glaubte.

»Ist irgendwas mit Papa?«, fragt er.

Seine Mutter hebt den Kopf. »Wie kommst du darauf?«

»Weiß nicht«, murmelt Marvel. Dabei weiß er es genau. Er fühlt es.

»Du hast recht.« Seine Mutter lässt den Kopf wieder fallen.

»Dein Vater hat heute zweimal angerufen. Gut, dass du nicht da warst.« Sie schließt die Augen wieder und dreht den Kopf in die Polster.

»Was wollte er?«

Seine Mutter seufzt, öffnet die Lippen und schließt sie wieder.

»Sag schon!«

Seine Mutter seufzt noch tiefer. »Ach«, sagt sie, »ich hab eigentlich keine Lust. Dein Vater ist …«

Marvel springt auf. Das Blut pocht in seinen Schläfen. Er stopft die Fäuste tief in die Hosentaschen, um sicher zu sein, dass er nichts vom Tisch haut. »Mama, ich bin kein Kind mehr! Was wollte Papa?«

»Er sagt …« Seine Mutter fährt mit den Fingern über die Stirn.

Marvel spürt das Blut in den Schläfen, wie es klopft, wie es pocht. Er starrt seine Mutter an. Sie lächelt. Aber es ist ein trauriges Lächeln, ein hilfloses, trauriges Lächeln. Nur sein Vater ist in der Lage, so ein trauriges Lächeln auf das Gesicht seiner Mutter zu zaubern. Er könnte jetzt sofort aufstehen und hinfahren und seinem Vater … Nein, er könnte es nicht.

Er wirft sich in den Sessel. Seine Mutter holt ein paarmal tief Luft, dann ist ihre Stimme ruhiger und sie kann besser erzählen, was er gesagt hat.

»Es ging um den Unterhalt«, erklärt sie. »Wenn dein Vater anruft, geht es ja immer ums Geld. Ich hab dir das nie erzählt, weil ich dich damit nicht belasten wollte. Er jammert immer, dass er nicht genug verdient, um zwei Familien zu finanzieren.«

Seine Mutter trinkt einen Schluck, wischt sich mit dem Handrücken über die Lippen, schaut auf, deutet auf die Flasche. »Willst du auch ein Glas?«, fragt sie.

Marvel schüttelt den Kopf. »Ich hol mir eine Milch«, sagt er, steht auf, geht in die Küche, reißt die Kühlschranktür auf, als könne die etwas dafür, holt eine Milchtüte raus, knallt die Kühlschranktür wieder zu, geht ins Wohnzimmer zurück und wirft sich mit der Milchtüte wieder in den Sessel.

»Er will den Unterhalt kürzen. Für uns beide. Er sagt …« Sie stockt, richtet sich auf. »Dein Vater sagt, dass sie wieder schwanger ist.«

»Karin?«, fragt Marvel.

»Sie heißt Caren.«

»Ist mir scheißegal!«, schreit Marvel.

»Ich weiß, Schatz. Aber schrei mich nicht an.«

»Tut mir leid.« Marvel lässt sich wieder zurückfallen … Immer wenn sie über seinen Vater reden, nimmt das Gespräch so einen unangenehmen Verlauf.

»Das erste Mal hat er vor zwei Wochen angerufen«, sagt seine Mutter. »Das hab ich dir nur nicht erzählt.«

»Und wieso nicht?«

»Ich wollte dich nicht beunruhigen. Ich dachte, er blufft nur. Da hat er gemeint, er würde in diesem Monat die Zahlung mal aussetzen.«

»AUSSETZEN???«, brüllt Marvel.

Seine Mutter nickt. »Schrei mich bitte nicht an.«

Marvel sackt in sich zusammen. Aber er kocht, als habe er 40 Grad Fieber.

»Er sagt, er habe jetzt lange genug für uns bezahlt. Ich hab nicht gedacht, dass er es wirklich macht, aber als das Geld am Mittwoch nicht auf dem Konto war und Donnerstag auch nicht und heute nicht … da hab ich ihn angerufen.«

»DU HAST IHN ANGERUFEN?«

»Ja, ich wollte wissen, ob er es vielleicht nur vergessen hat.«

»Wie kann er das vergessen, das ist doch ein Dauerauftrag!«

»Ja, genau. Er hat es ja auch nicht vergessen. Er hat den Dauerauftrag gekündigt. Ich müsse mit dem Geld, das ich verdiene, auskommen und du bräuchtest jetzt ja kein Kindergeld mehr, weil du als Soapstar wohl mehr verdienst als er.« Seine Mutter schaut ihn an.

Er hat den Wunsch, diese blöde Milchtüte in seinen Händen zu zerquetschen. Er weiß nicht, wohin mit seiner Wut. Er springt auf, rennt in die Küche, reißt das Fenster auf und schleudert die Tüte in den Hinterhof. Sie zerplatzt an der Mülltonne.

Er hört, dass seine Mutter aus dem Wohnzimmer nach ihm ruft. Er hat aber keine Lust, darauf zu reagieren. Montag wird er seinen Vater in der Redaktion besuchen.

Das wird kein fröhlicher Tag für dich, Papa.

Marvels Vater Sven Keller war in seiner Jugend ein Fan von Douglas Adams, der die Kultserie »Per Anhalter durch die Galaxis« geschrieben hat. Ein sehr komischer Science-Fiction-Stoff, in dem ein Marvin vorkommt. Marvin ist der Roboter in dem Raumschiff »Heart of Gold«, das auf der Suche nach dem Sinn des Universums durch die Galaxis saust. Der Robo mit Namen Marvin isst nicht, trinkt nicht, raucht nicht und hat nie Sex. Dafür hat er jede Menge gute Sprüche drauf, sodass der Leser erst sehr spät merkt, wie depressiv Marvin eigentlich ist. Dafür ist Marvin aber intelligent: In dem Buch heißt es: »Marvin ist zehntausendmal intelligenter als eine Matratze.« Na ja. Marvel fand das nie so komisch wie sein Vater, der sich ausschüttete, wenn er seinem Sohn davon erzählte.

Nach so jemandem wird man benannt? Nach so jemandem wählt ein Vater den Namen seines Sohnes aus? Nach einem depressiven Roboter aus einem Science-Fiction-Roman?? Als die englische Freundin seiner Mutter mal zu Besuch war und bei seinem Anblick begeistert ausrief »Oh dear, he's such a marvel!«, wusste er, wie er fortan genannt werden wollte.

Früher hat Marvel seinen Vater, den Lokalreporter und Fotografen Sven Keller, oft in der Redaktion besucht. Es gefiel ihm dort. Die Leute waren lustig und er bekam immer etwas geschenkt. Sein Vater hat ihn ermuntert, sich seinen Arbeitsplatz anzusehen und zu lernen, wie eine Zeitung gemacht wird.

Er sagte, es sei gut, wenn die Kinder wissen, wie ihre Väter das Geld verdienen. Väter, die morgens aus dem Haus gehen und abends wiederkommen, ohne dass ihre Kinder wissen, wo und wie sie den Tag verbracht haben, sind wie Geister, meinte er, wie Gespenster.

Er, Sven Keller, wolle aber für seinen Sohn kein unwirkliches Wesen sein, sondern ein geliebter Mensch. Deshalb freue er sich, wenn Marvin hin und wieder einfach mal vorbeikäme, um Hallo zu sagen.

Marvel hat das früher auch gemacht. Sein Vater hat ihn dann herumgeführt, den Kollegen vorgestellt. Die haben ein paar witzige oder joviale Bemerkungen gemacht, festgestellt, dass er seit dem letzten Besuch schon wieder größer geworden sei, und ihm die üblichen Fragen gestellt, wie alt er jetzt sei, was er sich zum Geburtstag wünsche und ob die Schule Spaß mache.

Das alles liegt einige Jahre zurück. So lange, dass es ihm fast vorkommt, als wäre es nie wahr gewesen. Damals war die Bildredaktion noch im ersten Stock, jetzt ist sie in den vierten umgezogen.

Damals musste man auch noch nicht wie jetzt durch eine Sicherheitsschleuse, und man musste sich auch keinen Besucherschein beim Pförtner holen, der abgezeichnet und bei Besuchsende am Empfang wieder abgegeben werden muss.

Damals waren die Leute auch fröhlicher, denkt Marvel, als der Lift mit lauter schweigenden Menschen nach oben gleitet.

Aber das passt zu seiner Stimmung.

Marvel will gar nicht, dass ihn jemand erkennt und ihm anerkennend auf die Schulter klopft. Er weiß selbst, dass er gewachsen ist. In drei Jahren ist das keine Kunst.

Als er seinen Vater zuletzt hier besucht hat, war er zwölf. Jetzt ist er fünfzehn. Er trägt eine Ray-Ban-Sonnenbrille, Jeans von Republic und eine Sportjacke von Jack Wolfskin. Alles, inklusive der neuen Turnschuhe, hat er sich von seinem eigenen Geld gekauft. Er hat darauf geachtet, dass nicht einmal seine Boxershorts noch aus der Zeit sind, in der sein Vater für alles aufgekommen ist.

Sven Keller wartet vor dem Fahrstuhl auf seinen Sohn. Er ist glatt rasiert. Das letzte Mal, als Marvel ihn sah, trug er einen Bart, in den sich schon ein paar graue Haare mischten. Marvel hat seinen Vater nie ohne Bart gesehen. Er wusste bis heute nicht, dass sein Vater am Kinn das gleiche Grübchen hat wie er. Das haut ihn irgendwie um. Mit einem glatt rasierten Gesicht sieht sein Vater irgendwie nackt aus. Es ist nicht einfach, cool zu bleiben, wenn einem sein Vater so gegenübersteht.

Marvel ist der Einzige, der aussteigt, die anderen bleiben zurück, die Türen schließen sich hinter seinem Rücken. Vor ihm steht sein Vater und breitet lächelnd die Arme aus, als erwarte er, dass Marvel sich ihm an die Brust werfe.

Marvel bleibt stehen, die Arme hängen herab. Er hat die Sonnenbrille nicht abgesetzt. Das hatte er sich vorgenommen, seinem Vater mit dieser Sonnenbrille gegenüberzutreten, damit er nicht so leicht in seinen Augen lesen kann. Und es war eine gute Entscheidung.

»Das nenn ich aber eine Überraschung!«, ruft Sven Keller. »Mensch, Marvin!!!«

Er lächelt immer noch, obgleich er doch sehen muss, dass Marvel nicht lächelt und auch keine Anstalten macht, irgendwie höflich zu sein.

Sven Keller lässt irgendwann auch die Arme hängen.

»Gut siehst du aus«, sagt er schließlich. »Mann, hab ich einen hübschen Sohn!«

Offenbar hat Sven Keller sich in den zwei Minuten, die seit dem Anruf des Pförtners vergangen sind, vorgenommen, nur Positives zu sagen.

»Tag, Papa«, sagt Marvel. Und schon ärgert er sich, denn er hatte sich fest vorgenommen, nicht mehr Papa zu sagen. Papa sagen kleine Jungs. Er ist kein kleiner Junge mehr. Er wollte seinen Vater jetzt nur noch mit »Vater« anreden. Und schon beim ersten Mal hat er gepatzt. Egal. »Lange nicht gesehen«, fügt er noch hinzu.

Eigentlich hatte er es flapsiger formulieren wollen. Er hatte sagen wollen: Lange nicht gesehen und trotzdem gleich erkannt. Das wäre aber nur witzig gewesen, wenn sein Vater nach wie vor den Bart gehabt hätte.

»Das kannst du wohl sagen! Mensch!« Und jetzt legt Sven Keller doch den Arm um seinen Sohn, und weil gerade eine Frau, die Marvel entfernt bekannt vorkommt, den Flur entlanggeht, wagt Marvel nicht, die Hand seines Vaters wegzuschlagen, wie er es gern getan hätte. Die Frau trägt ein buntes Flatterkleid, das irgendwie in Kontrast steht zu ihren weißen, mit Kämmchen zurückgehaltenen Haaren und ihrer Nickelbrille. Sie hat ein nettes Gesicht.

»Klärchen!«, ruft Sven Keller der Frau zu. »Wissen Sie, wer das ist? Erkennen Sie den wieder?«

Die Frau bleibt stehen, mustert Marvel, schüttelt den Kopf.

»Das ist Marvin! Das ist mein großer, erwachsener Sohn! Was sagen Sie nun?«

»Hallo, Marvin«, sagt Klärchen. »Ich kann dir keine Hand geben.« Marvel sieht jetzt erst, dass sie einen Stapel riesiger Seiten in der Hand hält. »Aber schön, dich mal wieder zu sehen.«

Dann ist sie weg und Marvel wieder mit seinem Vater allein.

»Du machst ja Sachen«, sagt sein Vater, nachdem er ihn lange angesehen hat, als erwarte er, dass Marvel endlich die Sonnenbrille abnimmt.

»Ich?«, fragt Marvel. »Wieso denn ich?«

»Na ja, die Schauspielerei. Das ist ja was! Und ich hatte keine Ahnung! Nachbarn haben mich darauf aufmerksam gemacht. Du kennst doch die Knolles noch? Die von gegenüber? Die haben dich gleich in der ersten Folge gesehen. Danach haben Caren und ich natürlich immer geguckt. Das finde ich wirklich großartig. Ich hab deine Mutter angerufen und ihr ...«

»Genau«, sagt Marvel, »deshalb bin ich hier.« Er nimmt die Sonnenbrille ab.

In diesem Augenblick fliegt eine Tür auf und ein Mann stürmt heraus. Er redet mit einem anderen Mann, der mit den Armen wedelt, als versuche er etwas zu klären. Die beiden eilen auf den Fahrstuhl zu.

Sven Keller zieht Marvel etwas zur Seite. Der dickere Mann sagt: »Tag, Sven.«

Marvels Vater räuspert sich und reckt den Kopf. »Klaus«, sagt er, »ich möchte dir meinen Sohn vorstellen.«

Der dünnere Mann drückt unentwegt auf die Knöpfe. Aber kein Lift kommt.

»Dein Sohn?« Der Dicke streckt ihm die Hand hin, ohne ihn wirklich anzusehen. Mit seinen Gedanken scheint er vollkommen woanders zu sein.

»Kommst du zum Gratulieren?«, fragt der Dünne ihn.

Und da fällt es Marvel ein, dass sie November haben und

dass sein Vater Skorpion ist und dass dies heute vielleicht gerade sein Geburtstag ist, denn sein Vater hat im November Geburtstag, aber er weiß verdammt noch mal gar nicht, welchen Tag sie heute haben … O scheiße, denkt Marvel, und als der Lift hält und die Türen sich öffnen, wäre er am liebsten zu dem Dicken und dem Dünnen in den Lift gesprungen und abwärtsgefahren.

»Wir sehen uns gleich noch!«, ruft der Dicke, bevor die Lifttüren wieder zugehen.

»Du hast heute Geburtstag«, sagt Marvel. Er sagt es fragend.

Sein Vater nickt. Er lächelt.

»Tut mir leid«, sagt Marvel.

»Was tut dir leid?«

»Dass ich ausgerechnet heute gekommen bin.«

»Nein, wieso? Ist doch wunderbar! Was glaubst du, wie ich mich gefreut hab, als der Pförtner anrief und sagte: Ihr Sohn ist da.«

Marvel schluckt. Er schaut auf den Boden. Die Stimme seines Vaters hat sich kein bisschen geändert. Er trägt immer noch die gleichen Wildlederschuhe. Immer noch die Cordhosen. Er sieht, bis auf den Bart, der nicht mehr da ist, genauso aus wie damals, als Marvel ihn das letzte Mal gesehen hat. Als der Umzugswagen kam und sein Vater ihn in den Arm genommen hat und gesagt: »Zwischen uns ändert sich nichts.«

»In der Tat«, erklärt sein Vater etwas verlegen, als Marvel keine Anstalten macht, zu sprechen, »startet gleich eine kleine Feier. Nichts Besonderes. Aber die Kollegen erwarten das von mir. Ich geb an meinem Geburtstag in der Redaktion immer einen aus. Das weißt du noch, oder?«

»Nein.«

»Nur ein paar gute Kollegen, mit denen ich eng zusammenarbeite. Ein paar kennst du noch …« Er zählt einige Namen auf, die in ihm etwas zum Klingen bringen. So, als würde man ihn plötzlich an eine Gutenachtgeschichte erinnern, die er oft gehört hat, oder an ein Lied, das im Kindergarten gesungen wurde. Marvel fröstelt plötzlich.

»… und der Klaus, den du eben gesehen hast, das ist mein Chef, weißt du ja. Der kommt kurz vorbei und sagt bestimmt ein paar Worte, das tut er immer …« Marvel spürt, dass sein Vater ihn anschaut, erwartungsvoll, als er eine Pause macht. Aber Marvel gibt mit keiner Geste zu erkennen, was in ihm vorgeht. Er weiß es ja selbst nicht. Der Körpergeruch seines Vaters ist sehr intensiv. Sein Vater ist ein starker Raucher. Er hat immer diesen kalten Rauch in den Kleidern, sodass seine Mutter früher schon immer gesagt hat: Wenn du aus dem Büro kommst, häng deine Jacke bitte nicht in die Garderobe, sondern draußen auf dem Balkon an den Haken. Dafür ist er doch da.

»Es gibt Sekt und Bier und Bouletten, nichts Besonderes. Aber natürlich …« Jetzt legt Sven Keller den Arm wieder um seinen Sohn. »… bist du herzlich eingeladen.«

»Danke.« Marvel räuspert sich. »Aber ich hab nicht so viel Zeit. Ich hatte, ehrlich gesagt, vergessen, dass heute dein Geburtstag ist, sonst wär ich morgen oder so gekommen.«

Sein Vater hört auf zu lächeln. Bislang hat er wohl gehofft, Marvel sei gekommen, um Frieden mit ihm zu schließen, an seinem Geburtstag wieder den Kontakt mit dem Vater zu suchen. Hat vielleicht gedacht, es könne wieder so sein wie früher. Als wäre dazwischen nichts gewesen, keine Schmerzen, keine Trauer, keine Wut, kein ohnmächtiger Zorn. Aber jetzt allmählich kann er die Wirklichkeit nicht mehr verdrängen. Er muss Marvel nur ansehen, um zu begreifen, dass er sich geirrt hat. Auch er senkt den Kopf, als bedrücke ihn etwas. Und auch er räuspert sich jetzt, als habe er einen Frosch im Hals. »Wollen wir in mein Büro? Da sind wir allein.«

Marvel nickt.

Sie gehen, einen halben Meter Abstand zwischen sich lassend, den Flur entlang. Das Schweigen schafft eine Luft, in der man kaum atmen kann. Aus den Büroräumen dringen Gesprächsfetzen, das Läuten von Telefonen. Jemand brüllt: »Der Scheißdrucker geht schon wieder nicht!«

Schließlich drückt Sven Keller eine Tür auf. »Bitte, mein Sohn.«

Und dann steht Marvel in einem engen, vollgestopften Zimmer, in das Lichtstreifen fallen, verursacht durch eine Lamellenmarkise, die halb heruntergezogen ist.

Auf dem Schreibtisch ein paar Geschenke, die wie verpackte Bücher aussehen, Blumensträuße.

»Wir feiern im Konferenzraum«, erklärt Marvels Vater, »meine Bude ist zu klein. Alle Büroräume werden immer kleiner. Die Verlage müssen sparen.«

Jetzt fängt er schon vom Geld an, denkt Marvel. Aber seine Aufmerksamkeit wird von etwas anderem in Anspruch genommen. Auf dem Schreibtisch steht ein Foto von der blonden Frau, die ein Kind auf dem Arm hat. Sie lächelt in die Kamera, das Kind streckt seine Arme aus.

Als Sven Keller sieht, dass Marvel das Bild anstarrt, geht er zum Schreibtisch und legt das Bild wie unabsichtlich hin. So, dass das Foto nach unten liegt. Niemand lächelt jetzt mehr hier im Raum.

Sein Vater stöhnt einmal hörbar auf, als tue ihm in der Brust etwas weh, dann schließt er die Augen, geht zum Fenster, öffnet es einen Spalt. »Die Luft hier ist immer stickig.« Er geht wieder um den Schreibtisch herum, dabei muss er einen überquellenden Papierkorb zur Seite schieben, hebt einen Stapel Fotokartons von dem einzigen Stuhl, der noch im Raum ist. Seine Bewegungen sind eckig, irgendwie angespannt.»Willst du dich setzen? Bitte sehr.«

Marvel bleibt lieber stehen. Im Sitzen fühlt er sich kleiner. Sein Vater will wahrscheinlich, dass er sich setzt, damit die alte Ordnung wiederhergestellt ist: der große Vater, der auf seinen kleinen Sohn herabschaut.

Das Spiel ist ausgespielt, denkt Marvel.

Aber wie das neue Spiel, für das er gekommen ist, gehen soll, weiß er noch nicht.

Sein Vater wischt mit der Hand eine Ecke seines Schreibtischs frei und setzt sich, sodass ein Bein auf dem Boden steht, das andere über der Tischkante in der Luft hängt. Früher hätte er in so einer Situation sofort nach einer Zigarette gegriffen, aber Rauchen ist, wie überall in geschlossenen Räumen, wohl auch hier inzwischen verboten.

»Also?«, fragt Sven Keller. »Warum bist du gekommen, wenn es nicht war, um mir zum Geburtstag zu gratulieren.«

Marvel räuspert sich. Er würgt unter Anstrengungen den Satz heraus: »Mama sagt, du hast den Unterhalt nicht gezahlt.«

Sein Vater starrt ihn an. Fassungslos. Lange. Er mustert seinen Sohn, der vor ihm steht und nicht weglaufen kann und nicht weglaufen will, wie ein interessantes Objekt, das ihm noch nie vorher unter die Augen gekommen ist.

»Das sagt deine Mutter?«

»Ja.«

»Und was hat sie noch gesagt?«

Marvel überlegt, ob er auf diese Frage überhaupt antworten soll. Aber schließlich bringt er auch noch diesen Satz hervor: »Sie hat gesagt, dass du wieder ein Kind kriegst.«

»Wir haben inzwischen übrigens geheiratet. Schade, dass du nicht zur Hochzeit kommen wolltest.«

Marvel blinzelt. Es ist wie beim Boxkampf, wenn der Gegner einen plötzlich mit einem Haken überrascht. Was für eine Hochzeit?, denkt er. Was für eine Einladung? Ich hab nie eine Einladung gesehen.

Er beschließt, obwohl sein Vater ihn intensiv mustert, seine Mimik nicht zu verändern.

»Ist jetzt egal«, sagt Marvel. »Ich wollte dir nur sagen, dass du für mich nicht mehr zahlen musst.«

»Ach.«

»Ja!«, ruft Marvel trotzig. »Wenn dir deine neue Familie so viel wichtiger ist, dann macht das auch nichts. Ich komm allein klar. Aber ich will, dass du Mama weiter unterstützt. Ihr habt schließlich einen Scheidungsvertrag unterschrieben.«

»Wir haben eine Abmachung!«, sagt sein Vater ruhig, »aber in der steht, dass neue Umstände neue Absprachen verlangen. Wenn deine Mutter zum Beispiel arbeitslos würde, müsste ich mehr bezahlen. Und das würde ich auch tun.«

»Ich denke, du hast kein Geld.«

Marvel spürt, dass sein Vater, dessen Stimme die ganze Zeit sanft gewesen ist und leise – wie bei dem Wolf, denkt er, der Kreide gefressen hat –, langsam die Geduld verliert.

»Lieber Junge«, sagt er, nachdem er einmal tief Luft geholt hat, »findest du es richtig, dass ich Dinge, die wir als Eltern ausgehandelt haben, nun mit dir bespreche?«

Marvel holt tief Luft. »Ja, ich bin kein Kind mehr. Ich verdiene selbst Geld.«

»Schön. Das ist großartig.«

»Ja, das ist es. Aber mich geht es etwas an, wenn du Mama fertigmachst, weil ich nämlich mit ihr lebe.« Er möchte hinzufügen: weil ich ihre Tränen aushalten muss, ihre Verzweiflung, ihre Einsamkeit.

»Das weiß ich, dass du mit deiner Mutter lebst«, sagt Sven

Keller. »Daran musst du mich nicht erinnern. Ich habe es schmerzlich erfahren, was es heißt, wenn Vereinbarungen nicht eingehalten werden.«

»Welche Vereinbarungen?«, fragt Marvel.

»Na, zum Beispiel, dass wir uns weiterhin sehen, dass du mich besuchst. Dass wir ein paar Ferientage zusammen verbringen. Dass du deine kleine Schwester kennenlernst. All so was.«

»Das liegt nicht an Mama. Das habe ich selbst so beschlossen.«

Sein Vater sieht ihn fassungslos an. »Sag das noch mal: Was hast du beschlossen?«

»Dass ich dich nie mehr sehen will«, sagt Marvel trotzig.

Es ist plötzlich ganz still im Raum. Marvel bemerkt, dass aus dem Faxgerät unentwegt Papier quillt, das sich staut und in einem Wust zu Boden fällt. Da sein Vater sich nicht darum kümmert, bückt er sich auch nicht.

Plötzlich verlässt sein Vater den Schreibtisch und geht auf ihn zu, schaut ihm ins Gesicht. »Sieh mich an, Sohn«, sagt er leise.

Marvel hebt den Kopf.

»Das tut doch weh«, sagt sein Vater sanft.

Marvel verzieht das Gesicht.

»Das tut doch weh, wenn man sein Herz so vergewaltigt«, sagt er.

Marvel dreht den Kopf weg.

Da legt sein Vater die Hände auf seine Schulter und zieht ihn einfach an sich. Marvel ist so überrascht, dass er sich nicht wehrt. Plötzlich liegt sein Kopf an der Schulter seines Vaters und die Hände seines Vaters streichen sanft, aber nachdrücklich über seinen Rücken. Auf und ab. »Du fehlst mir so, mein Junge«, murmelt sein Vater. »Und wie du mir gefehlt hast. Ich war ganz krank.«

Marvel presst die Lider zusammen. Er holt fast gar nicht

Luft, weil er sonst den Geruch seines Vaters einatmen müsste. Er kennt den Geruch so gut. Der Geruch ist so vertraut, das ist so merkwürdig. Er hat gar keine Kraft mehr in seinen Armen, um den Vater wegzustoßen, oder in seinem ganzen Körper, um sich von ihm wegzudrehen. Er steht, den Kopf auf die Schulter seines Vaters gelegt, und lässt sich den Rücken streichen von diesen Händen, die er auch so gut kennt. Die ihn so lange nicht berührt haben.

»Ich hab deine Mutter immer und immer wieder gebeten, dich zu mir zu schicken«, murmelt sein Vater. »Ich hab sie angefleht, ich hab Druck gemacht, das gebe ich zu. Das hab ich nicht gewollt, dass wir uns so voneinander entfremden …«

Marvel schluckt. Alles, alles darf jetzt passieren, aber die Tränen, die er in sich aufsteigen spürt, dürfen nicht raus! Er konzentriert sich auf nichts anderes, während sein Vater redet und redet und redet.

Plötzlich fliegt die Tür auf und eine fröhlich hohe Stimme ertönt: »Sven, deine Gäste verdursten!«

Da windet Marvel sich verlegen aus der Umarmung seines Vaters, schüttelt sich wie ein Hund, um verzweifelt irgendetwas zu tun, um seine Verlegenheit zu überspielen. Er bückt sich und sammelt die Faxe ein.

Sein Vater geht auf die Frau zu, die in der Tür steht, gibt ihr einen Kuss und sagt: »Das ist mein Sohn Marvin. Marvin, das ist meine Kollegin Rosa Kluge.«

Marvin erhebt sich, die Sekretärin strahlt ihn an.

»Das ist also Marvin! Dein Vater hat so viel von dir erzählt! Wie nett, dass du gekommen bist!«

Sein Vater hat viel von mir erzählt?, denkt Marvel. Komisch. Das ist bestimmt gelogen.

»Wo soll das Zeug hin?«, fragt Marvel mit den Papieren in der Hand.

»Komm, gib es mir!« Die Kollegin streckt die Arme danach aus.

»Das sind die Unterlagen von der Staatskanzlei, die wir angefordert haben«, sagt Marvels Vater zu ihr. »Ich wette, da ist nichts Verwertbares dabei.«

»Okay«, erwidert Rosa fröhlich, »ich kümmere mich drum. Also: Wir warten!« Sie zwinkert Marvin noch einmal zu und verschwindet dann mit dem Stapel Papiere.

»Vielleicht doch ein Glas Sekt?«, fragt sein Vater. »Oder trinkst du nur Bier?«

»Nee, danke. Für mich nichts.«

»Willst du nicht wenigstens mit mir anstoßen? Na?«

Marvel schüttelt den Kopf. »Ich trink keinen Alkohol.« Er weiß selbst nicht, warum er das sagt. Vielleicht, um seinen Vater zu bestrafen.

Er kann sich an eine Autofahrt erinnern, als sie auf einem Grillfest waren. Da hatte sein Vater getrunken und nur noch gelallt und konnte nicht mehr geradeaus gehen und Marvel sah, dass er es kaum schaffte, die Autotür aufzukriegen. Marvel hatte schreckliche Angst, aber sein Vater bestand darauf, zu fahren. Es gab deshalb Streit zwischen den Eltern. Sein Vater hat auf der Rückfahrt am Steuer laut gesungen, irgendwelche blöden Seemannslieder, die ihm auf einmal wieder eingefallen waren. Es war eine schmale Chaussee mit Bäumen, und wenn seine Mutter nicht ins Steuer gegriffen hätte, wären sie an einem dieser Bäume gelandet. Manchmal sieht er diese Straße im Traum.

»Keinen Alkohol? Wirklich? Ich dachte … Gott sei Dank! Es gibt so viel Storys über Komasaufen … Flatratesaufen … wir berichten in unserer Zeitung fast täglich über neue Fälle. Ich hatte immer Angst um dich.«

Marvel begegnet dem Blick des Vaters kühl. Er fühlt sich in

diesem Augenblick dem Vater überlegen. Als habe er etwas gefunden, was der Vater nicht hat.

»Was alle tun, muss ich doch nicht nachäffen«, sagt Marvel. »Ich behalte meine grauen Zellen lieber noch ein bisschen.«

»Gut. Richtig.«

»Außerdem schmeckt mir das Zeug nicht«, legt Marvel nach. Und in dem Augenblick, wo er das ausspricht, glaubt er auch daran. Er glaubt, den Geschmack von Jägermeister, Wodka und Rum nicht zu ertragen. Er fühlt sich gut bei dem Gedanken, er sei eines dieser Kids, die nur Mineralwasser trinken. Er kommt sich auf einmal ganz sauber vor, ganz klar. Er glaubt an das, was er sagt.

»Ich bin so froh«, sagt sein Vater. »Marvin, ach, Marvin.«

Marvel schweigt. Er fühlt sich gut, er will das noch ein bisschen auskosten, dieses Gefühl, vom eigenen Vater bewundert zu werden.

Sein Vater lacht und klopft ihm anerkennend auf die Schulter. »Das gefällt mir. Ich muss zugeben, dass ich in deinem Alter schon manchen Absturz erlebt hab. War nicht schön. War dumm. Aber Mineralwasser gibt es unten bestimmt auch.«

»Nee, danke«, sagt Marvel, »ich muss wirklich los.«

Wieder diese verlegene Pause.

»Also gut.« Sein Vater legt ihm flüchtig die Hand an die Wange und auf einmal brennt diese Stelle. »Ich bin trotzdem froh, dass du gekommen bist. Weißt du, ich finde, wir könnten doch einfach versuchen, unsere Beziehung auf eine andere Ebene zu stellen.«

Was soll das für eine Ebene sein?, denkt Marvel. Aber er wartet.

»Ich weiß, dass auch Caren sich riesig freuen würde, wenn du mal vorbeikommen würdest. Du hast eine kleine Schwester, weißt du das? Und die ist süß. Sie weiß, dass sie einen großen

Bruder hat. Das hab ich ihr vom ersten Tag an erzählt. Ich hab ihr immer gesagt: Eines Tages kommt dein großer Bruder Marvin. Den findest du ganz toll.«

Marvel lächelt. Er will nicht lächeln. Aber es passiert einfach so. Er hat keine Kontrolle über dieses Lächeln.

Als sein Vater das sieht, seufzt er ganz tief. Und wieder ist es Marvel, als höre er einen Schmerz, der von ganz innen nach außen dringt. »Ach! Mein Sohn!« Dann überlegt er einen kurzen Moment und sagt: »Besuch uns doch einfach.«

»Wann denn?«, fragt Marvel. Er fragt das nicht selbst, etwas in ihm hat diese Frage gestellt. Er ist ganz erschrocken, als er sich sprechen hört.

»Wie wäre es mit Sonntagnachmittag? Willst du Sonntagnachmittag kommen? Ich sag jetzt nicht zu Kaffee und Kuchen, weil das so spießig klingt.«

»Sonntagnachmittag? Diesen Sonntag oder irgendeinen Sonntag?«

»Diesen Sonntag«, sagt Sven Keller entschieden. »Wir machen gleich Nägel mit Köpfen. Diesen Sonntag, sechzehn Uhr. Ungefähr. Wie passt dir das?«

Marvel räuspert sich. »Ich glaube, gut.«

»Schön.« Das Lächeln seines Vaters hat so etwas Herzliches, das Marvel an früher erinnert. Es erinnert ihn daran, dass es eine Zeit gab, in der er seinen Vater sehr geliebt hat. Es ist merkwürdig, dass er diese Erinnerung nicht auslöschen konnte. Dabei hat er sich doch so bemüht.

»Okay«, sagt Marvel.

»Und ich regele das mit dem Geld. Natürlich bekommt deine Mutter weiter Unterhalt.« Sein Vater begleitet ihn zum Lift wie einen Geschäftsfreund. Sie verabschieden sich mit Handschlag.

»Danke, danke!«, flüstert der Vater, als der Fahrstuhl kommt.

»Danke dafür, dass du diesen großen Schritt gemacht hast und zu mir gekommen bist.«

Marvel steht im Lift. Als sich die Türen schließen, sieht er, wie sein Vater sich verstohlen mit dem Handrücken über die Augen wischt, als wären da Tränen.

11

Marvel erzählt seiner Mutter nicht, wo er gewesen ist. Auch als sie ihm drei Tage später sagt, dass der Vater den Unterhalt doch überwiesen hat, sagt Marvel nichts.

Er will erst einmal den Sonntag abwarten. Der Sonntag liegt ihm im Magen. Dennoch ist er fest entschlossen, hinzufahren. Und er ist ebenso entschlossen, nach einer Minute wieder zu gehen, wenn ihm irgendwas nicht passt.

Nachts schläft er schlecht. Alte Geschichten, die er längst vergessen glaubte, mischen sich in seine Träume, quälen ihn mit ihren Attacken wie lästige Stubenfliegen.

Mit seinen Freunden will er nicht darüber reden. Das ist alles noch zu unausgegoren. Er hat keine Ahnung, wie das ablaufen wird. Vielleicht gibt es ein Chaos. Und dann würde er sich wünschen, dass niemand davon erfahren hat.

Andererseits weiß er, dass Bully sich freuen würde, wenn Marvel mit seinem Vater wieder Kontakt hat. Bully, Mauki und Jojo, die er eigentlich nur noch in der Schule sieht, waren oft bei ihm zu Hause. Die können sich bestimmt noch an das Haus erinnern, an das Wohnzimmer, den Keller mit der Tischtennisplatte. Sein Mansardenzimmer mit der Fensterschräge. Einmal hat er vergessen, das Fenster zu schließen, und als er in der Schule war, gab es einen Wolkenbruch. Alles stand unter Wasser. Der Hamster ist in seiner Kiste um sein Leben geschwommen. Nur noch seine gelbe Nasenspitze guckte raus. Hamster können nicht gut schwimmen und geraten schnell in Panik, dann sterben sie an einem Herzinfarkt. Er hat Oskar in ein Frotteehandtuch gewickelt und auf seinem Schoß trocken gerieben. Jojo hat dem Hamster seinen Schokoriegel geschenkt, aber den wollte er nicht. Sie haben beide stundenlang Angst gehabt, dass der Hamster einen Herzinfarkt bekommt. So etwas schweißt zusammen.

Jojos Mutter, Maukis Mutter und die Mutter von Bully kennen diese Caren bestimmt. Sie leben ja alle um die Ecke. Mit dem Fahrrad waren das früher fünf Minuten, wenn sie sich besuchten. Sie kaufen im gleichen Supermarkt ein und im gleichen Schlecker. Sie treffen sich samstags auf dem Markt und auf dem Stadtteilfest. Marvel ist nie mehr auf das Stadtteilfest gefahren. Obwohl er es da früher super fand.

Vielleicht haben Jojos und Bullys Eltern mit der neuen Frau seines Vaters längst Kontakt und sagen es ihm nur nicht.

Marvel hat niemanden, mit dem er darüber reden kann, außer Bine. Er möchte wissen, was sie glaubt, wie er sich fühlen wird, wenn er da auf einmal in seinem Mansardenzimmer steht, das jetzt bestimmt rosa gestrichen ist. Alle kleinen Mädchen haben rosa Zimmerwände. Gruselig.

Gleich nach der Schule fährt Marvel zum Hauptbahnhof und steuert die Saftbar an. Aber statt Bine steht da ein dicker Mann, der mürrisch die Kunden abfertigt. Wenn er die Saftpresse bedient, läuft ihm der Fruchtsaft über seine dicken Finger. Marvel guckt eine Weile angewidert zu, bis er den Mut findet, den Mann anzusprechen.

»Hallo«, sagt Marvel.

Der Mann schaut ihn nur mürrisch an.

Marvel lächelt freundlich. Er will schließlich etwas von dem Typen. »Guten Tag«, sagt er.

»Wenn ich jedes Mal Hallo, Guten Tag sagen würde«, sagt der muffige Typ, »hätte ich Fransen am Mund.«

»Früher hat ein Mädchen hier den Saft verkauft.«

Der Mann schweigt.

»So eine mit roten Haaren. Sie heißt Bine.«

»Ja, und?«

»Wo ist sie?«

»Sag mal, junger Mann«, der Dicke wischt seine bespritzten Unterarme mit einem Spültuch ab und mustert Marvel, »wenn du eine Auskunft willst, geh zur Information, ja?«

»Ich will eine Auskunft über das Mädchen, das hier gearbeitet hat.«

»Jetzt arbeite ich hier.«

»Das seh ich. Kommt sie nicht wieder?«

»Bin ich Jesus, Mann? Willst du nun was trinken oder nicht?«

Marvel erwidert darauf nichts, sondern dreht sich einfach weg.

Jetzt ist der Augenblick gekommen, vor dem er sich immer gefürchtet hat: dass Bine eines Tages nicht mehr da ist, dass sie sich in Luft auflöst.

Und ausgerechnet jetzt braucht er sie dringend, um mit ihr über seinen Vater zu reden. Hamburg hat mehr als zwei Millionen Einwohner. Er kennt nicht einmal ihren Nachnamen. Er weiß auch nicht, ob Bine ihr richtiger Vorname ist. Er weiß gar nichts von ihr, außer dass ihre Mutter nicht mehr lebt. Aber vielleicht stimmt das auch nicht.

»Was ist mir dir?«, fragt seine Mutter, als er nach Hause kommt. »Du siehst fertig aus.« Sie streicht ihm über die Wange. Sein Vater hat ihn genau da auch angefasst.

»Ist nichts, Mama, lass mich.«

»Schlechte Arbeit geschrieben?«

Marvel schüttelt den Kopf. Er geht ins Bad. Er bleibt lange im Bad, weil er nicht weiß, was er seiner Mutter sagen soll, wenn er wieder rauskommt. Seine Mutter hat Hackbraten gemacht, mit Zwiebelringen. Man riecht es in der ganzen Wohnung.

»Kommst du?«, ruft seine Mutter.

Er zieht die Wasserspülung, lässt geräuschvoll den Wasserhahn laufen und kommt wieder in den Flur.

Seine Mutter mustert ihn aufmerksam. »Du bist irgendwie anders.«

»Unsinn«, knurrt Marvel.

Sie folgt ihm in die Küche. Sie setzen sich an ihre Stammplätze, Marvel gießt Wasser in die Gläser. Seine Mutter faltet die Serviette auseinander und legt sie auf ihre Knie. Dabei lässt sie ihn nicht aus den Augen.

Marvel nimmt Messer und Gabel und betrachtet sie eine Weile, als wisse er nichts damit anzufangen. Dann zerschneidet er die Zwiebelringe in winzige Stückchen. Alle gleich groß. Mit beinahe mathematischer Präzision. Dem besorgten Blick seiner Mutter kann er so gut ausweichen.

»Passt es dir nicht, wenn Mike hier ist?«, fragt sie.

»Ist er hier? Ich seh ihn gar nicht.«

»Marvin! Junge, du weißt, was ich meine. Wenn er uns besuchen kommt.«

»Ist doch dein Besuch.«

»Aber Mike mag dich. Und ich würde mich freuen, wenn du ihn auch magst.«

»Mom. Der ist okay.«

Marvel stopft das Essen in sich hinein. Er kann die Art von Gesprächen nicht leiden, schon gar nicht, wenn es Hackbraten mit Zwiebelringen und Möhren gibt. Oder irgendetwas anderes. Das ganze Essen liegt einem danach kiloschwer im Magen. Er kann solche Gespräche überhaupt nicht leiden. Und er hasst Möhren.

»Vielleicht schläft er irgendwann auch mal hier«, sagt seine

Mutter vorsichtig. »Dann möchte ich nicht, dass es irgendwelche Probleme gibt.«

»Warum sollten wir Probleme kriegen«, brummt Marvel. »Ist doch dein Ding.«

Seine Mutter dreht verlegen lächelnd aus der Serviette eine Wurst. Dann sieht sie plötzlich auf. »Er tut mir gut, weißt du. Nach der Trennung von deinem Vater, da hab ich gedacht ...«, sie holt tief Luft, »da hab ich gedacht, ich würde nie wieder einen Mann auch nur ansehen. Ich hab gedacht, alle Männer sind wie dein Vater.«

Marvel stopft sich schnell eine Gabel Kartoffelbrei in den Mund. Dann muss er nicht antworten.

»Sonntag will Mike mit mir ins Alte Land, zur Apfelernte«, sagt seine Mutter. »Er hat da früher gelebt. Wir wollen mit den Fahrrädern hin.«

»Klingt gut«, sagt Marvel. Er kann sich nicht wirklich vorstellen, was daran toll sein soll.

»Hast du Lust, mitzukommen?«

Marvel legt das Besteck hin. »Ich finde es besser, wenn ihr zwei allein fahrt. Ich meine, was soll ich dabei? Oder braucht ihr Zuschauer?«

Es ist Sonntag, zwölf Uhr.

Marvels Mutter und DocMike sind schon früh losgefahren. Da hat er noch geschlafen. Er hat den Vormittag vertrödelt, hat nur rumgehangen und dabei die ganze Zeit versucht, nicht an den Nachmittag zu denken.

Vier Uhr, Eilenau 12. Seine alte Adresse.

Er hat sich ein Müsli gemacht, aber entweder war der Joghurt schlecht oder sein Magen spielt verrückt: Die Hälfte hat er durchs Klo gespült.

Marvel ruft Mauki an. Mauki muss aus dem Keller hochkommen. Er repariert gerade das Fahrrad seines kleinen Bruders. Die Stützfahrräder sind abgebrochen. Benni ist erst vier.

»Und du?«, fragt Mauki, nachdem sie das besprochen haben. »Was machst du so?«

»Ach, nichts. Ich häng rum.«

»Hast du Lust, vorbeizukommen?«, fragt Mauki. »Lust auf ein Bierchen?«

»Nee, ich glaub nicht. Ich hab heute Nachmittag schon was vor.«

»Aha.« Mauki wartet, aber Marvel sagt nichts weiter dazu. »Du hast ziemlich oft was vor«, fährt Mauki fort. »Hat das was mit dieser Tussi aus dem MOVES zu tun?«

»Nee, hat es nicht.«

»Aber du triffst sie, oder?«

Marvel reagiert gereizt. »Was willst du wissen?«

»Bully hat dich manchmal gesehen. An der Elbe. Bei der Perle.« Die Perle ist eine Strandkneipe. »Mit dieser Bine. Ihr wart hackedicht. Du hast ihn überhaupt nicht gesehen.«

Wieder Schweigen.

»Ich find's schade«, sagt Mauki nach einer Weile.

Marvel holt tief Luft. Er weiß genau, was Mauki meint. »Was?«

»Wieso ist es nicht mehr so wie früher?«

»Weil früher gestern ist.«

»Jojo und Bully finden das auch scheiße, wie es jetzt läuft.«

»Mir geht's genauso.«

»Und wieso ändern wir das dann nicht? Mann, Marvel! Wenn wir es alle scheiße finden? Wir haben früher alles zusammen gemacht!« Mauki schweigt eine Weile, dann knurrt er: »Wieso schmeißt du deine alten Freunde einfach weg?«

Marvel bekommt einen heißen Kopf vor Wut. »Mann! Was redest du für einen Scheiß!«, schreit er. »Was soll das denn? Hab ich gesagt, dass das mit Bine und mir was Ernstes ist? Hab ich nicht gesagt!«

»Du bist also heute Nachmittag nicht mit ihr verabredet?«

»Nein!!!«

Marvel könnte jetzt sagen: Ich besuch meinen Vater. Ich hab ihn neulich gesehen und da hat er gesagt, ich soll mal vorbeikommen. Sonntagnachmittag, vier Uhr. Das ist heute. Ich fühle mich ziemlich scheiße, aber andererseits weiß ich, wenn ich das heute nicht durchziehe, werde ich mich später immer für einen elenden Feigling halten. Ich habe keine Lust, mein Erwachsenenleben damit anzufangen, dass ich mich selbst für einen Feigling halte. Deshalb fahr ich hin, verstehst du? Ich hab nur angerufen, weil ich jemanden zum Reden brauchte. Meinem Magen geht es in letzter Zeit ziemlich schlecht. Ich schlaf nicht gut. Ich sauf zu viel. Ich kann mich nicht konzentrieren. Ich weiß nicht. Es läuft alles irgendwie aus dem Ruder. Aber vielleicht wird es ja besser, wenn ich das heute Nachmittag hinter mir habe.

Das alles könnte er Mauki sagen und Mauki würde schweigen und zuhören, und auch nachdem Marvel geredet hätte, würde Mauki immer noch eine lange Pause machen und nachdenken, bevor er was sagt. Und er würde was Vernünftiges sagen, das weiß Marvel. Was Nettes, Aufbauendes.

Aber es nützt ja nichts. Es geht einfach weiter. Wie wird er sich fühlen, wenn der Sonntagnachmittag vorbei ist? Wenn er zurück ist aus seinem ehemaligen Elternhaus? Wie fühlt er sich dann? Wenn es schiefgegangen ist, mit seinem Vater, seiner neuen Frau oder diesem kleinen Mädchen.

Wenn er sich so scheiße fühlt, dass er sich nur noch unter die Decke verkriechen und heulen möchte. Das muss keiner wissen, durch welche Hölle er gegangen ist. Darum geht's.

»Also, ich muss jetzt Schluss machen, Benni nervt«, sagt Mauki.

»Okay, schon gut. Grüß den Zwerg.«

»Ja, mach ich.«

»Also, bis die Tage.«

»Morgen ist Montag.«

»Ja, bis morgen. Mein ich ja.« Marvel legt auf. Und als er das Telefon auf seinen Platz zurückstellt, hat er das Gefühl, dass es ihm noch schlechter geht als vorher.

Deshalb ruft er weder Jojo an noch Bully.

Zwei Stunde später – es sind noch zwei Stunden bis zu seinem Treffen in seinem ehemaligen Elternhaus – steht Marvel im Hauptbahnhof an der Saftbar und probiert einen Banane-Sellerie-Cocktail.

Bine ist immer noch nicht wieder aufgetaucht. Der mürrische Knilch ist verschwunden, dafür steht jetzt eine grauhaarige, abgezehrte Frau hinter dem Tresen. Die ist wenigstens bereit, mit ihm über Bine zu reden.

»Ich weiß, dass hier eine Schülerin gearbeitet hat«, sagt sie. »Mit so knallroten Haaren. Ich war da drüben.« Sie deutet auf den Tresen, an dem italienische Nudelgerichte frisch aus der Pfanne angeboten werden. »Da hab ich sie hier immer gesehen. Ich hab gehört, die kommt nicht wieder.«

Marvel spürt einen Stich. »Wieso? Was ist mit ihr?«

Die Frau hebt gleichmütig die Schultern. »Woher soll ich das wissen? Bin ich vom Betriebsrat? Ich bin auch sofort weg, wenn ich einen besseren Job finde.«

Marvel stellt sein Glas, das fast unberührt ist, auf den Tresen. »Das schmeckt wie Jauche«, sagt er und geht.

Noch anderthalb Stunden bis vier Uhr. Wenn man der Zeit beim Vergehen zusieht, vergeht sie überhaupt nicht. Die Zeit ist eine Trickmaschine.

Um den schlechten Geschmack aus seinem Mund, der Speiseröhre und dem Magen zu vertreiben, kauft Marvel sich am Kiosk draußen auf dem Bahnhofsvorplatz einen Underberg. Das soll ja ein richtiger Magenputzer sein.

Er schraubt den Verschluss ab und kippt das scharfe Zeug in einem Zug hinunter. Danach muss er husten und hat fast Angst, dass das Zeug wieder mit rauskommt.

Er wirft die kleine Flasche in den Mülleimer und kauft sich ein Bier. Mit dem Bier verzieht er sich auf eine Bank unter dem Vordach des Hauptbahnhofs. Von hier aus kann er die Taxis beobachten. Die Fahrer lehnen an den Säulen, rauchen und reden. Manchmal kommt ein Fahrgast und dann wirft einer seine Kippe weg und öffnet die Wagentür, verstaut das Gepäck und Sekunden später sind sie weg.

Marvel wettet jedes Mal mit sich, ob sie vor dem Schauspielhaus rechts oder links abbiegen. Meistens liegt er falsch.

Er trinkt sein Bier. Ganz langsam. Er nuckelt es fast. Es ist inzwischen schon so warm wie das Bier zuletzt bei Onkel Herbie. Wenn er an Onkel Herbie denkt, muss er auch an seine Freunde denken und dann tut ihm der Magen sofort wieder weh.

Noch sechzig Minuten.

Ein Bettler, der seine Sachen auf einer Einkaufskarre vor sich herschiebt, hält eine Predigt. Immer wieder kommt das Wort »Jesus« vor und »Hölle«. Beides ungefähr gleich oft.

Noch fünfundvierzig Minuten.

Keinesfalls darf er zu früh kommen. Wenn er zu früh kommt, wird sein Vater die falschen Schlüsse ziehen. Er wird zum Beispiel denken, dass Marvel es gar nicht erwarten konnte, ihn zu besuchen, seine neue Frau kennenzulernen und seine Halbschwester. Das ist aber falsch.

Eine Mädchenclique, unheimlich rausgeputzt und geschminkt, läuft kichernd an ihm vorbei. Marvel schätzt die

Mädchen auf höchstens dreizehn. Plötzlich bleiben die Mädchen stehen, starren ihn an, schubsen sich gegenseitig und tuscheln. Marvel holt seine Sonnenbrille aus der Hemdtasche und setzt sie auf. Die Mädchen setzen sich in Bewegung, sie schieben sich gegenseitig vorwärts, verlegen kichernd, die Hände vor dem Mund.

Schließlich baut sich eine von ihnen vor ihm auf. »Wir haben gerade überlegt, ob du es bist.«

»Wer?«, fragt Marvel cool.

»Na, der Typ aus dieser Serie.«

»Was denn für eine Serie?«

Das zweite Mädchen schiebt sich mutig vor. Sie hat eine Zahnlücke. »Du bist der Max!«, ruft sie. »Ey, er ist es! Er ist es!« Sie juchzt plötzlich und stupst ihre Freundin in die Seite. »Ich hab ihn an der Stimme erkannt!«

»Komm, mach schnell Foto! Wo ist dein Handy?«, ruft eine mit ziemlichen Stöckelschuhen.

Und schon sieht Marvel, wie eine kleine Hand mit rot lackierten Nägeln ein Handy aufklappt und es ans Gesicht hält. Sofort drängen die Mädchen sich um ihn.

»Das dürfen wir doch?«, fragt das Mädchen mit dem Handy.

Marvel nickt. Das Bier macht ihn gelassen. Er sitzt breitbeinig da, in der einen Hand schaukelt die Bierflasche.

»Alle mal Eierspeise!«, ruft das Mädchen.

Marvel spürt, wie sie ihren Kopf ganz nah an seinen bringen. Ihre Haarspitzen kitzeln seine Nase. »Ameisenscheiße«, sagt er.

Ihm fällt plötzlich diese blöde Weihnachtskarte ein. Wie er zwischen seinem Vater und seiner Mutter sitzt und sie alle gleichzeitig Ameisenscheiße sagten. Oder war es Ameisenkacke?

Er steht auf, als das Foto gemacht ist, wirft die noch nicht ganz leere Bierflasche in den Mülleimer und steuert den Taxistand an.

Die Mädchen laufen hinter ihm her.

Der Taxifahrer öffnet Marvel die Tür.

»Kriegen wir ein Autogramm?«, ruft die mit der Zahnlücke, als die Tür zuschlägt. »Bitte!« Sie macht einen Kussmund und drückt ihre Lippen gegen die Scheibe. Wenn man die Zahnlücke nicht sieht, ist sie richtig süß.

Der Taxifahrer setzt sich hinters Steuer und schaut ihn neugierig an. »Muss man dich etwa kennen?«

»Nein. Können wir an irgendeiner Tankstelle kurz halten?«

»Können wir. Was brauchst du denn?«

»Irgendwas zum Lutschen. Kaugummi oder Pfefferminzbonbons oder so was. Muss ja nicht gleich jeder merken, dass ich ein Bier getrunken hab.«

Ein merkwürdiges Gefühl beschleicht Marvel, als er auf dieses rote Klinker-Spitzdachhaus zugeht, sein Elternhaus. Obwohl er nun schon fast drei Jahre in der Wohnung in der Schlüterstraße wohnt, ist das immer noch das Haus, das er vor sich sieht, wenn er an das Wort ZUHAUSE denkt. Hier hat er seine komplette Kindheit verbracht. Und irgendeinen Teil seines Körpers oder seiner Seele muss er bei der überstürzten Flucht damals hier zurückgelassen haben. Selbst seine Füße reagieren merkwürdig, als die Gehwegplatten genau an den gleichen Stellen kippeln wie früher. Er streicht mit der flachen Hand über die Ligusterhecke und es kitzelt in den Handflächen wie früher. Der weiße Briefkasten, an den er mal den Smiley-Button geklebt hat, ist noch da und Waldi, der eiserne Schuhdackel mit dem abgebrochenen Schwanz – eine seiner kindlichen Missetaten, die ihm sofort wieder einfallen. Und das Türschild aus Messing mit dem Namen KELLER, schwarz eingraviert. Keller heißt er auch.

Früher hat Marvel schon auf dem Weg durch den Vorgarten den Schlüssel aus der Hosentasche gezogen und gecheckt, ob Post gekommen ist oder ob die Mülltonnen schon zurückgestellt worden sind. Das war immer seine Arbeit gewesen.

Jetzt muss er klingeln. Und irgendwie ist ihm das peinlich und er dreht sich um und guckt, ob die Nachbarn vielleicht gaffen. Die Nachbarn, die damals alles mitbekommen haben, den Streit und ihren Auszug und wie seine Mutter in ihrer ohnmächtigen Wut seinen Vater mit ihren Fäusten traktiert hat. Wie sie alle gegafft haben, einschließlich der Möbelpacker.

Verstohlen hustet er in die Handfläche, um zu kontrollieren, ob sein Atem gut riecht. Der Taxifahrer hat ihm zu Fisherman's Friend geraten. Das Zeug sei so scharf, das ätze jeden Alkohol weg.

Plötzlich wird die Haustür aufgezogen und ein kleines Mädchen steht da, mit blonden Locken, Schmetterlingshaarspangen und Latzhosen, die groß genug für eine ganze Packung Pampers sind. Große wasserblaue Augen starren Marvel an. Sie legt den Kopf schief und lächelt vorsichtig. »Hallo.«

»Hallo.«

»Bist du mein Bruder?«, fragt das Mädchen.

Marvel nickt. Er schluckt. Das Mädchen strahlt und umklammert sofort begeistert sein Hosenbein.

»Ich heiße Sofia!«, sagt sie.

»Hallo Sofia«, sagt Marvel. Irgendwas ist mit seiner Stimme nicht in Ordnung.

Der Holztäfelung in der Diele entströmt immer noch dieser Geruch, der unzertrennlich mit seiner Kindheit verbunden ist. Der Geruch nach diesem Öl, mit dem das Holz glänzend gehalten wird und das den Holzwurm abhalten soll.

»Mama! Papa! Er ist da!«, kreischt das Mädchen, ohne Marvel loszulassen.

In der Diele ist es dämmrig und still.

Sie haben das Kind vorgeschoben, denkt Marvel, weil sie feige sind.

»Hallo?«, ruft Marvel.

»Jahahaa! Komme!!!« Das ist eine helle Frauenstimme. Caren, denkt Marvel. Mit C.

Sie kommt aus der Küche, sie trocknet ihre Hände an einem Geschirrtuch ab. Sie strahlt mit Sofia um die Wette.

»Hab gerade den Kuchen aus dem Ofen geholt. Hallo Marvin. Ich freu mich.« Sie streckt ihm die trockene Hand hin. »Apfelstrudel. Ich hoffe, du magst so was.«

»Strudel sind ihre Spezialität. Wird dir schmecken. Hallo mein Sohn.« Plötzlich ist auch sein Vater da. Kommt mit ausgebreiteten Armen auf Marvel zu. Sofia klebt immer noch an seinem Hosenbein und blickt anhimmelnd zu ihm hoch. Sie haben sie gedrillt, denkt Marvel, sie soll das machen, damit mir gleich klar wird, dass das meine kleine Schwester ist.

»Schön, dass du gekommen bist, Junge«, sagt sein Vater warm. Er lächelt Marvel an.

»Ja, klar. Logisch«, murmelt Marvel. Und denkt gleichzeitig: Was red ich für blödes Zeug? Wieso ist hier irgendwas logisch?

»Und das also ist Caren«, sagt Sven Keller, während er sich von Marvel löst und seinen Arm um seine Frau legt. »Wird auch langsam Zeit, dass ihr euch kennenlernt.«

»Hallo Marvin«, sagt Caren lächelnd. Hat sie das nicht eben schon gesagt?

Er senkt zur Begrüßung leicht den Kopf. »Hallo«, murmelt er.

»Ich bin deine Schwester!«, kreischt Sofia. »Nicht, Mama? Ich bin doch seine Schwester?«

»Ja, mein Schatz.« Caren küsst ihre Tochter.

Sein Vater nimmt das Mädchen ganz einfach huckepack, sagt ihr, dass sie den Kopf einziehen soll, und marschiert mit ihr voraus ins Wohnzimmer. Das hat er auch mit mir gemacht, denkt Marvel. Er weiß plötzlich noch, wie er sich am Kopf des Vaters festgehalten hat.

Aha. Immer noch die weiße Schrankwand über die ganze Länge des Zimmers und immer noch der Glastisch mit den Fächern für die Zeitschriften. Immer noch das Panoramafenster in den Garten, die Rhododendronbüsche, die Schaukel, die oben im Kastanienbaum befestigt ist und vom Wind leicht bewegt wird. Vor der Tannenhecke ein Sandkasten aus rotem Plastik. Der ist neu.

Aber neue Sessel. Heller. Moderner. Auf dem Boden eine Decke, auf der Spielzeug verteilt ist. Eine Tigerente. So eine hatte Marvel auch. An die kann er sich plötzlich erinnern.

Sein Vater beobachtet ihn, folgt seinen Augen, die langsam durch den Raum wandern. »Was hältst du von einer kleinen Führung durch dein altes Reich?«

»Okay«, sagt Marvel. Das kam schneller über seine Lippen, als er wollte.

Sie steigen die Treppe hoch, er inspiziert das Bad, das neue Waschbecken bekommen hat. In das Schlafzimmer wirft er nur im Vorbeigehen einen Blick und das ist auch besser. Er will gar nicht wissen, wie sein Vater mit seiner neuen Frau schläft. In welchem Bett und in welcher Bettwäsche.

Das ehemalige Arbeitszimmer seines Vaters ist jetzt Sofias Zimmer. Gleich neben dem Schlafzimmer.

»Praktisch«, sagt sein Vater, »denn kleine Kinder haben ja immer irgendwas.«

Das Zimmer hat tatsächlich rosafarbene Wände. Lillifee überall. Das Bett ist weiß und überall sind Plüschtiere verstreut, Puppen und dazwischen ein knallroter Nachttopf.

»Nach oben willst du sicher auch«, sagt sein Vater.

Marvel zuckt mit den Schultern. Er ist nicht sicher, ob er sehen will, was sie aus seinem Zimmer gemacht haben. Es rumort in seinem Magen, als er hinter seinem Vater die schmale Treppe zur Mansarde hinaufsteigt. Er muss stehen bleiben, um sich verstohlen den Schweiß von der Stirn zu wischen. Es geht ihm nicht gut.

Er weiß, dass er es nicht aushalten wird, egal, was sie mit dem Zimmer angestellt haben.

Aber dann der Overkill: Marvin erwischt es kalt.

Da hängt noch der Baseballhandschuh an der Wand, den sein Vater ihm damals aus Amerika mitgebracht hat, und daneben ein T-Shirt von den 99ers. Und dort im Schuhregal stehen seine blauen Nikes, bestimmt fünf Nummern kleiner als die, die er jetzt braucht. Und auf dem Bücherbord seine alten Schulhefte und Klassenbücher. Von Klasse 4 bis Klasse 6. Das Deutschbuch, das Mathebuch, in Folie eingeschlagen, die gelbe englische Grammatik. Ihm fällt plötzlich ein, dass genau in dieser englischen Grammatik noch die Kinokarte für den ersten Harry-Potter-Film stecken muss. Den Film hat er an seinem Geburtstag zusammen mit seinen Freunden gesehen. Danach waren sie alle bei McDonald's. Und er hat zwei große Portionen Pommes gegessen.

»Na?«, sagt sein Vater freundlich.

Marvel nickt. Sagen kann er nichts.

Sein Vater kippt das Fenster, als ahne er, dass Marvel frische Luft braucht. Früher hat er oft, die Arme hinter dem Kopf verschränkt, in seinem Bett gelegen und den Himmel über sich angeguckt.

Was ihn richtig fertigmacht, sind die Bilder an der Wand. Fotos, gerahmt.

Da ist das Foto, wie er im Wohnzimmer auf dem Teppich

liegt und seine erste Eisenbahn fahren lässt. Da ist das Foto, wie er sein erstes Fahrrad bekommen hat. Wie er Arm im Arm mit seinem Vater in einer Pizzeria sitzt und sein Vater ihm gerade ein Stück Salami von der Pizza stiehlt, als seine Mutter auf den Auslöser drückt.

Ein Foto von Marvel in seinem Zimmer. Mitten in dem Chaos liegt er im Bett und liest. Und grinst fröhlich in die Kamera.

Die Bilder hauen Marvel um. Er kann seinen Blick nicht von diesen Bildern abwenden. Wieso hängen die hier? Er kann sich nicht erinnern, wann er sich zuletzt ein Foto von früher angesehen hat. Er weiß nicht einmal, wo seine Mutter die Fotos aufbewahrt.

Vielleicht hat sie ja gar keine mitgenommen. Vielleicht hat sie ja alles hiergelassen. Alles, was wehtun kann.

Er weiß, dass er jetzt etwas sagen müsste, aber ihm fällt nichts ein.

So ist es lange still.

»Wir dachten«, erklärt sein Vater schließlich in diese Stille hinein, »wir lassen das Zimmer, wie es ist. Weil es ja immer noch dein Zuhause ist.« Er drückt die Tür zu dem kleinen Bad auf. Da hängt über der Duschwand Marvels altes Lieblingshandtuch, das weiße mit dem blauen Delfin. Das macht Marvel so fertig, dass er zurückweicht und sich an der Schreibtischplatte festhalten muss.

Er hört, wie sein Vater sagt: »Ich habe ja lange Zeit gehofft, dass du kommst. Dass du auf meine Briefe antwortest. Dass du uns mal besuchst. Dass wir so etwas wie eine zweite Familie sein könnten. Caren hat sich das auch gewünscht. Ich hab so viel von dir erzählt. Ich hab mir ja lange Zeit eingebildet, dass du ebensolche Sehnsucht nach mir hast wie ich nach dir. Bis du dann auf einmal alle meine Geschenke zurückgeschickt hast.«

Daran kann Marvel sich nicht erinnern. Will er auch nicht.

Die Worte plumpsen in Marvels Magen wie Steine in einen Teich. Dein Zuhause! Familie. Sehnsucht!

Marvel kann nichts sagen. Er wartet, bis sein Vater von sich aus begreift, dass es genug ist.

Er möchte jetzt sofort gehen und sich irgendwo besaufen. Irgendwo, wo ihn niemand sieht. Ganz einsam für sich allein sein und ein Bier nach dem anderen in sich reinkippen. Bis er nichts mehr denkt und nichts mehr fühlt.

Sie gehen die Treppe wieder nach unten. Im Erdgeschoss in der Diele steht Caren und hält einladend eine Flasche hoch. So kalt, dass das Kondenswasser daran herabperlt. Er schmeckt das Zeug schon am Gaumen. Wenn mich jetzt etwas rettet, ist es der Alkohol.

»Prosecco!«, ruft sie. »Hat jemand Lust?«

Und ob, denkt Marvel.

»Ich schon«, sagt Sven Keller fröhlich. »Aber der Sohn hier nicht. Der trinkt nämlich keinen Alkohol.«

»Oh«, sagt Caren.

»Ja, find ich gut. Macht mich sogar richtig stolz.« Sven Keller legt schon wieder seinen Arm um Marvel, so als wolle er an einem Tag alle Berührungen nachholen, die sie in den letzten Jahren versäumt haben.

»Ich nehm ein Wasser«, sagt Marvel.

»Ich hol's dir.« Marvel hört, dass er pfeift, als er in der Küche den Kühlschrank öffnet.

»Da, wo ich herkomme«, erzählt Caren, »macht man den Apfelstrudel mit Zimtäpfeln und einem hauchdünnen Teig.«

Marvel könnte jetzt fragen, wo Caren herkommt, aber er will nicht zu viel Interesse zeigen.

Sie setzen sich an den Wohnzimmertisch.

»Und? Hast du eine Freundin?«, fragt Caren.

Offenbar finden fremde Frauen es normal, solche Fragen zu

stellen. Sie lächelt dabei ganz entspannt und rührt mit dem Löffel in ihrem Kaffee. Sie süßt ihren Kaffee mit Natreen, genau wie Miranda, die sich immer für zu dick hält. Wie komisch, denkt Marvel, dass Menschen, die nichts miteinander zu tun haben, doch auf irgendeine Weise ähnlich handeln. Und denken.

»Eine Freundin?«, wiederholt Marvel, um Zeit zu gewinnen.

»Ja, ein Typ wie du! Da stehen die Mädchen doch bestimmt Schlange!«

Und wieso seh ich die Schlange nicht?, denkt Marvel. Ihm fällt Miranda ein. Er hat sie seit dem Discoabend und dem Tag danach nicht mehr gesehen.

Eigentlich hatte er noch nie eine Freundin.

Caren scheint auf einmal zu spüren, dass sie ihm mit dieser Frage zu nahe getreten ist. Sie steht auf und macht eine Handbewegung, als wische sie den ganzen gedeckten Tisch weg, und sagt fröhlich: »Ach, egal. War nur so eine Frage. Ich hätte genauso fragen können, welchen Sport du am liebsten magst.«

»Das weiß ich«, mischt sich sein Vater ein, »das war Fußball und das wird immer noch Fußball sein, oder? Junior?« Er rubbelt Marvels Haare so wie früher und Marvels Kopfhaut zieht sich zusammen.

»Ja, stimmt.« Marvel grinst. »Das Runde muss in das Eckige.«

»Hacke, Spitze, trallala«, sagt sein Vater.

»Zieht den Bayern die Lederhosen aus!«

Beide müssen lachen.

Und obwohl er es gar nicht will, weil er so viel Nähe mit seinem Vater nicht aufbauen will, sagt Marvel noch, was sie immer sagten, wenn sie früher in der Südkurve nebeneinandersaßen und einem Heimspiel von FC St. Pauli zugeguckt haben: »Die Mannschaften kommen unverändert aus der Kabine.«

Marvels Vater lacht so, dass er sich die Tränen aus den Augen wischen muss. »Das weißt du noch? Und was haben wir immer gerufen? Na?« Und beide brüllen wie aus einem Mund: »WIR WOLL'N EUCH KÄMPFEN SEHEN!«

Und dann sind sie auf einmal erschöpft oder erschrocken und sie hören gleichzeitig auf mit dem Gelächter. Die Stille, die folgt, ist dichter als vorher, anders.

Sie reden dann ein bisschen über die Chancen des HSV in der Champions League, über die Neueinkäufe von Bayern München – »dem Millionärsklub«. Marvel erzählt etwas von der Schule und dann fragen sie ihn nach der Fernsehserie.

»Ich bin stark beeindruckt«, sagt Caren. »Ich hab zu deinem Vater gesagt, dein Sohn hat Talent!«

Dein Sohn hat Talent! Dein. Sohn. Talent. Marvel lässt das sacken.

»Ich hoffe, die Serie wird fortgesetzt«, sagt Caren. Es klingt, als sei sie ehrlich interessiert. Um seinetwillen.

»Wird sie denn fortgesetzt?«, fragt sein Vater.

Marvel überlegt, ob sein Vater das nur fragt, weil er sich um den Unterhalt drücken will. Aber weil sein Vater so freundlich lächelt, antwortet er: »Es ist noch nicht entschieden, aber der Produzent rechnet fest damit.«

»Und? Bist du dann wieder dabei?«

»Die Regisseurin will. Aber einen Vertrag habe ich noch nicht.«

»Und was sagen die Lehrer?«

»Nicht viel«, sagt Marvel. »Sie haben es akzeptiert, aber toll finden sie es wahrscheinlich nicht.«

»Wieso nicht?«

»Ich bin in der Schule abgesackt.« Marvel wundert sich selbst, dass er so ehrlich ist und das zugibt.

»Und? Kannst du das wieder aufholen?«

»Ich denke schon. Ich muss halt ranklotzen.«

Marvel muss plötzlich an seine Mutter denken und was sie wohl sagen würde, wenn sie wüsste, dass er jetzt hier auf dem Sofa sitzt, mit seinem Vater und dessen neuer Frau, und Apfelstrudel isst, während das neue Kind auf dem Fußboden ihrer Puppe gerade einen Arm auskugelt.

Sein Vater hat, solange Marvel sich erinnern kann, immer abends um sieben Nachrichten geschaut. Erst das ZDF und dann um acht die Tageschau. Da durfte man ihn nicht stören. Deshalb geht er kurz vor sieben. Sein Vater aber besteht darauf, ihn noch bis zur U-Bahn zu bringen.

»Da fangen doch die Nachrichten schon an«, sagt Marvel.

Sein Vater lacht. »Na und? Dafür hab ich meinen Sohn ein bisschen länger.«

Caren sagt zum Abschied: »Komm bald wieder.« Sie streicht mit der Hand über seinen Arm. »Dein Vater freut sich.«

»Mach ich«, antwortet Marvel.

Und in dem Augenblick meint er das auch.

Zum Abschied drückt sein Vater ihm etwas in die Hand. »Das kommt jetzt vielleicht ein bisschen plötzlich. Aber, mein Sohn, du sollst wissen, dass du jederzeit willkommen bist.«

Marvel betrachtet den Haustürschlüssel. »Alles braucht seine Zeit«, sagt er.

12

Seine Mutter und DocMike sind noch nicht von ihrem Wochenendtrip zurück, als Marvel nach Hause kommt. Die Wohnung ist dunkel und still und so abweisend, als wohne hier niemand, den er kennt. Aber es ist ihm egal.

Im Kühlschrank findet Marvel außer den Lieblingsjoghurts seiner Mutter nur ein paar Scheiben Mortadella, die sich an den Rändern bereits wellen. Früher hätte ihm das die Laune verdorben, aber jetzt klemmt er sie zwischen zwei matschige Weißbrotscheiben, die er vorher mit Majo bestrichen hat, und geht mit dem Sandwich auf den Balkon. Er fühlt sich leicht. Und gut. Er fühlt sich wie früher, wenn er erschöpft, aber glücklich vom Sporttraining kam. Wenn er so richtig ausgepumpt war.

Ihm fällt die Melodie ein, die sein Vater in der Küche gepfiffen hat. Er pfeift sie leise nach, während er sieht, wie unten Miranda auf ihrem Fahrrad um die Ecke kommt. Wie sie sich vorsichtig, leicht schwankend, ihren Weg zwischen den Autos hindurch auf den Bürgersteig sucht. Wie sie absteigt und ihr Fahrrad mit einer überdimensionalen Kette an den Pfosten schließt. Wie sie eine Basttasche mit langen Lederriemen vom Gepäckträger nimmt und über die Schulter hängt. Eine typische Miranda-Basttasche. In Spanien tun sie da wohl Badeanzug und Sonnencreme rein und gehen damit an den Strand.

Als ahne sie, dass er da steht, wandert Mirandas Blick nach oben.

Marvel winkt.

Erstaunt, aber verhalten winkt sie zurück.

»Hey!«, ruft er, über das Balkongeländer gebeugt. »Lange nicht gesehen. Wie geht's?«

»Gut«, antwortet Miranda vorsichtig.

Es wirkt, als habe sie sich geschworen, sich nie mehr von einem Typen wie Marvel verletzen zu lassen. Marvel verspürt plötzlich den Wunsch, es wiedergutzumachen und überhaupt wieder netter zu den Menschen zu sein.

»Warte!«, ruft er. »Ich komm mal runter.«

Miranda bleibt unschlüssig stehen. Marvel greift nach dem Haustürschlüssel und spurtet die Treppen runter. Er trifft Miranda an der Haustür. Er ist ganz außer Atem. Er lacht.

Miranda schaut ihn an. Ernst. Ohne zu lächeln. »Hallo Marvel.«

Er fragt sich, wie es sein kann, dass Miranda in den wenigen Wochen, in denen er sie nicht zu Gesicht bekommen hat, auf einmal so erwachsen aussieht. Hat sie eine andere Frisur?

Miranda will an ihm vorbei. Marvel hält sie am Arm fest.

»Schöner Tag heute, oder?«, fragt er.

»Ja.«

»Warst du bei einer Freundin oder so?«

Miranda nickt. »Oder so«, sagt sie. Und lässt ihn stehen. Er schaut ihr nach, wie sie die Treppe hinaufsteigt. Auch ihr Gang hat sich verändert, irgendwie alles an ihr.

»Hey! Miranda!«, ruft er.

Sie bleibt stehen, die Hand auf dem Treppengeländer, ohne sich umzudrehen.

Marvel merkt, dass sie wegwill, dass sie nichts mit ihm zu tun haben will. Das reizt ihn. Das ärgert ihn. Das passt nicht zu diesem Tag.

Er läuft ihr nach. »Ich war heute bei meinem Vater«, sagt er. Lachend, ein bisschen so, als sei es ein Witz.

Miranda dreht sich um. »Bei deinem Vater in eurem alten Haus?«

Marvel nickt.

Miranda kommt wieder einen Schritt herunter. »Und hast du seine neue Frau auch kennengelernt?«

»Ja, und Sofia.«

Miranda setzt sich auf die Treppe. Marvel setzt sich neben sie. Sie wirft ihre Haare zurück und für einen Augenblick hat Marvel den Duft ihres Shampoo in der Nase.

»Und? Wie alt ist sie jetzt?«

»Noch nicht mal drei. Ich musste ihr die Schnürsenkel binden. Und wir haben Kaufladen gespielt.«

Miranda lacht. Er wusste gar nicht, dass sie Grübchen hat. Und dass ihre Arme ihn ständig berühren, stört ihn gar nicht.

»Und wie war's so mit deinem Vater?«

»Ganz okay. Ging besser, als ich dachte.«

»Und seine neue Frau?«

»Na ja. Weiß nicht. Ich denke mal, sie bemüht sich.«

Miranda mustert ihn. »Sie bemüht sich?«

Marvel zuckt mit den Schultern. »Was soll ich sagen? Ich kenn sie ja nicht.«

Miranda nickt. Sie schweigt. Aber sie hat diese nachdenkliche steile Falte auf der Stirn. Marvel stellt sich vor, dass sie versucht, sich ein Bild von seinem früheren Leben zu machen. Das rührt ihn irgendwie. Aber er weiß nicht, wie er ihr das sagen soll.

»Und wie geht's dir jetzt insgesamt?«, fragt Miranda schließlich.

»Gut, glaube ich.«

»Glaubst du's oder weißt du's?«

»Was weiß man schon.«

»Stimmt. Neulich hab ich mir einen Vortrag im Fernsehen angehört. Auf Phoenix. Über die Halbwertzeit von Wissen.« Sie lächelt. »Ich glaub, ich hab nur ein Viertel verstanden. Wenn überhaupt. Aber es war interessant.«

»Was du dir alles antust!« Marvel räuspert sich. »Sie haben mein Zimmer so gelassen, wie es war.«

»Was?«, sagt Miranda ungläubig. Sie dreht sich zu ihm um und starrt ihm direkt ins Gesicht. Er kann das Mitgefühl in ihren Augen sehen.

»Sie haben daraus kein Prinzessinnenzimmer für meine Schwester gemacht oder so was. Sie haben es einfach so gelassen. Ich kann jederzeit dahin zurück.«

Miranda starrt ihn an. »Das ist ja unfassbar.«

Er atmet tief durch, lächelt. »Ich fass es nicht. Dass mein Vater über die Jahre immer noch irgendwie mit mir gerechnet hat.«

Miranda legt ihm ihre Hand auf die Schulter. Ganz leicht, diese Hand. Man merkt sie kaum. Und dennoch … Er ist von den Gefühlen so überwältigt, dass er sich an sie lehnt.

Miranda rückt erschrocken ein Stück von ihm ab. Sie sitzen wieder nebeneinander auf der Treppe.

»Ich kann jederzeit wieder hin. Er hat mir die Hausschlüssel gegeben«, sagt Marvel.

»Wow! Also gehst du da jetzt häufiger hin.«

Marvel tut einen Augenblick, als denke er ernsthaft darüber nach. Dann schüttelt er lächelnd den Kopf. »Nee, natürlich nicht. Schon wegen Mama. Und überhaupt.«

»Klar. Verstehe.«

»Da ist es superruhig. Da hörst du die Frösche im Teich.«

»Wow.«

»Das ist der Teich von den Nachbarn.«

»Klingt echt gut«, sagt Miranda. »Frösche im Teich. Und alles.«

*

»Mama«, sagt Marvin, »kann ich dich was fragen?«

Seine Mutter sitzt im Schlafzimmer auf der Bettkante, in ein Badetuch gehüllt, und rubbelt ihre nassen Haare mit einem Handtuch, auf dem kleine rote Marienkäfer leuchten. Sie mustert ihn. Und lächelt.

»Du machst aber ein ernstes Gesicht. Komm«, sie deutet auf den Platz auf der Bettkante, »setz dich.«

»Danke, ich bleib lieber stehen.«

»Was Ernstes?«, fragt seine Mutter.

»Weiß nicht. Möglich. Kann sein.« In seiner Hosentasche brennt der Haustürschlüssel, den sein Vater ihm gegeben hat. »Es geht um Papas Hochzeit.«

Babsi Keller zieht das Marienkäfer-Handtuch vom Kopf. Slow Motion. »Ja?«, fragt sie gedehnt. »Und?«

»Kannst du dich erinnern, ob Papa mir da eine Einladung geschickt hat?«

Seine Mutter legt das Handtuch aufs Bett und streicht es mechanisch mit den Fingern glatt. Marvel würde so was auch machen, um nicht aufschauen zu müssen.

»Das ist lange her«, sagt sie gedehnt. »Wie kommst du auf einmal darauf?«

»Mama! Kannst du die Frage vielleicht einfach beantworten?«

Seine Mutter seufzt plötzlich. Ihr Lächeln erlischt. »Das ist keine einfache Frage, Marvin.« Sie holt tief Luft. »Dein Vater und ich haben eine sehr schwierige Beziehung zueinander und …«

»Es geht jetzt aber zufällig nicht um dich und Papa, sondern um mich und Papa!« Marvel ist erregt. Sein Kopf glüht. »Darf ich vielleicht eine eigene Meinung haben?«

Seine Mutter erhebt sich. Als ihr Handtuch rutscht, zieht sie es fast verlegen über den Busen hoch. Sie tritt ganz dicht an Marvel heran. »Was ist passiert?«, fragt sie leise. »Warum kommst du auf einmal mit so einer Frage?«

»Hast du nie damit gerechnet, dass diese Frage mal kommt?«

Seine Mutter senkt den Kopf. »Nein. Oder doch. Ja. Keine Ahnung.«

»Hat Papa mich zu seiner Hochzeit eingeladen? Ja oder nein?«

»Ja.« Seine Muter holt tief Luft. »Ich glaube, es war eine Einladung für dich gekommen. Ich hab das so pervers gefunden, so abartig, dass er annimmt, sein Sohn würde sich ein weißes Hemd anziehen und seinen Konfirmationsanzug, um Zeuge zu sein, wie sein eigener Vater eine andere Frau …« Sie stockt plötzlich, wendet den Kopf, schaut Marvel an. »Woher weißt du das mit der Einladung?«

»Egal. Ich will's erst wissen. Du hast die Einladung aufgemacht und sie in den Müll geworfen, oder was?«

Seine Mutter nickt. »Ja. Oder nein. Ich hab sie eine Weile herumliegen lassen, glaub ich.«

»Daran kann ich mich nicht erinnern.«

Seine Mutter sieht ihn an. Ihr Blick hat etwas Flehendes. »Du kannst dich wahrscheinlich an vieles nicht erinnern, Marvin. Und manches ist womöglich ein bisschen anders, als du es in Erinnerung hast. Dein Vater und ich hatten uns …«

Marvel hält sich die Ohren zu. Er schreit plötzlich. »Ich will es nicht wissen! Ich will nichts mehr darüber hören, wie Papa dich enttäuscht und betrogen hat!! Verstehst du? Ich musste mir drei Jahre lang anhören, was für ein fieser Typ mein Vater ist! Ich hab darunter gelitten, so einen Vater zu haben!! Es reicht!!!«

Seine Mutter schließt die Augen, ihr Gesicht macht sich klein. So wie früher. Ihr Kinn zittert. Er weiß, dass sie gleich in Tränen ausbrechen wird.

Und wirklich flattert ihre Stimme, als sie fragt: »Hast du mit ihm gesprochen?«

»Ja.«

»Wann?«

»Ist doch egal, oder?«

Seine Mutter sackt immer mehr in sich zusammen. Sie nickt. »Ja, wahrscheinlich ist es egal.«

»Und die Geschenke?«

»Welche Geschenke?«

»Die ich von Papa bekommen hab. Was war damit?«

»Ich weiß es nicht. Wir haben die Sachen alle zurückgeschickt. Das musst du doch noch wissen! Du wolltest von deinem Vater nichts mehr wissen. Du wolltest keine Geschenke von ihm. Er hat dich zu sehr enttäuscht.«

Marvin schüttelt den Kopf. Er fühlt sich wie betäubt. Er kann sich an nichts erinnern.

»Später hab ich die Annahme der Pakete und Briefe verweigert. Du hattest schon genug Probleme. Ich wollte nicht, dass jedes Päckchen, jeder Brief dich wieder so aufwühlt. Ich dachte, das wäre am einfachsten.« Sie schaut Marvel fast flehentlich an. »Das ist alles immer ungeöffnet an deinen Vater zurückgegangen.«

Stille. Marvel starrt an die Decke.

»Marvin! Tut dir das jetzt auf einmal leid?«

Marvel hat plötzlich das Gefühl, zu ersticken. Er zieht den Schlüssel aus der Hosentasche und wirft ihn auf das Bett. Verwundert nimmt seine Mutter den Schlüssel in die Hand. Schaut auf den Anhänger.

»Was ist das?«

»Hat mir Papa gegeben.«

Als habe sie einen elektrischen Schock gekriegt, lässt seine Mutter den Schlüssel auf den Boden fallen. Marvel bückt sich und hebt ihn wieder auf, steckt ihn, während seine Mutter ihn fassungslos dabei beobachtet, wieder in die Hosentasche.

»Es ist mir egal«, sagt er, »was für ein Problem ihr beide miteinander habt. Ich möchte da nicht mehr mit reingezogen werden, Mama. Das mein ich ernst!«

Caren hat Bionade eingekauft, mit Litschigeschmack. Eine ganze Batterie steht davon im Kühlschrank, extra für ihn. Weil ihm das am ersten Tag gut geschmeckt hat – auch wenn man dieses Zeug nicht mit Bines Fruchtsäften vergleichen kann, frisch aus der Presse. Aber über die spricht Marvel nicht, wenn er sein ehemaliges Zuhause besucht. Er erzählt überhaupt sehr wenig.

Und er findet es gut, dass Caren ihn in Ruhe lässt und nicht von ihm erwartet, dass er mit Sofia spielt. Er hat es versucht, aber ihm fällt echt nichts ein, was man mit so einer Kleinen spielen kann. Er stellt sie höchstens mal auf den Roller und schiebt sie auf der Terrasse im Kreis herum. Dann juchzt sie vor Vergnügen und wirft sich ihm hinterher an den Hals und ruft: »Noch mal!«

Marvel weiß, dass Caren dann hinter der Terrassentür steht und sie beobachtet. Er kann Caren nicht sehen, aber er weiß, dass sie da ist. Er könnte, wenn er sich Mühe gäbe, vielleicht sogar ahnen, was sie denkt. Aber die Mühe will er sich nicht machen. Im Grunde geht er dort ja nur hin, weil das Aufreißen der Schlüterstraße nicht nur einen Höllenlärm macht, der am Denken hindert, sondern weil auch der Gestank, der mit den Kanalarbeiten einhergeht, unerträglich ist. Die Abgase der riesigen Maschinen, gemischt mit dem Dreck, den sie aus den Kanälen saugen. Als wohnten sie neben einer Kläranlage.

Marvel fährt meistens gegen vier Uhr in sein ehemaliges Zuhause, und dann bleibt er, bis sein Vater aus der Redaktion kommt. Alles andere hätte er als unhöflich empfunden. Dann reden sie noch ein paar Takte – nachdem sein Vater jedes Mal betont hat, wie er sich freut, ihn zu sehen – über belanglose Dinge wie das Wetter, den Jackpot oder die Bundesliga-Ergebnisse. Wenn das Abendbrot fertig ist, zieht er wieder los. Er könnte auch bleiben und mit der neuen Familie zu Abend essen, Caren lädt ihn jedes Mal ausdrücklich dazu ein, aber das will er nicht. Wegen seiner Mutter. Weil es sie schmerzen würde und weil Marvel keine Lust hat, seiner Mutter zu all den Schmerzen, die sie schon hatte, noch einen weiteren hinzuzufügen.

Seine Mutter weiß nicht, wie er seine Nachmittage verbringt. Sie hat es auch früher nicht gewusst. Insofern fühlt er da auch keine Verpflichtung, ihr genaue Auskunft zu geben.

Außerdem hat seine Mutter ja jetzt DocMike. Immer öfter hängt der bei ihnen zu Hause rum, immer häufiger passiert es, dass die Schlafzimmertür zu ist, wenn er nach Hause kommt, und er leises Lachen aus dem Schlafzimmer hört. Er findet das in Ordnung.

Wenn es seiner Mutter gut geht, muss er sich weniger Sorgen machen.

Alles läuft gut. Und außerdem hat Hotte von der Multimedia angerufen: Die zweite Staffel der Serie ist vom Sender in Auftrag gegeben worden. Marvel hat einen Luftsprung gemacht, aber er hat bislang noch niemandem davon erzählt. Hotte sagt, die Autoren arbeiten unter Hochdruck an den Drehbüchern. In drei Wochen soll schon die erste Klappe für die nächste Staffel fallen. »Und was dir gefallen wird«, hat Hotte prophezeit, »sie wollen deine Rolle noch ausbauen. Du wirst öfter auf dem Bildschirm zu sehen sein, in wichtigeren Szenen. Warne deine Lehrer schon mal vor, dass wir bald wieder mit einem Antrag auf Unterrichtsbefreiung vor der Tür stehen.« Hotte hat gelacht und Marvel hat auch gelacht.

Erst nachher ist ihm klar geworden, dass es nicht so einfach sein wird, seinen Lehrern diese Tatsache unterzujubeln. Sein Zwischenzeugnis war schlecht. Die Lehrer lächeln nicht mehr, wenn er sie grüßt, sondern nicken nur ernst. Ein Alarmzeichen. Ob sie ihn ein zweites Mal freistellen werden, ist nicht sicher. Er muss sich in den Arbeiten stark verbessern. Er lernt jetzt oft vor einer wichtigen Klausur die ganze Nacht hindurch.

Nur fürs Kino hat er immer Zeit. Filme gucken ist seine große Leidenschaft geworden. Miranda und er gehen am Wochenende jetzt oft zusammen ins Kino. Dann studiert er die Schauspieler und versucht hinter die Tricks der Regisseure und Kameraleute zu kommen. Er sitzt angespannt, die Hände zwischen den Knien, den Oberkörper vorgebeugt, und verfolgt jede Kamerabewegung, jeden Schnitt, während Miranda sich verstohlen bei den traurigen Szenen die Tränen aus den Augenwinkeln tupft.

Und wenn Marvel Miranda hinterher auf eine Cola einlädt, referiert er ihr haarklein, was ihm alles aufgefallen ist.

»Wenn die an deiner Schule Film als Lehrfach hätten«, behauptet Miranda, »bekämest du eine glatte Eins.«

Vielleicht. Aus dem Internet hat er sich jedenfalls schon mal die Hochschulen heruntergeladen, die ein Film- & Fernsehstudium anbieten. Babelsberg in Potsdam oder die Akademie in München reizt ihn am meisten.

Und aus der Bibliothek hat er sich die Biografien von Woody Allen, Pedro Almodóvar, Hitchcock, Billy Wilder, Scorsese und Stephen Spielberg geholt. Er erzählt Miranda stundenlang von dem aufregenden Leben der Leute in Hollywood.

»Du bist ja echt besessen«, sagt Miranda.

Marvel nickt. »Ja. Bin ich wohl.«

»Deine Mutter sagt immer, dass du später Jura studierst.«

»Auch Mütter können sich irren.«

Dann der Schock. So unvorbereitet, so dermaßen »aus dem Off«, wie die Filmleute sagen, dass es Marvel buchstäblich die Beine wegreißt.

Hotte ruft an. Aus der Produktion. Seine Stimme ist kalt und hart wie Eis. Er kommt sofort zur Sache. »Hast du einen Computer zu Hause?«

»Ja, klar«, sagt Marvel. »Tag, übrigens.«

»Tag. Dann geh mal ins Internet. Und google ›betrunkenedekorieren.de‹.«

Marvel lacht. »Was soll das denn sein?«

»Das ist eine Seite, wo man Fotos von dekorierten Betrunkenen angucken kann, die irgendwelche Leute ins Netz stellen«, erwidert Hotte kalt. »Ich merke, du hast keine Ahnung.«

Marvel schluckt. Etwas Kaltes, Unangenehmes kriecht an seiner Wirbelsäule hoch.

»Keine Ahnung wovon?«, fragt er.

»Unter dem Stichwort ›Coole Zeiten‹ findest du ein Foto von dir. Ich sag jetzt nichts weiter dazu. Guck es dir an.«

Marvel versteht gar nichts mehr. Er hat Angst, dass Hotte auflegen wird. »Hotte«, schreit er, »leg nicht auf, bitte! Sag mir, was passiert ist.«

Hotte zieht tief die Luft ein. Marvel kann es hören. Auch dass Hottes Nerven und Geduld kurz vor dem Zerreißen sind. Dass er sich sehr anstrengen muss, um mit Marvel den üblichen höflichen Gesprächston zu finden. Dass Hotte lieber brüllen würde. Oder mit der Faust auf einen Sandsack einschlagen.

»Jannis ist heute Morgen damit in die Konferenz geplatzt«, erklärt Hotte. »Er hat das am Wochenende entdeckt, als er durch die Chats zu unserer Soap gegoogelt ist. Normalerweise entdeckt er da witzige, nette Anregungen für die Kollegen von der Presse.« Hotte stockt.

Marvel räuspert sich. »Ja? Und?«

»Du warst in einer Nacht so blau, dass jemand dir die Hose ausgezogen und deinen Arsch tätowiert hat«, sagt Hotte.

»Nein!«

»O doch. Auf dem ersten Foto sieht man nur deinen Arsch. Aber dann haben sie dich rumgedreht und deinen Pimmel dekoriert.«

»Nein!«

»Du starrst mit roten Augen in die Kamera wie ein Zombie!«

»Nein!!«

»Hör auf mit dem ewigen Nein, Marvel. Es ist, wie es ist. Irgendjemand, der sonst nichts Besseres zu tun hatte, hat dich da auf der Website entdeckt. Und dich erkannt. Der Star aus *Coole Zeiten.* Und er hat die Bilder in unsere Chats gehoben. Wir haben jetzt einen Star, der so besoffen ist, dass man ihm in der Öffentlichkeit die Hose runterziehen und seinen Arsch tätowieren kann. Du ahnst vielleicht, wie wir uns darüber freuen.«

»Mein Arsch ist nicht tätowiert, Hotte!«

»Vielleicht haben sie es mit Filzstiften gemacht. Oder mit Make-up. Was weiß ich. Vielleicht hast du deine Rückseite lange nicht im Spiegel betrachtet.«

Marvel spürt, wie seine Knie nachgeben. Er schafft es gerade noch bis zum Sessel. »Hotte, ich …«, stammelt er.

»Spar dir alles, was du mir sagen willst, bis du die Fotos gesehen hast. Und dann beweg dich hierher. Ich muss mit dir ein paar Takte reden.« Hotte legt auf, ohne die üblichen freundlichen Worte, denn eigentlich geht es unter Filmleuten immer nett und höflich zu. Diese Höflichkeit hat Marvel sich wohl verscherzt.

Ist es möglich, denkt Marvel, während er voller Ungeduld auf den Bildschirm starrt, so breit zu sein, dass man das nicht mehr mitbekommt? Wann war ich denn so besoffen, verdammt noch mal? Ich weiß doch, was ich tue. Was ich getan habe. Ich betrinke mich doch nicht bis zur Bewusstlosigkeit! Mann, ich bin doch immer Herr der Lage gewesen. Bin ich in deren Augen jetzt auf einmal ein Alkoholiker, oder was? Der sabbernd im Straßengraben liegt? Oder wie dieser Penner in der U-Bahn, der sich in die Hosen gepinkelt hat? Sonst noch was?? Habt ihr alle ein Rad ab?

Mann, ich bin Marvin Keller, ich bin sechzehn – seit eineinhalb Monaten –, ich geh in die zehnte Klasse und kann Gedichte von Catull übersetzen! Was soll der Scheiß? Das kann nur ein Irrtum sein. Dieser Jannis, dieser sogenannte Headwriter, der kriegt von mir eins aufs Dach, aber gehörig, wenn sich rausstellt, dass er sich geirrt hat. Dem mach ich Feuer unterm Hintern!

Das Bild baut sich auf. Marvel hält den Atem an.

Und da ist es:

Unter dem 13. März gibt es anonym folgenden Eintrag: »Hey Leute, falls ihr für diesen Max aus der Serie *Coole Zeiten* schwärmt, dann hab ich was für euch! Falls jemand von euch Mädchen schon mal davon geträumt hat, mit diesem Kerl ins Bett zu gehen, weil er das Zeug fürs große Popcornkino hat, dann guckt euch vorher diese Fotos an! Vielleicht entscheidet ihr euch dann doch lieber für jemanden, der seinen Verstand noch nicht komplett versoffen hat! Ich hab mal nachgeguckt, dieser Marvin Keller ist erst sechzehn! Und schon so kaputt! Halleluja! Wetten, Marvin, dass du es in deinem Leben noch weit bringst?

Du kommst echt gut rüber auf Fotos! Du hast das Zeug zum Superstar! In der Abteilung: Deppenfilme. Titel: ›Der Drops ist gelutscht‹.«

Marvel scrollt runter und da sind die Fotos. Ihm ist plötzlich so schwindlig, dass er kaum etwas sieht. Vielleicht weigert sich sein Verstand auch, zu begreifen, dass er tatsächlich dieses jämmerliche Häuflein Mensch ist.

Unfassbar peinlich. Marvel schmerzen vom Gucken die Augäpfel.

Nein, denkt er. Nein! Nein! Nicht ich! Das bin ich nicht!!

Aber allmählich erkennt er ein paar Details. Und dann weiß er auch, dass es dieser Abend gewesen sein muss, als er mit seinen Kumpels feiern wollte und die keine Zeit für ihn hatten. Er mit dieser Wodkaflasche. Und dem wahnsinnigen Wunsch, Party zu machen.

O ja, Mann – das ist die Brücke, das ist der Alsterarm. Da hab ich gesessen. O Scheiße! Das sind meine Nikes, das ist mein Anorak. O verdammter Mist.

O Mann.

Marvel kämpft mit den Tränen. Er schämt sich. Er will sich an die Nacht nicht erinnern. Aber es ist alles wieder da: Wie er zu Hause zu sich gekommen ist, wie er gestunken hat, seine Klamotten, seine Haut, seine Haare, alles hat gestunken, nach Wodka, nassem Gras, nach dem modrigen Uferschlamm da unter der Brücke.

O Gott. Und jetzt steht das im Netz. Und jeder kann es sehen.

Jojo, Billy, Mauki.

Miranda!

Die ganze Schule!!

Die Lehrer!!

Der Direktor!!!!

Seine Mutter!!!!

Und wenn die bei seinem Vater in der Redaktion …

Bei der Multimedia wissen sie es schon. Er sieht es vor sich, wie sie sich alle im Büro der Drehbuchschreiber über die Bildschirme beugen.

Wie soll er denen je wieder unter die Augen treten?

Was soll er sagen?

Wie soll er das erklären?

Was gibt es da überhaupt noch zu erklären?

Und das Schlimmste: Was einmal im Netz steht, kriegt man nicht wieder raus.

In zehn Jahren kann jemand dieses Bild immer noch anklicken. Wer weiß, vielleicht wird das Foto berühmt, vielleicht heißt es irgendwann, dass eine Million Menschen seinen bleichen Bauch angeklickt haben und seinen Pimmel, mit nassem Herbstlaub garniert.

Er darf sich nicht drücken, so viel ist klar. Er muss diesen Canossagang zur Multimedia antreten. Er muss Hotte, Biggi, Jannis und allen anderen unter die Augen treten. Man wird eine Erklärung von ihm verlangen, wie es dazu kommen konnte.

Und er wird nicht wissen, was er sagen soll.

Weil er sich, verdammt noch mal, nicht erinnern kann!

Er hatte nicht den blassesten Schimmer, dass jemand ihn halb ausgezogen, verunstaltet und fotografiert hat.

Er hat nicht den geringsten Verdacht, wer das gewesen sein könnte!

Laufen Leute nachts mit ihrem Handy rum und machen Fotos von Besoffenen?

Jedes Wochenende gibt es Partys auf Hamburgs Straßen, die Polizei erlaubt schon keine Glasflaschen mehr im Reeperbahnbereich, versucht die im Internet angekündigten Saufpartys zu verhindern. Bislang ohne Erfolg.

Wie viele Besoffene liegen wohl in den Nächten von Samstag auf Sonntag irgendwo in den Parks, auf Bänken, in U-Bahn-Schächten herum? So besoffen, dass sie ihre Umgebung nicht mehr wahrnehmen, dass sie nicht merken, was andere mit ihnen anstellen?

Und er, Marvin Keller, ist einer von ihnen.

Er war so breit, dass er einen Filmriss hatte. Einen Blackout. Er kann sich an nichts erinnern. An absolut nichts.

Aber wollen die bei der Multimedia so was hören? Geht das als Entschuldigung durch, wenn er sagt: Tut mir leid, liebe Leute, aber ich war breit?

Er kleidet sich sorgfältig. Er steht länger im Bad als sonst. Er bügelt sein Hemd noch mal auf, bevor er es anzieht. Er benutzt mehr Deo als sonst, als habe er Angst, man könne den Alkohol immer noch riechen. Er trinkt in der Küche ein Glas Orangensaft. Vitamin C hilft in allen Lebenslagen.

Dann legt er seiner Mutter einen Zettel hin: »Bin kurz im Studio«, und zieht die Wohnungstür hinter sich zu.

Miranda kommt gerade die Treppe vom dritten Stock heruntergehüpft, als sei das Leben eine Wundertüte. Sie strahlt, als sie Marvel sieht, und gibt ihm, wie es jetzt zwischen ihnen üblich geworden ist, einen kleinen Kuss auf die Wange. Mehr läuft zwischen ihnen nicht.

Marvel hat beschlossen, dass Miranda ihn wie einen großen Bruder liebt. Und er sie wie eine etwas jüngere Schwester, die zufällig sehr gut aussieht und deren Hals so betörend riecht wie kein anderer Hals. Ganz abgesehen von ihrem Lachen, das sich wie in Wellen in seinem Unterleib fortsetzt. Miranda lacht neuerdings häufig. Sie wirkt irgendwie glücklich. Sie sieht nicht aus wie jemand, der den Chat von »Coole Zeiten« in den letzten Tagen angeklickt hat. Er hat noch eine Galgenfrist.

»Hey«, ruft sie, »welche Laus ist dir denn über die Leber gelaufen?«

»Wieso? Keine.«

»Und warum dann so ernst?«

»Ernst? Ich? Nö.«

Zu einem richtigen Satz ist er nicht fähig. Das Foto, dieses Scheißfoto, krallt sich in seinem Kopf fest und lässt keinen Raum für etwas anderes.

»Ich hab ein Date«, erklärt Miranda lachend. »Klingt komisch, was? Drück mir die Daumen.«

»Wofür denn? Was für ein Date?«, fragt Marvel, obwohl es ihn nicht wirklich interessiert.

Miranda tritt dicht zu ihm und flüstert ihm ins Ohr: »Er heißt Tim. Er ist total süß! Er ist der Bruder von Annika! Ich treff mich mit ihm im Starbucks. Das ist unsere Lieblingskneipe.«

Sie haben schon eine Lieblingskneipe, denkt Marvel. Irgendwie will es nicht in seinen Kopf, was Miranda ihm da erzählt.

»Ich nehm die U-Bahn. Und wo musst du hin?«

»Ins Studio«, knurrt Marvel.

Sie gehen nebeneinander her. Miranda plappert. Dieser Typ, den sie ihr »Date« nennt, hat neulich etwas entdeckt, irgendeine neue Bewegung, die total klasse ist, und jetzt denkt Miranda, dass die auch Marvel interessieren könnte. Eine Bewegung! Marvel verzieht das Gesicht. Welcher Typ interessiert sich für eine Bewegung?

»Vielleicht lernst du ihn ja mal kennen«, sagt sie. »Tim besucht mich sicher bald wieder.«

Er besucht sie, denkt Marvel. Bald! Das klingt, als könne sie es kaum erwarten.

»... dann kann er dir davon erzählen. Die Bewegung heißt Straight Edge.«

»Was ist das denn für ein Name? Gerade Ecke? Oder wie übersetzt du das?«

»Mensch, Marvel! Du hörst ja überhaupt nicht zu. Woran denkst du? Ich glaube, Tim und du, ihr würdet euch gut verstehen.«

Obwohl Marvel versucht, sich ganz auf das bevorstehende

Gespräch mit Hotte zu konzentrieren, gehen ihm auf einmal Fragen durch den Kopf wie: Wieso hat Miranda ein *Date?* Wieso weiß er nicht, dass sie in einen Typen verknallt ist? Hat er etwa kein Recht darauf, es zu erfahren? Und zwar rechtzeitig? Und nicht, wenn es schon zu spät ist!

Und wer ist dieser Tim? Wieso taucht da auf einmal jemand auf, der Tim heißt?

»Tim sagt«, plappert Miranda, während sie neben ihm zum U-Bahn-Eingang geht, »dass die Mitglieder von Straight Edge sich verpflichten, nie mehr Alkohol zu trinken. Sie wollen Spaß haben, ohne sich ihr Gehirn kaputtzusaufen.«

»Ha«, knurrt Marvel, »super.«

»Nein, Marvel, mach dich nicht lustig! Die haben Spaß! Jede Menge!« Miranda zeigt ihm ihren rechten Handrücken: Da prangt ein dickes schwarzes X. Sie ist auch schon Mitglied bei Straight Edge. Und total begeistert.

»Wenn ich mit diesem X auf dem Handrücken auf eine Party gehe, in eine Disco oder so, dann weiß jeder, dass ich keinen Alkohol trinke.«

»Seit wann gehst du denn in Discos?«, knurrt Marvel.

»Mit Tim. Der tanzt unheimlich gern.«

Tim tanzt unheimlich gern, denkt Marvel. Irgendetwas drückt in seinem Magen.

»Ja. Und keiner bringt einen dummen Spruch. Da muss ich gar nicht erst viel erklären, das war sonst immer so nervig. Da kam ich mir mit meiner Limo wie ein kleines Mädchen vor, das Angst vor dem großen Leben hat. Aber jetzt nicht mehr. Jetzt macht mich das stolz.«

Marvel zwingt sich, an Hotte zu denken und an Biggi und an den Empfang, den sie ihm im Studio bereiten werden. Er fragt sich, wie er am Pförtner vorbeikommen soll. Ob der sich seine Freizeit auch mit dem Internet vertreibt? Jedenfalls hat der

Pförtner ihn schon bald nach Drehbeginn auf dem Schirm gehabt. Und ihn einfach durchgewunken.

»Wenn du Mitglied von Straight Edge bist«, sagt Miranda, »zeigst du am Eingang dein X und dann weiß jeder, dass du keinen Alkohol trinkst. Die Bewegung geht inzwischen um die ganze Welt. Es ändert sich was! Du, ich find das großartig! Warum muss eine Party immer als Besäufnis enden? Man kann auch ohne Alkohol Spaß haben. Und die Gehirnzellen bleiben einem erhalten. Das siehst du doch genauso, oder? Also, ich könnte nie mit einem Typen befreundet sein, der jedes Wochenende betrunken ist. Grässlich!«

Marvel nickt. Er denkt an die Multimedia. An die zweite Staffel von *Coole Zeiten.* Eigentlich sollten bald die Verträge kommen. Klar, was sie ihm sagen werden: Die zweite Staffel kannst du vergessen, Junge! Wir schreiben dich raus! So schnell kannst du gar nicht gucken, wie du aus der Soap geschrieben wirst.

»Wir wollen versuchen, im Sommer in Hamburg eine Megaparty zu veranstalten. Da musst du unbedingt kommen!«

Marvel runzelt die Stirn. »Wir? Wer wir?«

»Die Straight-Edge-Leute. Hörst du nicht zu?«

»Doch, doch, erzähl weiter!«

Marvel feilt in Gedanken an den Sätzen, die er Hotte sagen will. Er nickt, damit Miranda weiterredet und er nicht antworten muss. Aber Miranda bleibt plötzlich stehen und starrt ihn an.

»Was ist los, Marvel?«

Er lächelt. Ein schiefes Lächeln, mehr eine Gesichtszerrung. Eine Grimasse. Das spürt er. Er hasst sich dafür.

»Nichts. Gar nichts«, sagt er hastig. »Alles okay.«

»Wirklich?«, fragt sie ungläubig.

Er nickt.

Sie gehen eine Weile schweigend weiter nebeneinanderher. Manchmal, wie zufällig, berühren sich ihre Hände. Dann räuspert Miranda sich, als kaue sie an einem schwierigen Satz herum. Schließlich sagt sie: »Marvel?«

»Ja?«

Sie bleibt wieder stehen und wendet sich ihm zu. »Wenn es dir schlecht geht und du ein Problem hast, dann würdest du mir das doch sagen. Oder?«

Er schluckt. Er versucht ihrem Blick auszuweichen. Er nickt.

»Weil ich es dir nämlich sagen würde, wenn ich ein Problem hätte«, sagt Miranda. Sie zögert, ein kleines Lächeln huscht über ihr Gesicht. »Wir sind doch wie Bruder und Schwester, oder?«

Wie Bruder und Schwester!

Er muss ihr in die Augen gucken. Ihre Augen sind so dunkel und so groß wie Kastanien. Wie Kastanien, die mit glänzendem Samt überzogen sind. Und ihr Mund! Diese Lippen, die so schön geformt sind. Und glänzen wie Perlmutt. Ganz plötzlich fragt Marvel sich, warum er nie auf die Idee gekommen ist – in all den Augenblicken, in denen Miranda ihm ihr Gesicht entgegengehalten hat –, diesen Mund zu küssen.

Stattdessen sagt er mechanisch: »Genau. Wie Bruder und Schwester.«

13

Das ist eine kapitale Scheiße, die da passiert ist! So viel dürfte dir doch wenigstens klar sein? Ja?«

Hotte tigert in seinem kleinen Büro auf und ab. Von Zeit zu Zeit schlägt er mit der Faust gegen die Regale und die Blätterstöße flattern hoch.

Marvel hockt mit eingezogenem Kopf auf dem Stuhl vor dem Schreibtisch. Er starrt auf seine Fußspitzen.

»Was, verdammt noch mal, hast du dir dabei gedacht?«, schimpft Hotte.

»Ich weiß es doch nicht!«, flüstert Marvel. »Ich sag doch, ich kann mich an nichts erinnern.«

»Und wieso, verdammt noch mal, lässt du dich so volllaufen, dass du dich an nichts erinnerst?«

Marvel zuckt mit den Schultern.

»Was ist an deinem Leben so verdammt schlecht, dass du dich bewusstlos saufen musst?«

Marvel lässt den Kopf noch tiefer sinken.

»Schau mich an, Marvin!«

Jetzt sagt er schon Marvin, denkt Marvel. Das ist das Ende. Gleich schmeißt er mich raus. Besser, ich mach selbst den Abgang. Er holt tief Luft, stützt sich ab. Räuspert sich.

»Es tut mir leid. Wirklich. Hotte, das Letzte, was ich will, ist, dass ihr meinetwegen Probleme kriegt.«

Hotte knurrt. Lehnt am Schreibtisch, lässt Marvel nicht aus den Augen. Wie ein Raubtier, das sein Opfer beobachtet und nur noch auf den richtigen Moment wartet, um zuzupacken.

»Ich würde es gern wiedergutmachen«, murmelt Marvel. Aber schon während er die Worte ausspricht, weiß er, dass er Blödsinn redet.

Prompt fragt Hotte auch: »Und wie, wenn ich fragen darf?«

Marvel hebt den Kopf, schaut Hotte in die Augen. »Ich hab's vermasselt, ich weiß. Ich kann's nicht wiedergutmachen. Tut mir leid, dass ihr auf den Falschen gesetzt habt.« Er streckt Hotte die Hand hin. »Das hier war das Beste, was ich je erlebt hab. Hat echt Spaß gemacht.«

Hotte nimmt seine Hand nicht. Marvel dreht sich um, geht zur Tür.

»Warte«, sagt Hotte.

Marvel bleibt stehen.

»Dreh dich um!«

Marvel gehorcht.

Hotte lehnt immer noch am Schreibtisch, er hat immer noch die Arme vor der Brust verschränkt.

»Ich hatte einen Lehrer, der hat immer gesagt: Jeder hat eine zweite Chance verdient. Ich hab von dem Lehrer damals auch eine zweite Chance bekommen.«

Marvel atmet vorsichtig durch. Was sagt er? Was will er?

»Du bist in der zweiten Staffel«, sagt Hotte. »Die Autoren haben dir richtig gute Szenen gegeben. Hier liegen die ersten Bücher. Wir würden ungern auf dich verzichten.« Er schlägt mit der flachen Hand auf einen Stapel Papier. »Aber ich schwöre dir: Wenn das Geringste passiert, bist du schneller draußen, als du bis drei zählen kannst.«

Marvel muss sich am Stuhl festhalten.

»Ich könnte mit Biggi reden«, sagt Hotte. »Biggi mochte dich. Sie hat gern mit dir gearbeitet.«

»Ich auch mit ihr«, flüstert Marvel.

»Ich könnte Biggi sagen, dass wir geredet haben und ich sicher bin, du hast aus deinen Fehlern gelernt.«

Marvel nickt. Sein Herz hämmert.

»Die Fotos sind im Netz. Die Fotos wirst du nie wieder los. Das ist ab sofort ein Problem. Wir werden versuchen, den Schaden von der Serie abzuwenden. Wir werden unsere Anwälte dransetzen. Vielleicht finden die einen Weg, das Foto zu sperren. Weil du erst sechzehn bist. Vielleicht gibt es da eine Hintertür, keine Ahnung, vielleicht auch nicht. Dann muss unseren PR-Leuten eben etwas einfallen. Keine Ahnung, was.«

»Es tut mir leid.« Marvel hat aufgehört, zu zählen, wie oft er diesen Satz nun schon gesagt hat.

»Du selbst musst aber dafür sorgen, dass so eine Scheiße nie wieder passiert. Das kannst nur du. Du musst dich am eigenen Haarschopf aus der Jauche ziehen.«

Marvel nickt. Er zittert. So lange hat er sich zusammenreißen können, jetzt weicht auf einmal die Anspannung und seine Gelenke schlottern.

»Wenn du ein Mal zum Dreh kommst und ich den Verdacht habe, dass du was getrunken hast, und sei es auch nur ein halbes Pils: Da ist sofort ein Arzt da, der einen Bluttest macht«, erklärt Hotte ernst. »Und alles, was mehr als 0,0 Promille ist, bedeutet: Klappe. Aus. Ende. Hast du das kapiert?«

Marvel nickt. Er ist so erschöpft, dass er sich nicht einmal freuen kann. Nichts kann er fühlen als eine große, tiefe Erschöpfung.

»Wenn nur das Geringste vorfällt, bist du weg, Junge«, sagt Hotte wieder.

Marvel räuspert sich. Er flüstert. »Es wird nichts vorfallen.«

»Versprichst du das?«

»Ja«, sagt Marvel.

»Und kannst du mir dabei auch in die Augen sehen?«

Marvel hebt den Blick.

Hotte lächelt. Er schlägt Marvel seine Pranken auf die Schulter. »Wir machen im Leben alle mal Scheiß«, sagt er. »Aber das Gute ist, dass wir daraus lernen können. Du bist doch ein schlaues Kerlchen. Wenn du noch nicht alle grauen Zellen versoffen hast, weißt du doch selbst, was du tun musst.«

»Ja, weiß ich.«

»Alkohol löst keine Probleme«, sagt Hotte. »Alkohol macht sie! Dafür bist du selbst ja ein hervorragendes Beispiel.«

Marvel lebt wie unter einer Glasglocke, wie in einem Zwischenreich, wo all die Dinge wie Aufstehen, Frühstücken, Klausuren schreiben und Einkaufen nur noch eine virtuelle Bedeutung haben. Marvel fühlt sich nicht mehr wie jemand, der sein eigenes Leben im Griff hat, der mit seinen Handlungen irgendeinen Einfluss auf sein Leben hat, denn der wirkliche Marvin Keller ist im Internet zu besichtigen, unter »betrunkene-dekorieren.de«. Der wirkliche Marvin Keller, halb nackt und besoffen, wird als Foto immer wieder um die Erde geschickt, von einem User zum nächsten, wird heruntergeladen und weitergeleitet, von Leuten kommentiert und ausgelacht, die Marvel nie in seinem Leben gesehen hat und die er nie sehen wird.

Eines Tages, wenn er sich irgendwo bewirbt, wird ihm der Personalchef vielleicht dieses Foto ausgedruckt vor die Füße werfen und sagen: »Ist das Ihr Ernst? Dass Sie sich hier bei uns bewerben? Halten Sie uns für eine Kirmesbude, oder was?«

Er hat Albträume. Er bewegt sich wie ein Schlafwandler. Weicht jedem Gespräch aus, weil er glaubt, es würde unweigerlich auf diesen Punkt zusteuern. Grüßt die Nachbarn nur noch mit gesenktem Kopf, geht nie ohne Sonnenbrille und Kapuze aus dem Haus, die blaue Mütze zieht er tief in die Stirn.

Jeder neue Tag ist genauso eine Qual wie der vergangene. Er

fährt in einen Tunnel hinein und sieht am Ende kein Licht. Es gibt kein Entrinnen. Es wird einfach nicht besser. Durch die Sanduhr rinnt die Zeit, und wenn die Uhr abgelaufen ist, tut sie einen Schlag, irgendjemand rüttelt ihn und sagt: »Ich hab dich gesehen. Im Internet.«

Und das ist wie ein Richterspruch: »lebenslänglich«.

Geschlagene zwei Wochen hat Marvel jede Nacht heimlich vor dem Computer gesessen und geguckt, ob sein Foto noch da ist. Es war noch da. Die Einträge dazu sind täglich mehr geworden. Er konnte sich jedoch nicht dazu durchringen, sie zu lesen. Jede Nacht, wenn er im Bett lag, hat er sich vor Scham zusammengerollt wie ein Kleinkind. Er wäre gern unsichtbar geworden. Im Bad hat er nicht mehr in den Spiegel geschaut. Er konnte sein Gesicht nicht ertragen.

Geschlagene zwei Wochen ist Marvel morgens mit Magenschmerzen in die Schule gegangen, hat ängstlich in jedes Gesicht geguckt, auf eine Reaktion gelauert.

Haben sie es schon gesehen? Wer kennt das Foto?

Jedes Mal wenn Huberti mit ernstem Gesicht in die Klasse kam, ist ihm das Herz in die Hose gerutscht. Wenn der Blick eines Lehrers länger als eine Viertelsekunde auf ihm ruhte, glühte sein Kopf.

Auf dem Klo hat er die Sprüche studiert, die sie an die Wand geschrieben haben, aus Angst, da könnte etwas über ihn stehen.

Aber da war nichts.

Bis jetzt.

Und was ist mit Miranda? Sie meldet sich nicht, sie ruft nicht an, sie wartet nicht mehr im Treppenhaus auf ihn. Sie waren seit gefühlten Ewigkeiten nicht mehr zusammen im Kino. Sie haben seit Ewigkeiten nicht mehr zusammen gelacht.

Das macht sie jetzt alles mit Tim, während er allein in seinem Zimmer hockt.

Was ist mit den beiden? Wollte Miranda ihm diesen Typen nicht vorstellen?

Ha, Straight Edge!

Einer, der keinen Alkohol trinkt. Dem so was nie passieren würde. Weiß Miranda es schon? Hat jemand in ihrer Schule sie vielleicht auf das Foto aufmerksam gemacht? Er will sich ihr Gesicht nicht vorstellen, wenn sie ihn da sieht, so jämmerlich und widerlich. Es macht ihn krank, sich das vorzustellen, aber wie unter Zwang sieht er immer wieder Miranda vor dem Computer – sie spielt doch so gerne –, und wie sie auf einmal, beim Zappen durch irgendeinen Chat, auf seinen Namen stößt und dann auf sein Foto.

Er steht jetzt manchmal im Treppenhaus und lauscht, ob ein Geräusch aus ihrer Wohnung kommt.

Er traut sich nicht, zu klingeln. Oder sie anzurufen.

Auch ihre Eltern sind auf einmal unsichtbar. Es kommt ihm vor, als machten alle Nachbarn einen Bogen um ihn, als schämten sie sich, mit ihm unter einem Dach zu wohnen.

Wenn er nach Hause kommt und seine Mutter vor dem Computer sitzt, gerät er sofort in Panik. Dann erfindet er die blödesten Ausreden, um sie von dem Ding wegzulocken.

Er hat auch den Schlüssel vom Haus seines Vaters nicht mehr benutzt. Er traut sich ihnen nicht mehr unter die Augen. Sofia, die ihn anhimmelt wie einen tollen großen Bruder. Wenn die wüsste …

Und sein Vater. Wenn er an seinen Vater denkt, klumpt sich in ihm alles zusammen, dann wird seine Speiseröhre eng, sein Gaumen so rau wie Schmirgelpapier. Wenn er sich ausmalt, wie sein Vater das Foto von ihm entdeckt, möchte er tot sein.

Sein Vater ruft ihn jetzt manchmal auf dem Handy an. Er möchte sich mit ihm zum Essen verabreden. Er fragt, wann Marvel wieder mal vorbeikommt, erzählt, dass die kleine Sofia immer nach ihrem Bruder fragt.

Marvel redet sich raus. Viel zu tun in der Schule, nachmittags Gruppenarbeiten etc. Dabei weiß er, dass es nur eine Frage der Zeit ist, bis sie es erfahren, bis alle es erfahren.

Schlimmer kann sich auch ein Todeskandidat nicht fühlen, der den Tag der Hinrichtung noch nicht kennt.

Dennoch vergeht die Zeit. Seit vier Wochen ist die Serie nicht mehr im Programm und so verliert sich in den Medien auch schnell das Interesse an den Schauspielern. Andere Filme laufen an, andere Serien werden mit großem Pomp gestartet. Jeden Tag gibt es weniger Klicks auf die Seiten von *Coole Zeiten*.

Am Anfang hat er sich überwunden und sich bei »betrunkene-dekorieren.de« immer wieder eingeloggt, um zu sehen, ob es neue Einträge zu seinem Foto gibt.

Er hat sie nicht gelesen. Er hat es nicht über sich gebracht. Es hat ihn krank gemacht.

Er hat versucht, dieses verdammte Bild zu löschen, vergeblich. Er hat alles versucht. Es ist nicht so, als wenn er keine Tricks kennen würde.

Und dann, eines mittwochs, als er gerade einen Nudelteller in die Mikrowelle stellt, ruft Hotte an.

Seine Stimme ist wieder weicher, freundlicher.

»Wie geht's?«, fragt er.

»Danke, beschissen«, sagt Marvel wahrheitsgemäß.

Er hört, wie Hotte leise auflacht. »Gut.«

Was soll daran gut sein?, denkt Marvel.

Aber Hotte hat positive Nachrichten. »Du kannst unserer Rechtsabteilung einen Blumenstrauß schicken.«

»Wieso?«

»Sie haben es endlich geschafft.«

»Was?«

»Dein Foto ist vom Netz.«

»Nein!«

»Doch. War ein hartes Stück Arbeit. Der Homepagebetreiber hat sich erst quergestellt. Aber dann haben unsere Juristen mit dem Minderjährigen-Paragrafen operiert und irgendwann hatten sie ein Einsehen.«

»Oh, wow.« Marvel schießen die Tränen in die Augen. Er schluckt, er räuspert sich. »Ich weiß nicht, was ich sagen soll. Ich dachte schon, der Albtraum hört nie auf.«

»Jetzt hat er aufgehört. In zwei Wochen kriegst du den Vertrag für die nächste Staffel.«

»Danke, Hotte.«

»Schon gut. Bleib sauber, ja?«

»Klar. Mann, bin ich froh!«

Marvel hebt 50 Euro von seinem Konto ab und schickt einen filmreifen Blumenstrauß an die Rechtsabteilung der Multimedia. Auf dem Kärtchen steht nur ein Wort: »Danke!«

Und dann fällt langsam, ganz langsam der Stress von ihm ab. Die Welt wird wieder heller und die vorherrschende Farbe ist nicht mehr grau.

Ganz allmählich kommen wieder Tage, da wacht er morgens auf und fühlt sich gut.

Er meldet sich in der Schule für ein Referat, worauf sonst keiner Lust hat. Übernimmt die Aufsicht im Pausenhof, arbeitet freiwillig in der Schülerbibliothek. Und alles, was er tut, erfüllt ihn mit Freude. Wenn er seine Mutter trifft, nimmt er sie in den Arm und lacht. Und sie fragt verblüfft: »Hey Großer, was ist mit dir?«

»Nichts, Mama, ich freu mich nur.«

»Und worüber speziell?«

»Nichts Spezielles. Nur das Leben. Ganz allgemein.«

Seine Mutter mustert ihn amüsiert. »So jung wie du möchte ich auch noch mal sein.«

Marvel hebt Geld von seinem Konto ab und kauft seiner Mutter die Handtasche, in die sie sich verguckt hat. Ein sündhaft teures Teil. Marvel versteht nicht, was Frauen an Handtaschen toll finden, aber egal. Seine Mutter ist so glücklich und überrascht, dass sie endlich mal sprachlos ist. Und er fühlt sich gut.

Er trifft sich mit seinem Vater in der Innenstadt zum Mittagessen. Sein Vater ist spendabel. Er hat ein tolles Restaurant ausgesucht und Marvel vertilgt das beste Steak seines Lebens.

Sven Keller will wissen, was Marvel später einmal werden will.

»Irgendwas mit Film«, sagt Marvel.

»Irgendwas mit Film?« Sein Vater lacht gutmütig. »Geht's etwas genauer?«

Da erzählt Marvel, dass er sich schon über Filmhochschulen informiert und Material gesammelt hat, alles ausgedruckt und in einem Ordner abgeheftet.

Er erzählt, dass er sich vorstellen könnte, später mal in einem richtigen Film Regie zu führen. »Ein Krimi oder so was, vielleicht ein Tatort. Das wär geil.«

»Wenn ich dir irgendwie helfen kann«, sagt sein Vater, »lass es mich wissen. Ich bin immer für dich da. Das weißt du!«

»Ja«, sagt Marvel, »ich weiß.« Und er meint es ernst.

»Ich bin stolz auf dich«, sagt sein Vater, als er ihm zum Abschied die Hand auf die Schulter legt. »Du bist so zielstrebig, so vernünftig. Machst keine dummen und krummen Sachen. Weißt du was? Du bist das Beste, was mir in meinem Leben passiert ist.«

Marvel lächelt. »Danke«, sagt er leise. Und fügt plötzlich hinzu: »Ich wäre gern zu eurer Hochzeit gekommen. Ich wusste nur nichts davon. Mama hatte damit wohl ein Problem.«

»Ich liebe dich«, sagt sein Vater.

»Ich liebe dich auch«, erwidert Marvel.

14

Eines Abends, als er heimkommt, parkt das Auto von Mirandas Vater wieder am Bürgersteig. Und wenig später klingelt es an der Wohnungstür und Miranda steht davor, blasser als sonst und mit Ringen unter den Augen.

»Darf ich reinkommen?«

»Klar.« Er öffnet weit die Tür.

»Wir waren in Trujillo«, sagt Miranda.

Marvel weiß, dass ihre Eltern aus Trujillo stammen, einem kleinen Ort mitten in Spanien, in der Extremadura.

»Meine Oma ist gestorben. Wir sind mitten in der Nacht los, ich konnte dir nicht mal mehr einen Zettel in den Briefkasten werfen. Es war so furchtbar.«

Die Oma ist in ihrer Wohnung gestürzt, sie hat die Hüfte gebrochen und konnte sich keinen Zentimeter mehr bewegen. Sie hat es nicht bis zum Telefon geschafft, das nur einen Meter weit weg war. Sie hat drei Tage da gelegen, ohne einen Schluck Wasser, mit diesen furchtbaren Schmerzen. Als die Nachbarn die Tür aufgebrochen haben, lag sie bereits im Sterben. Am nächsten Morgen war sie tot. Miranda sagt, dass sie die alten Frauen nie vergessen wird, die in die Wohnung gekommen sind, um für die Tote zu singen und sie zu beweinen. »Das war wie ein Stück von García Lorca«, sagt sie.

Marvel nimmt sich vor, nie etwas von García Lorca zu lesen. Dafür nimmt er Miranda lieber in den Arm, um sie zu trösten. Miranda legt ihren Kopf an seine Schulter. Jetzt erst, wo er ihre Wärme spürt und wieder den Duft ihrer Haare und ihrer

Haut einatmen kann, merkt er, wie sehr sie ihm gefehlt hat. Wie schmerzhaft er sie vermisst hat.

Er sollte mit Miranda trauern über den Tod ihrer Großmutter, aber seine Freude, sie wiederzusehen, ist viel zu groß.

»Hast du mich vermisst?«, flüstert Miranda.

Marvel nickt.

Miranda rollen plötzlich Tränen über die Wangen. »Tim hat mich nämlich nicht vermisst«, flüstert sie.

»Was?«, fragt Marvel. Er spürt, wie sein Herz schneller schlägt.

»Dieser Typ ist so fies! Als ich weg war, weil meine Oma gestorben ist … Kann ich was dafür? Da hatte er nichts Besseres zu tun, als sich in Sara zu verlieben!«

»O Mann«, murmelt Marvel, »das ist hart.«

Er möchte, dass Tim in diesem Augenblick an der Wohnungstür klingelt. Er möchte ausholen und ihm eine reinhauen. Einfach so. Er wollte Tim schon die ganze Zeit eine reinhauen.

»Und du? Ist es dir wenigstens gut gegangen?«, fragt sie.

»Nein«, flüstert er. »Mir ging's schlecht.«

»Wieso?«

»Weiß nicht. Weil du weg warst. Und wegen dieses Typen.«

»Tim?«

»Ja. Ich dachte, ihr seid immerzu zusammen.«

»Und das fandst du nicht gut?«

»Ich fand's scheiße.«

Da lächelt Miranda zum ersten Mal. »Ich hab auch oft an dich gedacht, Marvel. Sogar bei der Beerdigung. Ich dachte immer, ich könnte das alles viel besser aushalten, wenn du bei mir wärst.«

Da küsst er sie. Noch einmal und noch einmal. Mirandas Augen sind geschlossen. Ihre Lippen geöffnet.

»Alles wird gut«, murmelt Marvel in ihr Haar.
»Ich weiß«, flüstert Miranda.

Marvel fühlt sich toll. Das Leben hat ihn wieder. Er kann mit Mauki, Jojo und Bully wieder Witze reißen. Er hat wieder Spaß am Leben.

Er möchte wieder so sein wie früher, wie damals, bevor alles anfing. Er albert wieder rum wie früher. Hat abends wieder Zeit. Und an den Wochenenden sind sie oft wieder zusammen unterwegs. Es ist ein super Gefühl, zu wissen, dass die alten Kumpels immer noch die besten Freunde sind.

Das muss gefeiert werden. Unbedingt!

Wenn nicht jetzt, wann dann …

Und als hätte die Welt nur darauf gewartet, kommt Jojo am nächsten Freitag mit einer Nachricht von der Internet-Community. »Morgen Abend, ein Flashmob an den Landungsbrücken«, gibt er strahlend bekannt. »Das dürfen wir nicht verpassen! Neunzehn Uhr, Rathausmarkt.«

»Und was soll da abgehen?«, fragt Mauki.

»Mann! Das weiß eben keiner! Das ist doch der Witz! Wir gehen da hin, nehmen unsere Handys mit und warten auf die Befehle.«

»Befehle?«, Bully runzelt die Stirn. »Ich lass mir ungern was befehlen. Das weißt du!«

»Mensch, Bully! Dann nenn es Aufforderung oder Startschuss oder wie auch immer! Hier geht's um sinnfreien Spaß!«

Sinnfreier Spaß klingt irgendwie gut, denkt Marvel. Wieso soll immer alles einen Sinn haben? Er erinnert sich an die letzte Flashmob-Party. Von der hat er allerdings erst gehört, als sie längst stattgefunden hatte. Da haben sich tausend Leute in der Europapassage getroffen und auf Kommando haben sie alle die Arme in die Luft gerissen und getanzt.

In Braunschweig haben sie den Schlossplatz besetzt und richtig Picknick gemacht. 5000 Jugendliche. Jojo war in Braunschweig dabei. Seitdem verpasst er keinen Flashmob mehr.

»Das ist so geil!« Jojo strahlt. »Wenn du siehst, wie aus dem Stand lauter Leute, die du nicht kennst, das Gleiche machen. Das macht einen echt high.«

Einen kurzen Augenblick überlegt Marvel, ob er Miranda vielleicht mitnehmen soll. Er weiß, dass seine Kumpels nichts dagegen hätten. Seit der peinlichen Disconacht ist viel passiert, sie sind alle älter geworden, haben alle ihre Erfahrungen gemacht.

»Was meint ihr?«, fragt Marvel. »Soll ich Miranda fragen?«

»Klar, frag sie«, sagt Jojo. »Je mehr wir sind, desto besser!«

Marvel stürmt zu Mirandas Wohnung hoch. Er ist noch ganz außer Atem, als sie die Tür öffnet.

»Heute Abend ist Party«, keucht er. »Auf dem Rathausmarkt. Da trifft sich die Flashmob-Community aus ganz Deutschland. Jojo sagt, vielleicht werden es fünftausend Mann!«

»Fünftausend? Bei so viel Leuten krieg ich sicher Platzangst.«

»Ach Quatsch, komm, mach mit!«

»Du willst da also hin?«, fragt Miranda.

Er lächelt. »Ja, mit meiner Clique, und hinterher zum Hafenfest an die Landungsbrücken.«

»Da saufen sie doch bloß alle.«

»Nee, das wird ’ne ganz normale geile Party. Und du musst nichts trinken, wenn du nicht willst. Bitte, komm mit! Die Jungs freuen sich.«

Miranda zögert. »Ich hab Lena versprochen, dass ich sie heute Abend besuche. Sie hat einen Gipsfuß. Sie langweilt sich zu Hause total.«

»Dann geh morgen zu ihr.«

»Ich will ihr nicht so kurzfristig absagen. Das wäre gemein. Nur weil ich was Besseres vorhab.«

Lena ist Mirandas beste Freundin. Das weiß Marvel. Er kennt Lena. Sie ist eine von diesen ehrgeizigen Streberinnen, die immer überall die Beste sein wollen.

»Lena ist auch bei Straight Edge«, sagt Miranda, »praktisch unsere ganze Klasse. Guck mal hier!« Sie schiebt ihren Pulliärmel hoch und zeigt Marvel ihr Tattoo. Ein dickes schwarzes X. Marvel hat vergessen, was Straight Edge bedeutet. Nur eine dunkle Erinnerung, dass Miranda ihm schon einmal davon vorgeschwärmt hat.

»Schön«, sagt er.

»Ja, nicht?« Miranda streift den Pulli wieder über den Arm. »Du musst da auch mitmachen!«

»Klar«, sagt Marvel. »Irgendwann. Du kommst also bestimmt nicht mit?«

Miranda schüttelt den Kopf.

»Schade jedenfalls«, sagt Marvel.

»Ja, finde ich auch. Aber es wäre gemein, Lena einfach sitzen zu lassen.«

»Wollen wir dann morgen ins Kino?«

»O ja, super.«

»Wähl ich den Film aus oder du?«, fragt Marvel.

»Du«, sagt Miranda. »Ich vertrau dir total, das weißt du doch.«

Auf dem Rathausplatz herrscht die normale Freitagabend-Hektik. Es ist ein ungewöhnlich kalter Maitag und die Leute haben ihre Kragen hochgeschlagen oder sich in dicke Jacken gehüllt. Andere aber, die anscheinend nicht abwarten können, dass endlich Sommer ist, laufen mit Flipflops herum.

Nichts Besonderes passiert. Alles normal. An der Currywurstbude umlagern Leute die Stehtische, die Mülleimer quellen fast über vor all den Papptellern und Pappbechern. Leute stehen mitten auf dem Platz, studieren Stadtpläne oder die Zeitung, sie bilden Gruppen, reden und lachen miteinander, sie rufen ihre Kinder und ziehen ihnen die Mützen zurecht, sie schieben ihr Fahrrad oder tragen Inlineskates unter dem Arm. Alles wie immer.

Das einzig Ungewöhnliche ist vielleicht, dass der Rathausplatz proppenvoll wirkt. Dennoch, wenn man den Leuten ins Gesicht schaut, bemerkt man nichts Außergewöhnliches. Keine Miene verrät etwas.

Marvel, Jojo, Bully und Mauki essen Currywurst, trinken Bier und beobachten die Szene.

»Das Einzige, was mir auffällt«, stellt Mauki fest, »ist, dass mir nichts auffällt.«

»Doch, sind unheimlich viele junge Leute da«, sagt Jojo. Aber auch er wirkt nicht richtig überzeugt. Alle zehn Sekunden prüft er sein Handy.

Mauki deutet auf eine alte Frau, die mit ihrem Gehwagen ganz vorsichtig über den Platz tapert. »Meinst du die?«

»Vielleicht hast du dich im Tag geirrt«, sagt Marvel.

»Unsinn. Ich kann doch lesen. Wie spät ist es?«

Es ist fünf Minuten nach sieben.

»Eigentlich geht das auf die Minute genau los«, sagt Jojo, jetzt bereits etwas kleinlaut. »Ich versteh das auch nicht.«

Er schaut sich um. Er zwinkert einem Mädchen zu, die sich an ihm vorbeidrängt. Das Mädchen reagiert nicht. Jojos Laune verschlechtert sich merklich.

Die ganze Stimmung droht zu kippen.

»Kommt, Leute, wir hauen ab. An den Landungsbrücken geht bestimmt schon die Post ab.«

»Wartet noch zwei Minuten, ja?«

Jojo kippt eilig den Rest seines Bieres runter. Sie werfen ihre verschmierten Pappteller in den Müll.

Marvel beobachtet eine Gruppe von drei Mädchen, die auch alle ihre Handys studieren. Ob die dazugehören? Und die da drüben, die an der Bushaltestelle hocken? Worauf warten die?

Und was ist mit der Gruppe an den Alsterarkaden, die tun, als würden sie Möwen füttern? Seit wann füttern junge Leute Möwen in der Stadt? Warten die auch alle auf ein Zeichen?

Und der Junge mit der roten Baseballkappe, der sein Mädchen im Arm hält und dabei auf das Display seines Handys starrt?

Eine Sirene heult, ein Krankenwagen rast vorbei.

Die Busse verkehren im Minutentakt. Die Leute drängen in die übervollen Busse, freitags ist immer viel los, Autos bahnen sich ihren Weg, dennoch wird der Platz nicht leerer. Als kämen sie aus allen Ecken und Seitenstraßen, es wird immer voller.

Jemand rempelt Marvel aus Versehen an. Ein Typ mit HSV-Schal.

»Sorry, Freund«, sagt er. Sie schauen sich an.

Marvel lächelt. »Da nicht für.« Ob der auch dazugehört?, fragt sich Marvel.

Nicht weit entfernt ist die Buchhandlung mit den großen Grabbeltischen für die Sonderangebote. *Jedes Buch ein Euro!*, steht in roter Schrift auf einem weißen Bettlaken. Unglaublich viele junge Leute umlagern die Stände und wühlen in den Bücherstapeln. Warten die auch alle auf das Zeichen?

Mauki nimmt Sichtkontakt mit Marvel auf. Er fährt ein paarmal mit der flachen Hand vor seinen Augen hin und her. Das soll so viel heißen wie: Jojo tickt nicht richtig.

Marvel grinst. Er nimmt den letzten Schluck aus seiner Flasche und überlegt, ob er doch noch ein Bier nehmen soll, bevor sie weiterziehen. Marvel hat echt Lust auf Party machen. Auf

Spaß haben. Er merkt erst jetzt, wie ihm das in den letzten Wochen gefehlt hat.

Das Bier jedenfalls schmeckt. Es ist eine andere Sorte, als sie gewöhnlich trinken. Man muss auch mal was Neues probieren. Marvel hat sich vorgenommen, sich mit dem Alkohol zurückzuhalten. Aber was sind schon zwei Flaschen Bier? Viele andere Jugendliche halten auch ein Bier in der Hand.

Er will gerade sein Geld aus der Tasche ziehen und die anderen fragen, was sie von einem weiteren Bier halten, da zischt Jojo: »Achtung! Es geht los!«

Er legt sein Handy auf den Tisch, damit alle das Display sehen. Eine SMS ist eingegangen:

ALLE AUF DEN BAUCH LEGEN UND STÖHNEN! EXAKT DREI MINUTEN. DANN AUFSTEHEN UND WEGGEHEN, VIEL SPASS!

Jojo liegt schon auf dem Boden. Bully auch. Mauki zwinkert Marvel zu, bevor er seinen Anorak auszieht und ihn auf dem dreckigen Boden ausbreitet. Gute Idee, denkt Marvel und macht es genauso.

Neben ihm liegt der Typ mit dem HSV-Schal.

Und drüben, die Jungs, die die Möwen gefüttert haben, liegen wie erstarrt nebeneinander und bewegen sich nicht.

Immer mehr Menschen kippen um. Gehen in Liegestütz und legen sich dann flach auf den Boden.

Als Marvel zwanzig Sekunden später vorsichtig den Kopf hebt, sieht er nur noch sehr wenige aufrechte Menschen. Die tragen Einkaufstüten oder Aktentaschen, haben ein Kind auf dem Arm oder halten ihren Hund ganz kurz an der Leine. Sie gehen wie im Slalom vorsichtig und offenkundig völlig verwirrt zwischen diesen Körpern herum. Manche Passanten beugen sich erschrocken über eine auf dem Boden liegende Person, stoßen sie an. Aber die Person rührt sich nicht.

Vor dem Rathaus fährt eine Limousine vor, ein Rathausdiener reißt den Wagenschlag auf und ein Mann in einem weißen Kaftan entsteigt der Limo. Er sieht aus wie ein reicher Scheich. Der Rathausdiener will den wichtigen Mann sofort zum Eingang geleiten, aber der bleibt stehen und lässt seinen Blick über den Platz gleiten, mit all den am Boden liegenden Menschen.

Er ist zu weit weg. Marvel kann nicht sehen, was der Scheich für ein Gesicht macht, und ihm fehlt auch die Fantasie, sich vorzustellen, was der Rathausdiener wohl für eine Erklärung für dieses Schauspiel hat.

In der Ferne hört man Polizeisirenen.

Die Passanten wirken erschreckt, sie drehen sich suchend um, als hätten sie etwas verpasst. Schauen in den Himmel mit den tief hängenden Wolken.

Die drei Mädchen, die Marvel beobachtet hat, liegen ganz in der Nähe. Niemand kichert. Alle sind ernst.

Und dann beginnt das Stöhnen. Es erhebt sich wie eine Welle aus »Ohs« und »Uhs« und »Mmmmhs« und es schwillt an und hallt als Echo von den Häuserwänden wieder zurück.

Es ist beeindruckend.

»Ist das geil oder ist das geil?« Jojo stößt Marvel in die Rippen.

»Geil«, sagt Marvel. Er grinst.

Und dann, wie wenn ein Dirigent oben auf der Wolke ein Kommando gäbe, hört das Stöhnen auf, die Leute erheben sich vom Boden, klopfen ihre Kleider ab, wischen den Dreck von den Händen und gehen, ohne einander anzublicken, wieder auseinander.

Die Passanten, die eben noch dachten, eine Epidemie oder der Norovirus wäre ausgebrochen, bleiben verstört stehen, während um sie herum das normale Leben weitergeht.

Mauki freut sich. Er zieht seinen Anorak wieder an. »Das war der Hammer«, seufzt er. »Ich fass es gar nicht!«

Er guckt die Leute an, die neben ihm auf dem Boden gelegen haben, aber alle tun, als sei nichts gewesen, als habe das Ganze überhaupt nicht stattgefunden, während die Sirenen der Polizeiwagen immer lauter werden, immer näher kommen.

Als die Polizeiwagen den Rathausplatz erreicht haben und die Polizisten mit gezogenen Pistolen aus den Wagen springen, ist alles längst vorbei und das Leben so ruhig wie immer.

In der U-Bahn, auf dem Weg zu den Landungsbrücken hauen sie sich auf die Schenkel vor Vergnügen.

»War das geil?«, ruft Jojo. Er kann gar nicht oft genug hören, wie gut die Aktion war. Er stößt Bully in die Seite. »Sag, wie war das?«

Bully grinst. »Mir scheint die Sonne aus dem Arsch.«

»Und du, Mauki?«

»Ich brauch was zu trinken«, sagt Mauki.

»Gut, dass du mich daran erinnerst«, sagt Bully. »Wann gibt's endlich was zu trinken?«

»Und du, Marvel?«, fragt Jojo.

»Ich denke wie Bully«, sagt Marvel fröhlich. »Ich brauch ein Bier.«

»Bist du bei der nächsten Aktion wieder dabei?«

»Aber hallo. Auf mich kannst du zählen.«

Die Party an den Landungsbrücken kommt erst langsam in die Gänge. Sie trinken ein paar Bier, doch die Rockband, auf der alle Hoffnung ruht, ist immer noch nicht richtig in Fahrt.

Vielleicht ist es einfach noch zu früh. In Spanien beginnen richtig gute Feten immer erst um Mitternacht, hat Marvel irgendwo gelesen.

»Wir brauchen was zum Vorglühen«, stellt Bully fest. »Ich seh mich mal um.«

Er kommt zurück mit einer Flasche ohne Etikett.

»Hier«, sagt er, als er Marvel die Flasche in die Hand drückt, »lass kreisen.«

»Was ist das?«

»Wodka.«

»Ne, das Zeug will ich nicht.«

»Hey! Was soll das denn?«, empört Bully sich. »Du willst den schönen Wodka nicht?« Er nimmt Marvel die Flasche weg und trinkt.

»Gut?«, fragt Mauki, der schon den Arm ausstreckt.

»Geil«, bestätigt Mauki nach einem tiefen Schluck.

»Lass kreisen«, fordert Jojo.

Und dann springt eine Rockröhre auf die Bühne, die ein bisschen so aussieht und singt wie Amy Winehouse. Schon kommt Stimmung auf. Die ersten Joints gehen rum, die ersten Wunderkerzen werden geschwungen und Bierflaschen und andere Flaschen. Dann hören sie Musik vom anderen Ende der Landungsbrücken und beschließen, dorthin zu ziehen. Zwischendurch besorgt Bully eine neue Flasche und lässt sie kreisen. Dann sind die anderen auf einmal weg. Marvel kann sie nirgends mehr sehen.

Egal. Die tauchen schon wieder auf. Er fühlt sich gut. Ein bisschen benebelt, leicht neben der Spur, aber schön. Andere trinken auch, andere müssen sich auch irgendwo anlehnen und warten, bis der Schwindel vorbei ist. Wichtig ist doch, dass die Stimmung gut ist, dass gute Schwingungen rüberkommen von der Musik, von den Leuten, von der Location.

Der Alkohol breitet sich warm und weich in seinem Körper aus. Er weiß, dass er genug hat, und er wird auch aufhören, gleich wird er aufhören, zu trinken, um genau dieses schöne weiche Gefühl besser auskosten zu können. Er ist ja nicht blöd. Es geht ja nur darum, Spaß zu haben. Besaufen will er sich nicht.

Wenn er an die Flashmob-Aktion denkt, überkommt ihn immer noch das große Grinsen.

»Hey du, Mann!« Er stößt einen Typen an, der neben ihm an der Hafenmauer entlanggeht. »Weißt du, was heute auf dem Rathausmarkt abgegangen ist?«

»So fragt man Leute aus.«

»Nein, echt, Mann, ich war da. Ich war da. Mauki …« Er streckt die Finger hoch und hakt sie einzeln ab. »… der ist mein Freund. Genau wie Bully. War auch da.«

»Was du nicht sagst.«

»Ja, und Jojo. Der hat das mit dem Flashmob entdeckt. Da gibt es eine Internet-Community.«

»Komm, hör auf, laber mir kein Kotelett ans Ohr. Willst du einen Schluck?«

»Klar, Mann, was ist das?«

Marvel nimmt die Flasche, hält sie prüfend gegens Licht eines Autoscheinwerfers. »Sieht aus wie Wasser.«

Der andere grinst. »Lass mir noch was drin.«

Marvel nimmt einen tiefen Schluck und dann noch einen, aber als der Typ verlangend die Hand ausstreckt, gibt Marvel ihm die Flasche zurück.

»Immer schön flauschig bleiben«, sagt der Typ, bevor er mit einem kurzen Winken verschwindet.

Irgendwann hockt Marvel sich auf die Kaimauer neben einen Lederrocker mit langen Haaren und viel Metallschmuck um Hals, Arme und Beine, der einfach nur wortlos dasitzt und die Leute mustert.

Vor ihnen ziehen die großen Frachter auf der Elbe vorbei, von Lotsenschiffen gezogen. Im Hintergrund das dumpfe Dröhnen der Werften, wo auch nachts bei vollem Scheinwerferlicht gearbeitet wird; die Kräne, die auf Schienen am Kai des Containerhafens auf- und abfahren.

»Hier haben sie das Foto gemacht«, sagt Marvel.

»Was für ’n Foto?«

»Für das Plakat. Das hing überall. Eine Serie auf ProFive.«

»Aha.«

»Die hieß: *Coole Zeiten.*«

»Aha.«

»Das war eher so eine Soap.«

»Mhmhm.«

»Die wird im Frühjahr fortgesetzt.«

»Mhmh.«

»Ich spiel da mit.«

»Mach den Hals zu.«

Marvel zuckt zusammen, schaut den Lederrocker an. »Was hast du gesagt?«

»Schnauze, hab ich gesagt.«

»Okay, bin schon still.«

Der Typ schweigt, starrt weiter in die Gegend, bis auf einmal jemand vor ihm stehen bleibt, seinen Mantel aufmacht und auf das Innenfutter zeigt. In jeder Innentasche steckt eine Flasche.

Da kommt Leben in Marvels Nachbarn.

»Wie viel?«, fragt er.

»Fünf Euro.«

»Für beide?«

»Für eine, Mann.«

»Du nimmst Wucherpreise«, schimpft der Rocker. Er fördert aus seinen engen Lederhosen nach langem Wursteln schließlich einen komplett verknüllten Fünfeuroschein zutage.

Da wendet sich der Verkäufer an Marvel. »Und du? Willst du die andere?«

»Was ist das?«, fragt Marvel.

»Wodka.«

»Aus Russland«, erklärt der Rocker. »Gute Qualität, Mann! Kommt direkt aus dem Freihafen.«

Marvel will erst nicht. Er denkt, er hat schon genug getankt, aber dann will er doch. Als er sich mit der Flasche zu dem Rocker umdreht und ihm zuprosten will, ist der verschwunden. Er hält die Flasche am Flaschenhals und bahnt sich damit einen Weg durch die Menge, die immer dichter wird. Zur nächsten Band, zu den nächsten Gruppen, die gut drauf sind. Und alle paar Schritte bleibt er stehen und nimmt einen Schluck aus der Flasche, schwenkt sie einmal über seinen Kopf und ruft: »Bully! Mauki! Jojo! Wo seid ihr, verdammt!«

Plötzlich stehen sie vor ihm.

»Mann, du hast eine Art, zu verduften«, schimpft Jojo. »Das macht mich fertig. Wir haben dich überall gesucht.«

Marvel lacht. Er umarmt Jojo. »Und ich euch auch!« Er schwenkt die Flasche über ihre Köpfe. »Überall hab ich gesucht! Hier, ich hab was für euch. Wodka aus dem Freihafen!«

Er lässt die Flasche kreisen, aber Jojo und Mauki winken ab. Sie haben genug.

Bully nimmt einen Schluck, verzieht das Gesicht und spuckt das Zeug wieder aus. »Das soll Wodka sein?«

Marvel nickt. Er nimmt Bully die Flasche weg. Wer nicht trinken will, hat selbst Schuld. »Aus dem Freihafen, russische Exportware.«

Die anderen lachen, und obwohl Marvel nicht genau weiß, was an seinem Satz so witzig war, lacht er mit.

»Hey, Leute!«, lallt er, »ich war lange nicht so glücklich, euch Jungs wiederzusehen. Ist wie in alten Zeiten, was?« Er zieht Mauki zu sich heran und gibt ihm einen Kuss. Das schmatzt richtig.

Mauki grinst. »Bist du schwul geworden über Nacht?«

»Nein«, lallt Marvel, während er sich an Maukis Schulter

lehnt, um sich ein bisschen auszuruhen. »Ich hab euch bloß alle so lieb.«

Und als er das gesagt hat, knicken die Beine plötzlich unter ihm weg und er merkt noch, wie er fällt und wie er sich im Fallen einmal um die eigene Achse dreht und wie er mit den Armen rudert, um die Balance wiederzufinden oder einen Halt, und wie Maukis Hände durch seine Finger gleiten und dann der Schlag, als sein Kopf das Pflaster berührt.

Und nichts mehr. Alles dunkel.

Alles leer.

Nur so ein hoher, schriller Ton in seinem Kopf wie die Pfeife eines Wasserkessels.

Nimm doch mal einer den Kessel vom Herd!, will er rufen. Aber dann merkt er, dass er ja gar nicht sprechen kann. Und dann ist es auch egal.

15

Sie haben ihn bis zum Taxistand geschleift und dann mit dem Taxi nach Hause gebracht. Der Taxifahrer musste erst überredet werden, sie mitzunehmen. Er hatte Angst, Marvel würde ihm das Auto vollkotzen, aber dazu war Marvel gar nicht mehr in der Lage.

Er bekommt nichts mehr mit.

Sie ziehen ihn aus dem Taxi und schleppen ihn zum Hauseingang, die paar Stufen hoch, und legen ihn vor der Haustür ab.

Jojo zieht seine Jacke aus, rollt sie zusammen und legt sie fürsorglich unter Marvels Kopf.

Marvel lässt alles mit sich geschehen. Er zeigt keine Reaktion. Seine Augen sind weit geöffnet, aber er blinzelt nicht, wenn sie mit der Hand vor seinen Augen herumfuchteln.

Wie er so daliegt, so stumm, so leblos, macht er ihnen Angst.

»Besoffen ist anders«, murmelt Mauki.

»Den hat es echt erwischt«, sagt Jojo.

Mauki versucht, Marvels Puls zu fühlen, aber er stellt sich ungeschickt an. Er ist zu aufgeregt. Und er hat im Erste-Hilfe-Kurs nie richtig aufgepasst. Das rächt sich jetzt.

Sie klatschen ihm, wie sie es aus dem Fernsehen kennen, mit der flachen Hand ins Gesicht. Marvels Kopf rollt zur Seite und wieder zurück, aber mehr passiert nicht.

»Es macht mich fertig, dass er die Augen aufhat!«, flüstert Jojo.

»Hier draußen kann er nicht bleiben«, Mauki schaut sich um. »Das gibt einen Riesenärger.«

Sie durchwühlen seine Taschen nach dem Haustürschlüssel, aber sie finden ihn nicht. Marvel vergisst ihn manchmal, das kennen sie schon. Dann schläft er bei einem von seinen Freunden. Aber so können sie ihn nicht mitnehmen, auf gar keinen Fall.

»Verdammte Scheiße«, knurrt Jojo. »Was machen wir denn jetzt?«

»Klingeln«, schlägt Mauki vor.

Sie schauen sich an.

Marvel liegt bewusstlos auf den Steinen.

»Besser als ihn einfach so liegen zu lassen.« Bully hat plötzlich Angst. Er hat seinen Eltern versprochen, dass er nichts trinkt. Wenn das rauskommt, dass sie schon wieder auf Sauftour waren … »Klingeln und weglaufen«, sagt Bully.

»Wie scheiße ist das denn?« Mauki regt sich auf. »Das geht doch gar nicht.«

Jojo beugt sich über Marvels Gesicht. »Ich glaub, er atmet nicht mehr«, flüstert er.

»Mach mich nicht fertig! Natürlich atmet er noch. Der ist bloß breit.« Mauki schiebt Jojo zur Seite und beugt sich über Marvels Gesicht. »Marvel?«, brüllt er. »Marvel! Wach auf! Mach die Augen auf, Junge! Du bist zu Hause!«

Keine Reaktion.

»Ich krieg kalte Füße«, murmelt Bully.

»Ich fühl mich auch scheiße. Was glaubst du.«

Sie richten sich auf, schauen sich an.

»Ich bin für Klingeln und Abhauen«, erklärt Jojo schließlich, nachdem er sich mehrfach geräuspert hat. »Seine Mutter arbeitet im Krankenhaus. Die weiß, was sie mit ihm machen muss.«

»Genau.« Bully nickt. »Er hat Glück im Unglück.«

»Mir ist schlecht«, wimmert Jojo auf einmal. »Gott, ist mir schlecht.«

»Nicht in den Vorgarten kotzen!«, ruft Bully ihm nach, als Jojo einen Hechtsprung in Richtung Straße macht.

Mauki ist es schließlich, der auf den Klingelknopf von KELLER drückt. Zweimal lang und einmal kurz, so wie Marvel es macht, wenn er seinen Schlüssel vergessen hat. Dann verschwinden die drei in der Nacht.

Das Klingeln hallt durch die Wohnung. Niemand reagiert. In allen Zimmern ist es dunkel. Nur in der Küche brennt das kleine Licht über der Spüle. Und daneben liegt ein Zettel.

Lieber Marvel, ich hab Spätschicht und schlaf danach bei Mike.
Kannst du morgen früh einkaufen?
In Liebe, deine Mama.

Um kurz vor elf, wie sie es mit ihren Eltern ausgemacht hat, kommt Miranda nach Hause. Lenas Vater hat sie mit dem Auto gebracht, aber weil er in der engen Straße keinen Parkplatz gefunden hat, ist Miranda einfach an der Ecke ausgestiegen und die letzten Meter zu Fuß gegangen.

Sie erschrickt sich zu Tode, als sie Marvel vor der Haustür liegen sieht. Sie rennt die paar Stufen nach oben. Beugt sich über Marvel. Er glotzt sie aus weit aufgerissenen Augen an.

»Marvel!«, schreit Miranda. »Was hast du? Was ist los?«

Sie nimmt seinen Kopf, aber der ist so schwer. Als sie ihn wieder loslässt, rutscht Marvels ganzer Körper eine Stufe tiefer und sie kann nichts machen, ihn nicht festhalten.

»Marvel! Wach auf!« Miranda schreit. »Hilfe! Hilfe!«

Oben im dritten Stock, in der Wohnung der Hernandez, geht

ein Licht an. Kurz darauf flammt das Licht im Treppenhaus auf, und dann hört Miranda, wie ihr Vater die Treppen herunterkommt, wie die Haustür aufgerissen wird.

»Ich hab ihn hier gefunden!«, schreit Miranda. Tränen stürzen aus ihren Augen. »Es ist Marvel! Ich hab keine Ahnung, was passiert ist!«

Der Krankenwagen ist zehn Minuten später da. Die Sanitäter eilen zu Marvel und richten ihn vorsichtig auf. Mit Taschenlampen leuchten sie in sein Gesicht, seinen Hals, auf seine Arme, während der Notarzt ihn untersucht.

Miranda hält sich zitternd an ihrem Vater fest.

»Was ist mit ihm?«, fragt Mirandas Vater, als der Notarzt sich schließlich aufrichtet.

Der Notarzt nimmt ihn erst einmal nicht zur Kenntnis. Er wendet sich an die Sanitäter: »Wir bringen ihn ins Marienkrankenhaus. Anrufen und Notfall anmelden, bitte! Wissen Sie«, er wendet sich an Carlos Hernandez, »wie alt der Junge ist?«

»Sechzehn«, flüstert Miranda.

»Sagen Sie dazu, dass es sich um einen Jugendlichen handelt. Ich versuche ihn auf der Fahrt zu stabilisieren.«

Die Sanitäter nicken und holen im Laufschritt die Bahre.

»Herr Doktor?«, fragt Carlos Hernandez höflich. »Marvin ist unser Nachbar.«

»Er ist mein Freund«, flüstert Miranda. »Was ist mit ihm?«

»Koma«, sagt der Arzt.

»Koma?«, fragt Miranda verwirrt.

»Ja, er hat sich ins Koma gesoffen, nehme ich an. Alle Symptome weisen darauf hin.«

Miranda reißt die Augen auf. »Aber Marvel trinkt nicht …«

Der Notarzt unterbricht sie. »Tut mir leid. Das hier ist ein dringender Notfall. Ich nehme auf der Fahrt die Blutprobe, dann wissen wir Bescheid, wenn wir im Krankenhaus ankommen, und können entsprechende Maßnahmen einleiten.«

Die Sanitäter heben den leblosen Marvel auf die Bahre. Miranda schluchzt auf, als Marvels weit aufgerissene Augen in ihre Richtung starren.

»Aber woher wollen Sie wissen, dass es Alkohol ist?«, fragt Carlos Hernandez.

»Man kann es riechen«, sagt der Notarzt kühl. »Deshalb schließe ich Drogen aus.«

Ein Amateurfunker, der regelmäßig den Polizeifunk abhört, ruft um vierzehn Minuten nach elf in der Lokalredaktion der Zeitung an.

»Wieder ein Komasäufer«, teilt er dem diensthabenden Redakteur mit. »Sechzehn Jahre. Die Sanitäter bringen ihn gerade ins Marienkrankenhaus auf die Intensivstation.«

»Danke«, sagt der Redakteur und wählt schon, während er den Hörer auflegt, die nächste Nummer.

Er ist mit dem Chef vom Dienst verbunden. »Du, halt mir noch einen Platz frei auf der Seite eins. Wir haben wieder einen Jugendlichen, der sich ins Koma gesoffen hat. Passt genau in unsere Serie.«

»Okay, Sven«, bestätigt der Chef vom Dienst.

Im nächsten Augenblick hat Sven Keller schon die Kamera und sein Tonbandgerät geschnappt und ist unterwegs.

Weil der Lift nicht schnell genug da ist, läuft Sven Keller die vier Stockwerke zu Fuß.

Im Auto, auf der Fahrt durch die menschenleeren Straßen, bastelt er schon an der Schlagzeile: »16-Jähriger säuft sich ins Koma.«

Oder:

»Wer verbietet endlich Alkohol für Jugendliche?«

Oder:

»In Hamburg vierter Fall von Komasaufen.«

Oder:

»Keiner weiß, ob er durchkommt.«

Grimmig packt Sven Keller das Lenkrad mit beiden Händen.

Babsi Keller sitzt in ihrem kleinen Glasverschlag am Ende der Notaufnahme und blättert in einer Modezeitschrift. Es war ein turbulenter Abend, aber seit einer Stunde ist es ruhig und sie spürt langsam die Müdigkeit. Nicht einmal die neue Frühjahrsmode, so verführerisch fotografiert, kann sie wach halten. Sie braucht dringend einen Kaffee. Im Nebenraum steht der Automat.

Als sie schon auf dem Flur ist, klingelt ihr Telefon. Sie läuft zurück. »Marienkrankenhaus, Notaufnahme!«, ruft sie. Sie weiß aus Erfahrung, dass man laut sprechen muss, denn die Kollegen in den Krankenwagen sind meist von Lärm umgeben und stehen unter Stress.

»Ja, hier Krankenwagen 12, Malte Richter spricht.«

»O, hallo Malte«, Babsi Keller kennt den Sani, der als Praktikant in der Notaufnahme gearbeitet hat. Ein netter Kerl, inzwischen Ende zwanzig. »Hier ist Babsi.«

»Okay, hallo Babsi. Bitte Aufnahme vorbereiten, Intensivstation.«

»Chirurgie?«, fragt Babsi Keller, während sie ihren Computer hochfährt.

»Nein. Innere.«

»Gibt es schon eine erste Diagnose?«

»Ein Jugendlicher. Liegt im Koma.«

»Also mal wieder Alkohol?«, fragt Babsi Keller, während sie die ersten Daten in den Computer eingibt. Uhrzeit des Anrufs, Name des Sanitäters.

Dann gibt sie die Daten an die Innere durch. Der diensthabende Arzt ist Oberarzt Dr. Martin Jessen. Babsi Keller freut sich immer, wenn er mit ihr zusammen Dienst hat. Er ist einer der Ärzte, die sich auch noch nach Jahrzehnten von ermüdenden Nachtdiensten jeden Tag neu mit Leidenschaft ihrem Beruf widmen.

Sie lässt den Computer eingeschaltet, weil sich der diensthabende Notarzt wahrscheinlich noch während der Fahrt mit weiteren Einzelheiten melden wird, die sie dann an die Innere weiterleitet, sodass dort schon die ersten Vorbereitungen getroffen werden können. Manchmal kommt es auf Minuten an.

Allein in ihrem Krankenhaus ist das nun schon der dritte Fall eines Jugendlichen, der sich ins Koma getrunken hat. Und die Abstände werden immer kürzer.

Babsi denkt für Sekunden an die Eltern dieses Jungen, als sie am Kaffeeautomaten steht und zusieht, wie der heiße Milchschaum in den Becher läuft. In wenigen Minuten, wenn der Notarztwagen da ist und sie die Daten des Jungen hat – hoffentlich hat er einen Personalausweis bei sich –, wird sie die Eltern benachrichtigen müssen.

Während sie vorsichtig den heißen Kaffee schlürft, denkt sie, dass sie in der Haut dieser Eltern nicht stecken möchte. Was da wohl alles falsch gelaufen ist.

Um elf Uhr einunddreißig bringt Sven Keller seinen Wagen vor der Notaufnahme des Marienkrankenhauses zum Stehen. Er greift nach der Kamera und dem Tonbandgerät. Und er macht sich nicht die Mühe, den Wagen abzuschließen, bevor er auf die hell erleuchtete Notaufnahme zuläuft. Im Hintergrund das Heulen der Krankenwagensirene, das schnell näher kommt.

Die Türen zur Notaufnahme sind weit geöffnet. Der Wagen

kann direkt hineinfahren, Ärzte und Schwestern warten bereits auf den Patienten.

Sven Keller schaut sich um. Der Notarztwagen ist noch nicht zu sehen, aber das rotierende blaue Licht spiegelt sich bereits in den nebelnassen Ästen der Bäume.

Er läuft, er will gleichzeitig mit dem Krankenwagen da sein, um sein Foto zu bekommen. Bevor die Ärzte ihn wegschicken, muss er wissen, wie der Junge heißt und wie viel Promille er im Blut hat. Das sind die zwei Daten, die er unbedingt braucht. Der Chef vom Dienst wartet auf seinen Anruf, ob es sich lohnt, Platz auf der Seite eins frei zu halten.

Sven Keller will diese Sache auf Seite eins. Der Chefredakteur hat dem Komasaufen der Jugendlichen persönlich den Kampf angesagt und Sven Keller will ihm dabei helfen, aus Überzeugung. Deshalb ist er auch so froh, dass sein Sohn Marvin nicht trinkt.

Sven Keller sieht, wie die Sekretärin den Glaskasten, der als Aufnahmebüro dient, verlässt und zu den wartenden Ärzten und Schwestern tritt.

Es ist Babsi Keller, seine Ex.

O Gott, denkt er. Daran hab ich gar nicht gedacht. Dass ich Babsi hier sehen könnte.

Babsi hat ihn schon erkannt. Sie winkt.

Ein gutes Zeichen, denkt Sven Keller und geht tapfer weiter. Er hat die Auseinandersetzungen mit seiner Ex noch in lebhafter Erinnerung. Er hofft, dass sie keine Zeit haben werden, sich persönliche Dinge an den Kopf zu werfen. Jedenfalls setzt er schon mal ein versöhnliches Lächeln auf.

Dann bricht das Heulen der Sirene plötzlich ab, grelle Scheinwerfer erfassen ihn, den Eingang der Notaufnahme, die blassen Gesichter der Ärzte und Schwestern in ihren Kitteln, Babsi Keller, die eine dunkle Hose und eine weiße Bluse trägt.

Der Wagen fährt ein, Sven Keller spurtet hinterher.

Der Wagen bremst.

Babsi Keller und er stehen sich plötzlich gegenüber.

»So sieht man sich wieder«, sagt Sven Keller.

»Hallo Sven«, sagt Babsi.

Sie macht einen glücklichen Eindruck, denkt er. Sie sieht gut aus. Vielleicht hat sie einen Freund. Ich wünsche es ihr.

Die Sanitäter springen aus dem Wagen, rennen nach hinten, öffnen die hintere Tür.

Sven Keller macht einen Schritt vor, der Arzt will ihn zurückdrängen, aber Sven Keller ist ein alter Hase auf dem Gebiet. Er weiß, dass er sein Foto kriegen wird.

Der Notarzt steigt aus und ruft: »Koma. 4,3 Promille!«

4,3 Promille, denkt Sven Keller. Das ist der helle Wahnsinn! Der Junge kann sterben. Wie verrückt ist so einer?

Sie ziehen die Bahre heraus. Erst die Füße, die Turnschuhe.

Solche trägt mein Junge auch, denkt Sven Keller.

Die Jeans.

Alle Jungen tragen Jeans.

Die Jacke, ein schwarzer Daunenanorak, wie sie ihn alle dieses Jahr haben.

Er hebt die Kamera, er drückt auf den Auslöser, einmal, fünfmal, zehnmal, während die Bahre immer weiter aus dem Auto herausgezogen wird.

Plötzlich ein Schrei. »Nein!!!! Marvin!!!«

Er lässt die Kamera sinken.

Seine Kopfhaut zieht sich auf einmal zusammen.

Er sieht, wie sie seinen Sohn vorbeitragen, bleich wie tot, mit weit aufgerissenen Augen.

Er sieht, wie seine Exfrau neben der Bahre herläuft, wie sie versucht, Marvins Hand zu fassen, die leblos von der Bahre herunterhängt.

Sven Keller läuft hinter den Sanitätern her. Ein Arzt, der den Sanis entgegenkommt, ruft ihnen schon von Weitem Anweisungen zu, zwei Schwestern sind plötzlich neben der Trage.

Sven Keller boxt sie alle zur Seite.

Einer der beiden Ärzte dreht sich um, starrt ihn an. »Bitte«, ruft er gereizt, »gehen Sie jetzt! Sie haben doch Ihr Foto.«

»Das ist mein Sohn!«, stammelt Sven Keller. Ein Weinkrampf schüttelt ihn. Er versucht zu Babsi hinüberzusehen. »Es ist unser Sohn, der da liegt. Marvin Keller, sechzehn Jahre.«

Dr. Martin Jessen starrt den Fotografen an, dann wandern seine Augen hinüber zu Babsi Keller, der Sekretärin der Notaufnahme, die er nun schon so viele Jahre kennt. Er wusste nicht, dass sie verheiratet ist und einen Sohn hat. Babsi Keller ist so kalkweiß, dass sie jeden Augenblick umzufallen droht. Dr. Jessen legt ihr eine Hand auf die Schulter.

»Bitte warten Sie hier, beide«, sagt er mit einem Blick zu dem Fotografen hinüber und mit einer viel weicheren Stimme, »wir werden alles Menschenmögliche tun, um Ihren Sohn zu retten. Frau Keller, darauf gebe ich Ihnen mein Wort.«

Babsi Keller schluckt, sie schließt die Augen, nickt.

»Aber bitte, lassen Sie uns jetzt unsere Arbeit machen. Sie können im Augenblick nichts mehr für ihn tun.«

Das langsame Erwachen, wie ein Auftauchen aus dunkler Tiefe, es wird immer greller, ist jetzt gleißend und tut weh. Alles tut weh, in seinen Ohren dröhnt es, als schlage jemand direkt neben seinem Kopf eine Trommel. Er stöhnt auf, wirft sich hin und her.

»Marvin! Bist du da? Hörst du uns?«

Nein, nein. Er schüttelt den Kopf, presst die Lider fest zusammen, will sich die Finger in die Ohren stecken, aber jemand hält seine Hand mit einem eisernen Klammergriff fest.

»Marvin. Nein! Nicht wieder einschlafen!« Eine strenge Männerstimme. Fremd.

Wo bin ich?, denkt Marvin. Was machen die mit mir? Wo ist Mama? Was ist los??

Er öffnet die Augen einen Spalt. Alles hell, alles weiß. Jemand in einem weißen Kittel beugt sich über ihn, leuchtet ihm mit einer kleinen Taschenlampe ins Auge, das tut weh. Das ist unangenehm.

»Gut. Er kommt zurück. Er hat verdammt viel Glück gehabt.«

Spricht der von mir?, denkt Marvel. Die Stimme klingt sachlich, nicht gerade freundlich.

Im Himmel bin ich nicht, denkt Marvel, als der Mann ihn endlich loslässt.

Er spürt das weiche Kissen an der Wange. Er möchte sich in dieses Kissen schmiegen wie ein Baby an die Brust seiner Mutter.

Jemand zieht die Bettdecke weg und legt eine Manschette um seinen Arm. Er spürt die kühlen Finger, die geübten Handgriffe.

Die Manschette pumpt sich voll Luft, schnürt sein Blut ab.

»95 zu 155«, sagt eine weibliche Stimme.

Marvin überlegt, was das bedeutet. Er hat keine Ahnung.

»Marvin? Kannst du sprechen?«

Marvin schmiegt seine Wange tiefer in das warme weiche Kissen.

»Marvin!«

Marvin fährt sich mit der Zunge, die sich wie Schmirgelpapier anfühlt, über die trockenen Lippen, öffnet den Mund ein wenig, will etwas sagen, aber es kommt nur ein krächzendes »Ja« heraus.

»Gut. Dann sieh mich an!«

Ich will aber nicht, denkt Marvel. Doch er öffnet die Augen. Er sieht die roten Haare einer Krankenschwester, die eine kleine Plastikschale in der Hand hält. Neben ihr der Mann im weißen Kittel, ein strenger Mann.

»Du weißt, warum du hier bist?«, fragt der strenge Mann.

Marvin schließt gequält die Augen.

Ach, lasst mich doch in Ruhe, denkt er.

»Dann sage ich es dir. Du hattest 4,3 Promille Alkohol im Blut, als man dich fand. Normalerweise überlebt man das nicht.«

»Wo … hat man … mich gefunden?«

»Vor deiner Haustür.«

»Wer?«

»Das war ein Mädchen, eine Nachbarin aus deinem Haus.«

O nein!, denkt Marvel.

»Mit so einem spanischen Namen«, sagt die Krankenschwester.

»Miranda Hernandez?« Marvel reißt die Augen auf, bis er das gleißende Licht nicht mehr aushält. Tausend spitze Nadeln in seinem Augapfel.

»Ja. So heißt sie.«

Verdammter Mist!!, denkt er. Nicht Miranda! Nicht ausgerechnet sie!

Marvel zieht wortlos das Kopfkissen unter seinem Kopf weg und legt es sich aufs Gesicht.

»Was ist passiert?«, fragt der Arzt. »Wie konnte es so weit kommen?«

Er schweigt.

Woher soll ich das wissen?, denkt er.

Er atmet ein und wieder aus. Beim Einatmen saugt sich der Kissenbezug, der nach einem scharfen Waschpulver riecht, an seinem Gesicht fest, beim Ausatmen bläst er ihn von sich weg.

Das Licht ist nicht mehr so grell, die Töne leiser. Irgendwann hört er, wie eine Tür ins Schloss fällt.

Und dann ist es still. Und er ist allein mit der Frage, wie es so weit kommen konnte.

Onkel Herbie fällt ihm ein. Wie der immer sagte: »Begrabt mich an der Biegung der Theke.«

Was für ein Scheißsatz, denkt er.

Von weither kommt ein Klopfen und dann geht die Tür auf und er hört, wie die Krankenschwester flüstert: »Aber nur ganz kurz! Ich weiß nicht, ob der Oberarzt es erlaubt hat.«

»Ich will nur kurz Hallo sagen«, antwortet eine atemlose leise Stimme.

Marvel dreht das Gesicht zur Tür.

Da steht Miranda. Große Augen starren ihn aus einem weißen Gesicht an.

»Hallo«, flüstert sie, »du lebst ja noch.«

Epilog

Als Marvel aus dem Krankenhaus entlassen wird, ist es warm und in seiner Straße stehen die Lindenbäume in voller Blüte.

Seine Mutter hat ihn abgeholt. Aber es gibt keinen Kuchen und keine Girlande über der Wohnungstür, auf der steht: »Herzlich willkommen.«

Dazu, hat seine Mutter gesagt, ist der Anlass zu gruselig. Dass ausgerechnet ihr Sohn zu den Komasäufern zählt, macht sie fertig, sagt sie. Und seinen Vater mache es auch fertig.

Seine Mutter sagt, sie brauche noch Zeit, um das alles zu verkraften. Sie macht sich Vorwürfe. Sie sagt, dass sie sich mitschuldig fühlt. Aber Marvel weiß, dass seine Mutter am wenigsten Schuld an dem Ganzen trägt.

Er hatte im Krankenhaus, als seine Leber sich langsam erholte, Zeit genug, über alles nachzudenken.

Als Bully & Co ihn im Krankenhaus besuchen wollten, hat er gesagt, er könne erst wieder mit ihnen reden, wenn er mit sich selbst klargekommen ist. Er habe keine Lust auf ihre Sprüche und er habe keine Lust mehr, selbst blöde Sprüche zu klopfen.

Und dann wurde ihm klar, dass er etwas tun musste. Dass er das allen, die ihn ins Leben zurückgeholt hatten, schuldig sei.

Er ist kaum zu Hause angekommen, da setzt er sich an seinen Computer und loggt sich im Internet unter »www.poisonfree.com« ein. Über einen Link gelangt er zur »Community for Straight Edge People«.

Er schreibt:

Hallo Leute, ich komme gerade aus dem Krankenhaus, bin noch ein bisschen neben der Spur. Aber ich kann schon wieder klar denken – jedenfalls mit den restlichen Gehirnzellen, die ich mir nicht weggesoffen habe. Bin im Vollrausch ins Krankenhaus eingeliefert worden, 4,3 Promille. Dr. Jessen sagt, es grenzt an ein Wunder, dass ich das überlebt habe. Zwei Tage Koma, das ist schlimmer als Totsein. Du kommst aus dem schwarzen Loch wieder raus und dann beginnen die Fragen. Ich wünsche niemandem diese Erfahrung, wenn du langsam aus diesem Tunnel rauskommst und nicht weißt, ob das, was wie ein Krankenzimmer aussieht, wirklich ein Krankenzimmer ist oder der Vorhof zur Hölle. Ich hab mich in meinem Leben nie so geschämt. Was für ein Idiot ich war!
Ich hatte eine Freundin und die Aussicht auf einen Superjob. Ob sie immer noch meine Freundin ist oder es wieder wird, weiß ich noch nicht. Und was mein Job war, will ich hier lieber nicht sagen, sonst kriegt ihr noch raus, wer ich bin.
Ein Mädchen, das ich kenne, ist schon eine von euch. Sie trägt das X auf dem Handrücken. Sie trinkt nie einen Schluck Alkohol. Das fand ich mal bescheuert. Da hab ich aber auch noch geglaubt, dass ich mein Leben im Griff habe.
Wenn sie auf eine Party geht und ihre Hand vorzeigt, überredet sie niemand, Alk zu trinken. Das ist genial. Meine Frage an euch: Habt ihr für mich noch Platz? Was muss ich tun, um einer von euch zu werden?
Gruß aus der Hölle: Marvel.

Zehn Sekunden später hat er Post:

Hey Marvel, ich bin gerade online und lese deine Message. Weiß, wie du dich fühlst. Hab das alles auch durchgemacht. Die ganze Scheiße. Es ist eine fucking Story. Aber ich sag dir was: Ich bin seit einem Jahr clean und ich fühl mich wie neu. Das Leben fängt gerade erst an! Kennst du die Band »Minor Threat«? Und den Bassisten Ian MacKaye?
Da gibt es einen Song, den solltest du dir mal runterladen: Der fängt so an:

I'm a person just like you
but I've got better things to do
than sit around and fuck my head
hang out with the living dead.

Hey, Sportsfreund, keep it straight! Wir sind bei dir!«

Foto: © Ursula Roller

Brigitte Blobel, 1942 in Hamburg geboren, studierte Theaterwissenschaften und Politik und arbeitete in Frankfurt als Redakteurin bei Associated Press. Neben ihrer Tätigkeit als freie Journalistin und Drehbuchautorin hat sie zahlreiche Romane für Jugendliche und Erwachsene geschrieben. Ihre Bücher wurden in 22 Sprachen übersetzt und mehrfach ausgezeichnet.

Von Brigitte Blobel ist außerdem bei cbj lieferbar:
Roter Zorn (12954)
Herz im Gepäck (12953)
Mauer im Kopf (30584)
Böses Spiel (13338)